CODE

DES

FRAIS DE JUSTICE

EN

MATIÈRE CRIMINELLE, CORRECTIONNELLE

ET DE SIMPLE POLICE

PAR

L. LAUTOUR

AVOCAT

ANCIEN PROCUREUR DE LA RÉPUBLIQUE A ÉVREUX

PARIS

LIBRAIRIE NOUVELLE DE DROIT ET DE JURISPRUDENCE

ARTHUR ROUSSEAU, ÉDITEUR

14, RUE SOUFFLOT ET RUE TOULLIER, 13

1881

CODE

DES

FRAIS DE JUSTICE

CODE

DES

FRAIS DE JUSTICE

EN

MATIÈRE CRIMINELLE, CORRECTIONNELLE

ET DE SIMPLE POLICE

PAR

L. LAUTOUR

AVOCAT

ANCIEN PROCUREUR DE LA RÉPUBLIQUE A ÉVREUX

PARIS

LIBRAIRIE NOUVELLE DE DROIT ET DE JURISPRUDENCE

ARTHUR ROUSSEAU, ÉDITEUR

14, RUE SOUFFLOT ET RUE TOULLIER, 13

—

1881

SIGNES ABRÉVIATIFS.

C. P.	Code pénal.
C. I. C.	Code d'instruction criminelle.
C. C.	Code civil.
C. P. C.	Code de procédure civile.
C. Com.	Code de commerce.
B.	Bulletin de cassation.
D. P.	Dalloz, Recueil périodique.
J. M. P.	Journal du ministère public.
Fr. Jud.	France judiciaire.
Mémor.	Mémorial du ministère public, par Dutrix.
C. ou Circ.	Circulaire du ministère de la justice.
Instr.	Instruction du ministère de la justice.
Décis.	Décision du ministère de la justice.
Cass.	Arrêt de la Cour de cassation.
Décr.	Décret.
Art.	Article.
Suiv.	Suivant.
V.	Voir.
t.	Tome.
p.	Page.

PRÉFACE

Un *Traité de frais de justice en matière criminelle* a été publié en 1834 par M. de Dalmas, chef de bureau au ministère de la justice. Cet ouvrage fait encore autorité aujourd'hui, mais il est devenu une rareté bibliographique et, depuis sa publication, bien des modifications ont été introduites.

J'ai pensé qu'un nouveau travail sur cette matière si aride pourrait être de quelque utilité. L'examen du tarif criminel ne comporte pas de théorie ; il était inutile de discuter des questions souverainement tranchées par M. le Garde des sceaux. Aussi me suis-je borné à coordonner, aussi clairement que possible, les instructions ministérielles, et à réunir sous chaque article du décret du 18 juin 1811, tous les documents officiels qui s'y rapportent.

Magistrat du ministère public pendant quinze ans, j'ai pu me rendre compte, par la pratique, des multiples difficultés que présentent les frais de justice. Chaque année, la Chancellerie prodigue les circulaires, instructions et décisions ; elle provoque des décrets et règlements en tel nombre qu'il est difficile aujourd'hui de se reconnaître au milieu de ces règles, souvent contradictoires, qui disparaissent dans la foule des exceptions.

L'étude attentive des décrets du 18 juin 1811 et 7 avril 1813 et de l'instruction générale du 30 septembre 1826 ne suffit, ni à l'officier ministériel pour savoir ce qu'il est en droit de réclamer, ni au magistrat taxateur pour déterminer ce qui est légitimement dû.

En matière civile, il est laissé au juge un certain pouvoir d'appréciation. Pour la taxe criminelle, rien de semblable ;

le magistrat ne peut, sous aucun prétexte, dépasser les limites du tarif, déjà si étroites, et que les interprétations ministérielles ont encore restreintes. Le ministère de la justice doit assurément veiller au bon emploi des fonds de l'État. Mais, est-il d'une bonne administration de ne pas accorder des rémunérations proportionnées aux soins et au travail exigés, ou à la responsabilité encourue, de n'allouer que d'infimes indemnités aux huissiers, aux médecins, aux témoins, aux agents de la force publique, etc. Les justes réclamations qui se sont produites de tout temps n'ont jamais été écoutées. Tout est à refaire ou plutôt à refondre ; ce serait une œuvre vraiment utile, mais elle ne tentera personne, parce qu'elle est simplement utile.

Les frais de justice sont-ils trop considérables ? Peuvent-ils être réduits ?

En 1876, les sommes avancées par les receveurs de l'enregistrement se sont élevées à 4,935,128 francs. De 1871 à 1875, les avances ont été en moyenne de 4,741,795 francs. Mais l'État recouvre une somme supérieure à ses déboursés. Dans la même année 1876, le Trésor a reçu 4,588,451 francs à titre de frais de justice et 3,768,589 francs à titre de condamnations à l'amende, soit au total 8,357,040 francs.

Pour les affaires jugées contradictoirement par les Cours d'assises, le montant des frais taxés est en moyenne de 268 francs par accusation. Pour les affaires correctionnelles, le calcul est fait par prévenu et donne 20 fr. 68 c. en matière de délits communs, et 13 francs en matière de contraventions fiscales ou forestières.

Ces sommes sont irréductibles ; j'ajouterai qu'elles sont insuffisantes, et que, trop souvent, les informations judiciaires sont entravées par l'impossibilité où se trouvent les magistrats de rétribuer convenablement les services rendus. Il ne peut être accordé au médecin, au savant chargé d'opérations délicates, qu'une rémunération misérable, parfois même inférieure à la somme payée à l'homme de peine qui a prêté ses bras. Le docteur chargé de procéder à une autopsie touchera, à Paris, 9 francs ; dans les villes de 40,000 âmes et au-dessus, 7 francs, et ailleurs, 5 francs. Le fossoyeur est mieux payé.

Voici comment s'exprime à ce sujet un magistrat de la Cour d'appel de Paris, l'un des présidents d'assises les plus distingués :

« Cette taxe dérisoire en notre pays où des millions sont,
» chaque année, en quelques heures, votés par les Cham-
» bres, est évidemment insuffisante pour notre époque. Les
» médecins qui font payer à Paris 20 francs pour une
» visite avec consultation, ne veulent pas se déranger
» pour si peu, s'exposer à passer une journée à l'audience
» ou dans le cabinet du juge d'instruction, pêle-mêle avec
» des prévenus et des témoins. Les médecins et chirur-
» giens des hôpitaux refusent même de délivrer, à la
» demande des magistrats, un rapport sur l'état d'un
» malade placé dans leur service, de peur d'être plus tard
» appelés à en soutenir les conclusions en justice. »
(Desmaze, *Histoire de la médecine légale en France,*
p. 321.)

Dans les départements, les hommes de l'art redoutent également de prêter assistance à la justice, et font en sorte de se dérober aux réquisitions. Il arrive que pour telle opération qui réclame le concours d'un docteur expérimenté, les magistrats sont dans la nécessité d'utiliser les services d'un modeste officier de santé, dont la bonne volonté ne peut compenser l'inhabileté. Que de criminels bénéficient chaque année d'un verdict d'acquittement motivé par les lacunes de l'expertise ! Et ne peut-on pas redouter également que des condamnations soient prononcées sans qu'il ait été procédé à un examen sérieux ?

Les huissiers, ces modestes et indispensables auxiliaires de la justice, ne sont pas mieux traités que les médecins : les allocations du tarif sont le plus souvent insuffisantes pour les couvrir de leurs déboursés.

En Angleterre, des primes importantes sont accordées aux agents qui, par leur zèle, ont procuré la prompte arrestation du malfaiteur. En France, rien de semblable : un agent n'a droit à une prime que pour une arrestation tardive. N'est-il pas contre toutes les règles du bon sens de ne pas rétribuer l'exécution des mandats d'amener ? Un assassinat vient d'être commis ; la gendarmerie recherche activement le meurtrier ; c'est un malfaiteur redoutable, dont la capture présente de sérieux dangers. Quelle sera la récompense des hommes courageux qui auront fait preuve d'intelligence dans les investigations, et d'énergie lors de l'arrestation ? Rien. Mais, si le criminel a échappé aux premières recherches, un mandat d'arrêt est décerné. Alors le gendarme qui l'aura rencontré, peut-être par hasard, aura droit à 12, 15 ou 18 francs. N'est-il pas à craindre qu'un pareil mode de rétribution n'ait pour résultat d'encourager l'inertie ?

C'est un devoir social de prêter son concours à l'œuvre de la justice ; cependant, il ne faut pas demander à l'ouvrier, auquel le salaire de chaque jour est indispensable pour subvenir aux besoins de sa famille, de donner gratuitement son temps. C'est ce qui a lieu cependant, car l'allocation de 1 fr. 25 c. n'est pas une indemnité suffisante. Qu'arrive-t-il ? Craignant d'être appelés devant les tribunaux, les témoins évitent de révéler ce qui est à leur connaissance. Ils redoutent plus que les coupables de comparaître devant la justice.

Il faut se montrer avare des deniers de l'État ; mais il est des économies mal entendues qui finissent par nécessiter de lourdes dépenses. La Chancellerie met sa gloire à maintenir dans les mêmes limites les sommes dépensées chaque année én frais de justice ; pour obtenir ce résultat, elle rogne et retranche de justes rétributions. En même temps, les prisons de l'État se remplissent d'un nombre toujours croissant de criminels, et la fréquence alarmante des récidives démontre trop l'impuissance de la répression.

Dans le rapport présenté en 1877 sur l'administration de la justice criminelle, M. le Garde des sceaux Le Royer, après avoir exposé que le nombre des récidivistes atteignait 40 0/0 devant les tribunaux correctionnels, terminait ainsi le douloureux tableau de la démoralisation : « En » résumé, disait-il, la situation n'a jamais été plus mau- » vaise, et montre la nécessité de persévérer dans l'étude » de la réforme pénitentiaire, et des moyens de faciliter » le reclassement des libérés dans la société. »

L'État ne peut opérer lui-même ce reclassement ; il doit se borner à seconder les sociétés philanthropiques créées dans ce but. Mais c'est à lui qu'il appartient de prévenir et d'arrêter la démoralisation. Or, le meilleur système préventif est une justice bien organisée. En est-il ainsi alors que les agents secondaires sont insuffisamment rétribués, et alors que les organes de la loi, les officiers du parquet ne peuvent remplir leurs délicates fonctions avec dignité et sécurité ?

Trop de coupables parviennent à échapper à toute condamnation ; mais trop souvent aussi des peines prononcées sont laissées sans exécution ; chaque année, beaucoup d'amendes infligées restent impayées par suite d'insolvabilité. La statistique criminelle n'indique pas combien d'individus jouissent illégalement de l'impunité ; ce serait cependant un document intéressant à consulter. Les peines à l'emprisonnement sont strictement exécutées : pourquoi en est-il autrement pour les peines pécuniaires ?

La loi sur la contrainte par corps permet d'atteindre tout

condamné qui ne paye pas le montant des amendes et des frais dont il est redevable. Malheureusement les prescriptions légales sont imparfaitement suivies. Les agents des Finances chargés d'opérer les recouvrements n'usent généralement de la contrainte que comme moyen d'intimidation à l'égard des débiteurs considérés comme solvables ; quant aux insolvables, ils sont signalés au ministère public.

Lorsque des condamnés reconnus insolvables sont désignés aux parquets, tous ne devraient-ils pas être incarcérés, conformément aux prescriptions de l'article 10 de la loi du 22 juillet 1867 ? Contrairement aux termes impératifs de la loi, les magistrats du parquet choisissent les condamnés auxquels il leur paraît convenable de faire subir un emprisonnement. (Circ. du 21 juillet 1853.) C'est un véritable droit de grâce qui est conféré au ministère public. Et sur quelles règles, sur quels principes sont basées de si graves décisions? Les magistrats du parquet ne sont point appelés à rendre compte des motifs qui les déterminent ; ils statuent souverainement, suivant leur conscience, c'est-à-dire arbitrairement.

Rien de plus inégal et de plus irrégulier que l'exercice de la contrainte. L'application de la loi varie suivant les départements, les arrondissements, ou même les circonscriptions de perceptions. Les comptes criminels ne fournissent à cet égard que des renseignements sommaires ; toutefois, il est aisé de reconnaître par l'examen de quelques chiffres quelle diversité existe dans le mode d'exécution des prescriptions légales.

En 1876, la contrainte par corps a été employée contre 6,313 individus condamnés par les tribunaux criminels, correctionnels ou de simple police; 2,340 étaient considérés comme solvables et 4,412 comme insolvables.

Dans certains ressorts, on ne recourt que rarement à la

contrainte par corps, soit comme moyen de coercition, soit comme moyen de correction ; tels sont :

Ressorts.	DÉBITEURS	
	Solvables.	Insolvables.
Département de la Seine..........	110	»
Les six autres départements du ressort de Paris........	16	102
Bourges	8	9
Limoges....................	5	25
Orléans....................	9	10
Pau........ ....•.....	13	22
Poitiers....................	17	10

Ailleurs, le nombre des incarcérés insolvables est plus considérable que le nombre des solvables ; là, il est tenu tenu compte des nécessités de la vindicte publique.

Ressorts.	DÉBITEURS	
	Solvables.	Insolvables.
Besançon	155	336
Bordeaux..	19	249
Douai	172	555
Rouen......	38	534

Dans d'autres ressorts, le nombre des individus solvables domine ; les percepteurs se préoccupent à un plus haut degré des recouvrements des sommes dues à l'État que des intérêts de la répression.

Ressorts.	DÉBITEURS	
	Solvables.	Insolvables.
Amiens...........	117	83
Caen..	59	27
Chambéry..................	90	63
Montpellier..................	423	108
Toulouse..................	127	44

Les criminalistes s'alarment avec raison de l'augmentation sans cesse croissante des crimes et des délits ; les causes de ce triste état de choses sont étudiées avec un soin digne d'éloges ; il y a émulation pour recher-

cher les remèdes qu'il conviendrait d'appliquer à ce mal
social. « Qu'on examine, a dit Montesquieu, la cause de
» tous les relâchements, on verra qu'elle vient de l'impu-
» nité des crimes et non pas de la modération des peines. »
Rien de plus vrai : l'impunité habitue à enfreindre la loi ;
le délinquant arrive bientôt à mépriser des défenses restées
sans effet ; après avoir commis des infractions de peu d'importance, il ne tarde pas à se rendre coupable de délits
graves. Que les Ministres de la Justice et des Finances prescrivent aux fonctionnaires l'exécution exacte de la loi sur
la contrainte par corps, et l'on ne tardera pas à constater
une diminution considérable dans le nombre des délits et
contraventions.

Mais faut-il donc envoyer impitoyablement en prison quiconque a encouru une amende, pour une de ces multiples contraventions de police urbaine ou rurale commises sans intention mauvaise, et, parce que ces contrevenants ne pourront
payer le fisc, doivent-ils être traités comme des malfaiteurs ?

Nous voudrions que les condamnés à des peines de simple police qui justifieraient de leur insolvabilité, fussent admis à se libérer par leur travail. Déjà il en est ainsi pour
les délinquants forestiers, et tel était le mode de répression
admis par les rédacteurs du Code rural du 6 octobre 1791,
qui punissait certaines contraventions de tant de journées
de travail. Facilitez autant que possible la libération du débiteur, mais exigez que sa dette soit soldée. M. de Mar-
sangy, dans son livre sur l'*Amélioration de la loi criminelle,*
propose la substitution de journées de travail à l'amende
pour les débiteurs insolvables, et il ajoute :

« Je demande pourquoi on ne généraliserait pas cette
» mesure, en appliquant à toutes les catégories de délin-
» quants insolvables ce mode de recouvrement des amen-
» des ? Si ce mode est utile en ce qui touche la répression
» des délits forestiers, pourquoi non relativement à toutes
» les infractions de la loi ? »

Il serait aisé d'organiser des prestations en nature telles qu'elles existent dans les campagnes. Les communes ont peine à subvenir à l'entretien de la voirie, le travail des condamnés insolvables serait une précieuse ressource.

Il s'élève, non sans raison, des plaintes très vives sur l'inefficacité de la loi sur la chasse. Les tribunaux se montrent-ils trop indulgents ? Les peines sont-elles trop peu élevées pour être redoutées ? Une législation même très rigoureuse ne mettrait pas obstacle aux entreprises des braconniers ; lorsque la peine est disproportionnée au délit, elle reste sans application. Jadis les ordonnances royales prononçaient contre les délinquants des peines barbares ; les verges, le bannissement, la mort même, étaient les sanctions ordinaires des prohibitions édictées. Ces peines excessives ne parvenaient pas à empêcher le manant de s'approprier le gibier réservé aux plaisirs du souverain.

Pour assurer l'efficacité de la loi du 3 mai 1844, il ne paraît pas nécessaire d'élever l'échelle des peines ; il suffirait de faire exécuter toute peine prononcée, en substituant l'emprisonnement à l'amende lorsque le condamné n'en aurait pas opéré le paiement dans un bref délai.

Inutile de bouleverser la législation actuelle : qu'un article ainsi conçu soit ajouté à la loi en vigueur : « Le tribu-
» nal fixera par son jugement la durée de l'incarcération
» que le condamné devra subir, s'il ne paie le montant des
» condamnations pécuniaires prononcées contre lui, dans
» le délai d'un mois après le jugement devenu définitif. »

Tout condamné serait incarcéré s'il ne fournissait la preuve de sa libération. Nul ne jouirait de l'impunité. Le décret sur la chasse voté par l'Assemblée nationale le 30 avril 1790 était assurément empreint d'un esprit libéral ; cependant les législateurs n'avaient pas hésité à introduire un article destiné à assurer l'exécution de la loi.

Décret du 30 avril 1790. art. 4. — « Le contrevenant
» qui n'aura pas huitaine après la signification du jugement

» satisfait à l'amende prononcée contre lui, sera contrain
» par corps et détenu en prison pendant vingt-quatre heu-
» res pour la première fois ; pour la seconde, pendant huit
» jours ; et pour la troisième ou ultérieure contravention,
» pendant trois mois. »

Dans la plupart des législations étrangères sur la chasse, notamment en Allemagne, en Autriche, en Belgique, en Espagne, en Hollande et en Suisse, la peine prononcée est alternative : si le condamné ne paie pas l'amende, il subit un emprisonnement proportionnel, dont la durée est déterminée soit par le juge, soit par la loi elle-même. Le condamné est libéré de l'amende par l'exécution de la peine corporelle. Ce système pénal est à la fois plus équitable et plus efficace que notre loi sur la contrainte par corps, qui n'est en réalité qu'un moyen de coercition dans un intérêt fiscal.

Les percepteurs des contributions directes sont aujourd'hui chargés du recouvrement des frais et amendes. Ils opèrent pour les sommes dues par suite de condamnations de la même manière et en vertu des mêmes principes que pour les impôts fonciers et mobiliers ; aussi, toutes les rigueurs des agents des finances s'exercent-elles non contre les débiteurs les plus coupables, mais contre les plus solvables.

Faisant droit aux réclamations du Ministre des Finances, la Cour de cassation vient d'innover une jurisprudence qui rend périlleux le recours à cette haute juridiction.

Une amende de 150 francs est encourue par celui qui forme un pourvoi à la suite d'une condamnation de police correctionnelle ou de simple police, en vertu des art. 419 et 420 du Code d'instruction criminelle. Jamais, antérieurement à l'année 1880, la Cour de cassation n'avait déterminé la durée de la contrainte par corps afférente à cette amende, et nulle réclamation ne s'était élevée. Cette pratique donnait satisfaction à des sentiments d'humanité en facilitant les pourvois devant la Cour suprême. Devait-on, dans un intérêt fiscal douteux, entraver les recours des condamnés, et rendre l'accès de cette haute juridiction dangereux pour les justiciables ?

En effet, le pourvoi en cassation devient impossible pour quiconque n'est pas riche. L'amende fixée par l'article 419 du Code d'instruction criminelle s'élève en réalité, par l'adjonction des décimes, à 187 fr. 50 c.; les autres frais montent à environ 50 francs. Le total de l'amende et des frais excédant toujours 200 francs, la durée de la contrainte par corps ne peut être moindre de deux mois.

Une loi du 28 février 1877 avait apporté d'heureuses modification aux articles 420 et 421 en dispensant de la consignation préalable de l'amende tout individu condamné à une peine corporelle.

Cette innovation n'avait soulevé qu'une seule objection : l'on craignait de voir les recours en cassation se multiplier outre mesure : « Nous ne pensons pas, répondit M. Du-
» faure, alors Garde des sceaux, qu'une Chambre répu-
» blicaine puisse songer à tenir en échec l'intérêt de la
» justice, par la préoccupation secondaire de demander au
» dévouement du juge un supplément de travail. »

De son côté, le rapporteur, M. Gatineau, député, s'ex-
primait ainsi : « On comprend difficilement qu'un justi-
» ciable atteint dans son honneur et dans sa liberté, se voie
» fermer le prétoire de la Cour de cassation, où se trouve
» son dernier et suprême espoir, par l'impossibilité de
» faire au fisc l'avance d'une somme d'argent. Le con-
» damné use du droit le plus respectable quand il épuise,
» pour sa défense, tous les degrés de juridiction ; pourquoi
» maintenir la consignation de l'amende qui, indifférente
» aux riches, est un obstacle insurmontable pour les con-
» damnés non favorisés de la fortune ? La nouvelle dispo-
» sition efface une inégalité choquante, et elle prendra
» dans le Code d'instruction criminelle une place qu'elle
» aurait dû y occuper depuis longtemps. »

On reconnaissait donc unanimement qu'il était de l'intérêt de la justice que les décisions des Cours et tribunaux pussent être soumises librement à l'examen de la Cour suprême. La jurisprudence innovée sur l'invitation de M. le Ministre Cazot annihilera les dispositions libérales de la loi de 1877 ; les facilités concédées deviennent un piège pour le condamné insolvable, qui ne peut aujourd'hui demander justice qu'en sacrifiant deux mois de sa liberté. L'inégalité choquante que M. le Député Gatineau espérait voir disparaître va se produire de nouveau ; la Cour de cassation ne s'ouvrira plus que pour le justiciable opulent ; et, si quelque indigent confiant dans son bon droit ose demander justice, sa témérité pourra être rigoureusement punie.

Dans une République bien ordonnée, la loi doit être scrupuleusement suivie, et les peines qui lui servent de sanction doivent être strictement exécutées.

Mais aussi, pour que le châtiment soit efficace, il faut que le condamné n'ait pas de doute sur la légitimité de la peine infligée. C'est pourquoi aucun obstacle ne devrait entraver le droit d'appel ou de pourvoi devant les juridictions supérieures.

D'importantes modifications seront, dit-on, apportées aux dispositions du Code d'instruction criminelle et du Code pénal. Il est à craindre que longtemps encore l'esprit de réforme ne continue à s'exercer sur les personnes en laissant subsister une législation défectueuse.

FRAIS DE JUSTICE

CRIMINELLE, CORRECTIONNELLE & DE POLICE

DÉCRET DU 18 JUIN 1811

ARTICLE 1.

L'administration de l'enregistrement continuera de faire l'avance des frais de justice criminelle, pour les actes et procédures qui seront ordonnés d'office ou à la requête du ministère public ; sauf à poursuivre, ainsi que de droit, le recouvrement de ceux des dits frais qui ne sont point à la charge de l'État, le tout dans la forme et selon les règles établies par le décret.

Les frais de justice criminelle sont encore actuellement avancés par l'administration de l'enregistrement, mais la loi du 29 décembre 1873 a confié le recouvrement des amendes et condamnations pécuniaires aux percepteurs des contributions directes, sous le contrôle et la responsabilité des receveurs des finances.

Loi du 29 décembre 1873, art. 29. — A partir du 1er janvier 1874, les percepteurs des contributions directes seront substitués aux receveurs de l'enregistrement pour le recouvrement des amendes et des condamnations pécuniaires autres que celles concernant les droits d'enregistrement, de timbre, de greffe, d'hypothèque, le notariat et la procédure civile.

Sont maintenues toutes les dispositions des lois qui ne sont pas contraires au paragraphe précédent ; toutefois, les porteurs de contraintes pourront remplacer les huissiers pour l'exercice des poursuites.

Un règlement d'administration publique déterminera, s'il y a lieu, les mesures nécessaires pour assurer l'exécution du présent article.

Les frais de justice, dans les procès suivis à la requête et dans l'intérêt des administrations publiques dépendantes du ministère des finances, ainsi que les frais des procédures instruites pour crimes et délits commis dans les bois des communes, hospices et autres établissements qui concernent l'administration des eaux et forêts, doivent être avancés pour le compte de ces administrations ou établissements, par les préposés de la régie, de l'enregistrement et des domaines, qui, pour s'en faire rembourser le montant, tiennent un compte ouvert avec chacun de ces établissements ou administrations.

A l'égard des frais de procédures instruites à la requête de de l'administration des contributions indirectes, en matière criminelle et correctionnelle, ils doivent être avancés par ses préposés.

Cependant ces administrations et établissements publics ne sont pas tenus des frais de poursuites dans les affaires qui peuvent donner lieu à des peines afflictives et infamantes, parce que ces poursuites ont pour objet la répression des crimes qui intéressent essentiellement l'ordre public, quels que soient les intérêts particuliers qui se trouvent lésés. Les frais de cette nature sont avancés pour le compte du ministère de la justice (Voir art. 158, ci-dessus).

Par une décision du 5 avril 1879, le ministre des finances a reconnu que les amendes et autres condamnations prononcées contre les maires, en exécution des articles 50 et 53 du Code civil, relatifs à la tenue des registres de l'état civil, ne rentrent pas dans la classe des condamnations concernant la procédure civile et doivent être recouvrées par les percepteurs.

La même règle doit être appliquée à toutes amendes ou condamnations pécuniaires prononcées par les tribunaux civils pour contraventions au Code civil (Circ. 25 juin 1879).

Aux termes des articles 32 de la loi du 13 brumaire an VII et 76 de la loi du 28 avril 1816, les contraventions relatives au timbre des affiches, autres que les affiches peintes, ne peuvent être constatées que par les préposés de l'enregistrement. Le recouvrement des droits et amendes exigibles doit être poursuivi en vertu de contraintes rendues exécutoires par les juges de paix. En cas d'opposition, les instances engagées par les parties sont instruites devant les tribunaux civils et jugées par ces tribunaux selon les formes prescrites par les lois du 22 frimaire an VII et 27 ventôse an IX sur l'enregistrement.

C'est au contraire devant le tribunal correctionnel, et à la requête du ministère public, que doit être poursuivie la contravention résultant de la couleur blanche du papier, quoique la pénalité soit établie par les lois de finances des 28 avril 1816 et 25 mars 1817 (Décis. 21 fév. 1876).

Les frais d'exécution de jugements des conseils de prud'hommes qui ont prononcé des condamnations pour irrévérence commise à l'audience, sont à la charge du ministère de la justice : mais ils doivent être liquidés conformément au décret du 18 juin 1811, et non pas conformément au décret du 11 juin 1809, relatif à l'organisation des conseils de prud'hommes (Décis. 2 sept. 1867).

ARTICLE 2.

Sont compris sous la dénomination de frais de justice criminelle, sans distinction des frais d'instruction et de poursuite en matière de police correctionnelle et de simple police :

1° Les frais de translation des prévenus ou accusés ; de transport des procédures et des objets pouvant servir à conviction ou à décharge ;

Ces frais sont recouvrables sur le condamné ou sur la partie, lorsqu'il y en a une en cause.

La dépense que peut entraîner le déplacement d'un condamné qui est extrait d'un bagne ou d'une maison centrale de détention, et conduit devant un tribunal, soit pour y déposer comme témoin, soit pour y subir un nouveau jugement, fait partie des frais d'instruction (Décis. 17 juin 1829).

L'extraction des condamnés détenus dans les bagnes ou les

maisons centrales ne doit être réclamée qu'autant que la comparution est absolument indispensable. La demande sera toujours adressée au ministre de la justice (Circ. 9 mai 1856).

Les condamnés dont l'identité n'est pas constatée, et à l'égard desquels il y a lieu de procéder conformément aux articles 518 et suivants du Code d'instruction criminelle, sont assimilés aux prévenus et accusés (Circ. 1er janvier 1864).

Quand il y a lieu à retour de détenus appelés en témoignage, le parquet n'a pas à requérir la réintégration, comme il a requis l'extraction. Le voyage d'aller est seul à la charge et dans les attributions de l'autorité judiciaire. L'autorité administrative paie les frais du retour qu'elle effectue économiquement par voitures cellulaires (Circ. 30 juin 1875).

Les frais de transport des condamnés, alors même que n'étant pas détenus préventivement, ils sont arrêtés ou se sont constitués volontairement pour subir leur peine, demeurent à la charge du ministère de l'intérieur. Lorsqu'un condamné, arrêté en vertu d'un jugement auquel il n'a pas satisfait, est transféré au lieu où il doit subir sa peine, le ministère public doit s'abstenir de requérir sa translation ; le condamné est mis à la disposition du préfet ou sous-préfet qui prescrit les moyens de transport qui lui paraissent le moins onéreux (Circ. 1er juin 1864 ; — 18 novembre 1864 ; — 1er juin 1865).

Lorsque les magistrats requièrent la translation de condamnés ou repris de justice, ils doivent, sous leur responsabilité, indiquer en tête de leurs réquisitions, si c'est le ministère de la justice ou le ministère de l'intérieur qui doit supporter les frais d'escorte et de translation (Circ. 1er juin 1865).

2° *Les frais d'extradition de prévenus, accusés ou condamnés ;*

Ces frais sont recouvrables. On doit assimiler aux frais d'extradition des prévenus, des accusés ou des condamnés, le salaire des huissiers étrangers pour la citation des témoins également étrangers (Décis. 10 sept. 1822).

C'est à l'administration qu'il appartient exclusivement de faire reconduire à la frontière l'extradé acquitté (Cass. 25 juill. 1867).

3° *Les honoraires et vacations des médecins, chirurgiens, sages-femmes, experts, interprètes ;*

4° *Les indemnités qui peuvent être accordées aux témoins et aux jurés ;*

Les indemnités aux jurés ne sont pas recouvrables (Art. 162 du tarif).

5° *Les frais de garde de scellés et ceux de mise en fourrière ;*

6° *Les droits d'expédition et autres alloués aux greffiers ;*

Une copie des procès-verbaux constatant le délit et des déclarations écrites des témoins doit être délivrée gratuitement aux accusés et ne peut, dès lors, être comprise dans les frais de justice à recouvrer (Art. 305 Code instr. crim.)

7° *Les salaires des huissiers ;*

8° *L'indemnité accordée aux officiers de justice dans les cas de transport sur le lieu du crime ou du délit ;*

9° *Les frais de voyage et de séjour accordés aux conseillers des Cours d'appel pour compléter le nombre des juges d'une Cour d'assises, ainsi qu'aux officiers du ministère public, autres néanmoins que les substituts en service près les Cours d'assises hors du chef-lieu, à l'égard desquels il a été statué par l'art. 10 du décret du 30 janvier 1811 ;*

Ces frais restent à la charge de l'État (Art. 162 du tarif).

Le procureur général ou le substitut qui se déplace doit recevoir quinze francs par chaque jour qu'il passe hors de sa résidence (Décr. du 30 janvier 1811, art. 19).

10° *Les frais de voyage et de séjour auxquels l'instruction des procédures peut donner lieu ;*

11° *Les ports de lettres et paquets pour l'instruction criminelle.*

Le Trésor n'est plus grevé de la dépense de port des lettres et paquets.

Loi du 5 mai 1855, art. 18. — Le port des lettres et paquets compris par le paragraphe 11 de l'art. 2 du décret du 18 juin 1811, dans les frais de justice criminelle, sera perçu, après chaque jugement définitif, suivant le tarif ci-après :

		fr.	
Affaires de simple police	portées directement à l'audience...	» fr.	20
	jugées en appel.................	1	»
	portées à l'audience après instruction	1	20
	jugées en appel.................	2	60
	jugées en cassation..............	6	40
Affaires correctionnelles	portées directement à l'audience...	2	»
	jugées en appel.................	4	40
	portées à l'audience après instruction	3	»
	jugées en appel.................	5	20
	jugées en cassation..............	9	60
Affaires criminelles	devant la haute cour.............	25	»
	devant la cour d'assises..........	25	»
	en cassation....................	16	»

Ces frais sont recouvrés pour le compte de l'administration des postes. Le droit est dû pour chaque affaire, quel que soit le nombre des prévenus.

Lorsque des poursuites ont lieu à la requête des préposés à la surveillance des bois et forêts et de la pêche fluviale, aucun droit de poste ne doit être réclamé au condamné ; ils sont dus lorsque l'action est dirigée par le ministère public (Circ. 22 janv. 1880).

Ces droits sont dus dans les instances suivies à la requête du ministère public pour contraventions au décret sur la pêche côtière du 9 janvier 1852 et dans les instances suivies par les administrations financières autres que celle des forêts (Circ. 7 fév. 1856. — Inst. finances 27 fév. 1861).

12° *Les frais d'impression des arrêts, jugements et ordonnances de justice ;*

L'art. 104 du présent règlement désigne les seuls frais d'impression qui sont, de plein droit, à la charge des fonds généraux des frais de justice.

13° Les frais d'exécution des jugements criminels et les gages des exécuteurs ;

Voir article 162 ci-dessus.

14° Les dépenses assimilées à celles de l'instruction des procès criminels qui résulteront, savoir ;
Des procédures d'office pour l'interdiction,
Des poursuites d'office en matière civile,
Des inscriptions hypothécaires requises par le ministère public ;
Du transport des greffes ;

Voir art. 117 et suivants.

Il faut ajouter les frais d'assistance judiciaire qui sont avancés par le Trésor, conformément à l'art. 118 du présent règlement (Loi du 22 janvier 1851, art. 14).

Un père qui demande l'incarcération de son enfant par voie de correction paternelle ne peut être dispensé de consigner les aliments que par l'autorité administrative ; elle seule peut prendre une mesure destinée à grever son budget. Le président ne doit, dans son ordonnance, dispenser un père indigent de la soumission prescrite que sur la production des trois pièces suivantes : 1° Certificat du maire constatant l'indigence ; 2° extrait du rôle des contributions ; 3° attestation de l'autorité administrative, établissant qu'elle consent à prendre à sa charge les frais résultant de la détention. (Décis. 3 avril 1876).

Dans le cas de faillite lorsque les deniers appartenant à la faillite ne peuvent suffire, l'avance des frais de déclaration, d'affiches, de scellés, d'arrestation, *d'incarcération* et *d'aliments* sera faite par le Trésor, en conformité du décret du 18 juin 1811 (Art. 461 C. comm.; — Circ. 8 juin 1838 ; 1er oct. 1840).

Il faut comprendre dans les premiers frais en matière de faillite, ceux qui sont applicables à la signification du jugement déclaratif (Décis. 23 déc. 1878).

Le juge-commissaire fera tenir note au greffe des sommes ordonnancées, et le greffier dressera l'état de liquidation pour en

payer le montant et récupérer s'il y a lieu (Circ. 30 avril 1827 ;
— 8 juin 1838).

Le Conseil d'État a émis un avis à la date du 1er octobre 1840,
duquel il résulte que le ministère public n'est pas tenu de requérir, dans tous les cas, l'incarcération du failli, mais il en a le
droit, suivant les circonstances, lors même que les syndics ne la
demandent pas. Cette incarcération faite dans l'intérêt public aussi
bien que dans l'intérêt des créanciers, ne doit pas être précédée
d'une consignation d'aliments ; l'État doit faire l'avance des aliments pour tout le temps pendant lequel la détention sera maintenue par le ministère public, non pas en se les consignant à lui-
même, mais en les fournissant en nature au détenu, sauf son
recours contre la faillite (Circ. 1er oct. 1840).

L'art. 461 du Code de commerce qui met à la charge du Trésor,
sauf remboursement, les premiers frais en matière de faillite ne
s'applique pas aux frais de garde de scellés. Ces frais, distraits
des frais d'apposition des scellés, constituent des dépenses varia-
bles liquidées à la clôture des opérations et dont le recouvrement
ne pourrait être opéré par le Trésor ; ils ne peuvent donc être assimilés à ceux dont l'avance a été mise à la charge de l'État pour
faciliter les opérations des faillites (Décis. 23 août 1875 ; —
24 août 1878).

Le Trésor ne se charge pas non plus des frais du dépôt de bilan
(Décis. 28 fév. 1877).

ARTICLE 3.

*Ne sont point compris sous la dénomination de frais de
justice criminelle :*

*1° Les honoraires des conseils ou défenseurs des accusés,
même de ceux qui sont nommés d'office, non plus que les
droits et honoraires des avoués, dans le cas où leur ministère
serait employé ;*

L'art. 185 du Code d'instruction criminelle autorise dans certains cas le prévenu à se faire représenter par un avoué devant
le tribunal de police correctionnelle. Mais ni le prévenu, ni la

partie civile ne sont obligés d'employer le ministère des avoués (Cass. 17 fév. 1826).

Les honoraires des défenseurs et des avoués en matière correctionnelle ne sont pas considérés comme frais de justice criminelle. Ils ne peuvent jamais être mis à la charge du Trésor ou des administrations publiques qui poursuivent, dans l'intérêt de l'état, des délits ou des contraventions, à moins que ces administrations n'emploient elles-mêmes le ministère des avoués (Instruct. générale 1826).

Dans les demandes à fins civiles, les tribunaux peuvent comprendre dans les dépens les honoraires des avoués, sauf à en faire la distraction dans la liquidation des frais de justice proprement dits. Ils doivent être taxés comme en matière sommaire, en conformité du tarif du 16 février 1807 (Circ. 10 avril 1813 ; — 27 nov. 1850).

Le ministère d'avoué étant facultatif, les frais occasionnés par l'intervention d'un avoué pour la partie civile peuvent être compris dans la liquidation des dépens, mais seulement sur la déclaration formelle de l'utilité de l'emploi de l'officier ministériel (Cass. 28 déc. 1872. B. 335 ; — 12 déc. 1873. B. 308 ; — D. P. 74. 1. 230 ; — 24 juill. 1874. D. P. 75. 1. 237).

Voir art. 157 et suiv.

2° Les indemnités des militaires en activité de service appelés en témoignage devant quelques juges ou tribunaux que ce soit, et ce, conformément à l'article 69 de la loi du 28 germinal an VI et à l'arrêté du gouvernement du 22 messidor an V ;

Ces dispositions règlent les indemnités dues aux officiers et soldats voyageant isolément.

Le paragraphe comprend les marins aussi bien que les militaires.

De récentes circulaires ont modifié le mode de paiement des gendarmes appelés en témoignage (**V.** *supra*, art. 31).

3° Les frais d'apposition des affiches d'arrêts, jugements ou ordonnances de justice, lesquels continueront à être payés par les communes, ainsi qu'il résulte des art. 9 et 10 de l'arrêté du gouvernement du 27 brumaire an VI ;

Les placards doivent toujours être envoyés aux maires par les soins desquels ils sont apposés, sans intervention des huissiers (Circ. 18 mars 1856). — V. *supra* art. 107.

Les frais d'affichage d'un jugement rendu envers un individu coupable d'irrévérence à l'audience envers un magistrat, délit prévu par les art. 10 et 11 du Code de procédure civile, sont à la charge de la commune, sauf le recours de celle-ci contre le condamné (Décis. 4 mai 1877).

En matière de fraude commerciale, les frais d'affichage doivent être laissés à la charge du condamné (Circ. 4 juin 1857).

Les affiches d'un jugement correctionnel apposées à la requête du ministère public, conformément aux dispositions du jugement portant condamnation pour tromperie sur la marchandise vendue, constituent des actes d'administration et de police générale et sont par conséquent exemptes du timbre (Solution de l'administ. de l'enregistrement du 19 nov. 1877).

4° Les frais d'inhumation des condamnés et de tous cadavres trouvés sur la voie publique et dans quelque autre lieu que ce soit, lesquels sont également à la charge des communes, aux termes de l'article 26 du décret du 23 prairial an XII, lors toutefois que les cadavres ne sont pas réclamés par les familles, et sauf le recours des communes contre les héritiers ;

ART. 26 DU DÉCRET DU 23 PRAIRIAL AN XII : « Dans les villages et » autres lieux où le droit précité (privilège des pompes funèbres) » ne pourra être exercé par les fabriques, les autorités locales y » pourvoiront, sauf l'approbation des préfets. »

Les frais de visites des médecins appelés à constater des cas de mort violente ne sont à la charge du ministère de la justice que lorsque ces décès sont signalés comme suspects et qu'il y a des indices de crime. Dans les autres cas, ils sont à la charge des parties intéressées ou des autorités locales en cas d'indigence (Circ. 4 mars 1851).

5° *Les frais de translation des condamnés dans les bagnes, dans les maisons centrales de correction, etc., lesquels continueront d'être à la charge du ministère de l'intérieur, conformément à l'avis du Conseil d'État du 10 janvier 1807, approuvé le 16 février suivant ;*

6° *Les frais de conduite des mendiants et vagabonds qui ne sont pas traduits devant les tribunaux, lesquels continueront d'être à la charge du ministère de l'intérieur, conformément à l'avis du Conseil d'État du 1er décembre 1807, approuvé le 11 janvier 1808 ;*

7° *Les frais de translation de tous individus arrêtés par mesure de haute police, lesquels continueront d'être payés par le ministère de la police, conformément au même avis ;*

8° *Les frais de translation de tous condamnés évadés du lieu de leur détention continueront à être supportés par les ministères de la guerre, de la marine et de l'intérieur, chacun en ce qui le concerne ;*

TABLEAU

DES DIFFÉRENTES CATÉGORIES D'INDIVIDUS DONT LE TRANSPORT N'EST PAS
A LA CHARGE DE L'ADMINISTRATION DES PRISONS.

Annexe de la circulaire du 6 janvier 1868, du ministre de l'intérieur.

MINISTÈRE DE LA JUSTICE

1. Prévenus ou accusés.
2. Condamnés par contumace.
3. Condamnés par défaut qui sont dans les délais légaux pour former appel, c'est-à-dire dans les dix jours à partir de la signification du jugement (Art. 203, Code instruct. crim.)
4. Extradés (Circ. du garde des sceaux, 18 nov. 1864).
5. Condamnés allant en appel (Même circulaire).
6. Individus condamnés ou non, allant en témoignage ou en instruction.
7. Condamnés dont l'identité n'est pas constatée légalement et doit donner lieu à la procédure spéciale prévue par les art. 518 et suiv. Code instr. crim. (Circ. 1er juin 1864. Justice).

GUERRE

Militaires dirigés sur les pénitenciers militaires.

MARINE

1. Marins, militaires de la marine ou assimilés du ressort judiciaire des arrondissements maritimes.

2. Évadés du bagne et des colonies pénitentiaires.

FINANCES
(*Direction générale des domaines et de l'enregistrem.*)

Individus incarcérés pour recouvrements d'amendes prononcées en matière de délits forestiers, de pêche, de chasse, etc., ou qui ont à subir la contrainte par corps faute d'avoir acquitté des frais de justice (Lettre du ministre des finances du 30 juillet 1864).

1. Mendiants sortant des dépôts de mendicité, qu'ils aient ou non été condamnés.

2. Mendiants renvoyés à leur domicile de secours ou conduits au dépôt de mendicité.

BUDGETS

3. Vagabonds, prostituées, reconduits dans leur pays, sans être sous le coup d'une mesure judiciaire.

DÉPARTEMENT.

4. Prévenus ou accusés acquittés.

5. Repris de justice ou libérés soumis à la surveillance et changeant de résidence.

6. Aliénés séquestrés provisoirement en attendant leur envoi dans un asile.

COLONIES

D'ÉDUCATION

CORRECTIONN.

Les frais de transport des jeunes détenus évadés sont à la charge des établissements d'éducation correctionnelle d'où l'évasion a lieu (Circ. du 17 déc. 1863. Min. de l'intérieur).

9° Les dépenses des prisons, maisons de correction, maisons de dépôt, d'arrêt et de justice, lesquelles resteront à la charge du ministère de l'intérieur, en vertu de la loi du 10 vendémiaire an IV et de l'arrêté du gouvernement du 23 brumaire an IV ;

10° Les frais de translation des déserteurs des armées de terre et de mer, qui sont à la charge des ministères de la Guerre et de la Marine ;

11° Les dépenses occasionnées par les poursuites intentées devant les tribunaux militaires ou maritimes, et les frais de procédures qui ont lieu devant les tribunaux ordinaires contre les conscrits réfractaires et les déserteurs, lesquels sont également à la charge des ministères de la Guerre et de la Marine, conformément aux art. 8 et 9 du décret du 8 juillet 1806 ;

Ces dispositions sont abrogées en ce qui concerne les conscrits réfractaires et les déserteurs. Les frais de poursuites relatives aux faits contraires au recrutement et qui ne sont pas de la compétence des tribunaux militaires, doivent être acquittés comme ceux de toutes les autres affaires qui sont portées devant les tribunaux ordinaires de répression.

12° *Toutes autres dépenses, de quelque nature qu'elles soient, qui n'ont pas pour objet la recherche, la poursuite et la punition des crimes, délits ou contraventions de la compétence soit de la Haute Cour, soit des Cours d'appel, des Cours d'assises, soit des tribunaux correctionnels ou de simple police, sauf les exceptions énoncées dans le titre 2 du présent décret.*

TITRE PREMIER

TARIF DES FRAIS

CHAPITRE PREMIER

DES FRAIS DE TRANSLATION DES PRÉVENUS OU ACCUSÉS, DE TRANS-
PORT DES PROCÉDURES ET DES OBJETS POUVANT SERVIR A CONVIC-
TION OU A DÉCHARGE.

ARTICLE 4.

Les prévenus ou accusés seront conduits à pied par la gendarmerie, de brigade en brigade ; néanmoins ils pourront, si des circonstances extraordinaires l'exigent, être transférés soit en voiture, soit à cheval, sur les réquisitions motivées de nos officiers de justice.

Les réquisitions seront rapportées en original ou par copies dûment certifiées par les officiers qui donneront les ordres, à l'appui de chaque état ou mémoire de frais à fournir par ceux qui auront fait le transport.

La translation extraordinaire, dont il est question dans cet article, est celle qui a lieu quand des motifs de sûreté, de célérité ou de santé s'opposent à ce que les prévenus ou accusés soient conduits à pied.

Cet article ne spécifiant pas les circonstances qui doivent rendre nécessaire le transport extraordinaire, laisse, par cela même, à la prudence des magistrats, le soin de les apprécier et de décider sous leur responsabilité, si elles sont assez graves pour motiver l'augmentation de dépenses qui résulte de l'emploi de cette mesure.

Lorsque le transport extraordinaire a eu lieu pour toute autre

cause que la santé des prévenus ou accusés, il suffit pour justifier le mémoire de frais présenté à ce sujet, de produire à l'appui
la réquisition du ministère public (Dalmas, p. 24. — Déc. min.
22 mars 1826).

L'ordonnance du 2 mars 1845 avait, contrairement à l'art. 4 du
décret du 18 juin 1811, fait du transport en voiture la règle, et du
transport à pied l'exception. Le décret du 1er mars 1854, art. 385,
prescrit d'en revenir au mode indiqué par le décret de 1811. Ainsi,
sauf les cas exceptionnels, les prévenus et les accusés doivent
être désormais transférés à pied de brigade en brigade, ou par la
voie des chemins de fer dans les cas prévus par la circulaire du
30 juin 1855. On ne doit, par des raisons d'économie, recourir
à ce dernier mode de transport que dans le cas où il s'agit
de transférer un ou deux individus seulement (Circ. 13 août
1855).

Il doit être fait emploi des chemins de fer toutes les fois qu'un
ou deux prévenus partiront d'un chef-lieu de département ou d'arrondissement pour être transférés devant l'autorité judiciaire d'un
autre chef-lieu existant sur la même ligne.

Si plus de deux prévenus doivent être transportés le même jour
au même endroit, il faut, à cause de la dépense de locomotion
plus considérable par le chemin de fer que celle par voiture, requérir le transport de brigade en brigade par voiture d'un ou
deux colliers (Arrêté G. d. S. 30 juin 1855).

Il résulte de cette circulaire que les transfèrements par chemin
de fer doivent être employés de préférence à tout autre mode. Les
translations par les voies ferrées seront donc le plus en usage aujourd'hui que les départements sont sillonnés de chemins de fer.
Les transports opérés de cette façon présentent de très grands
avantages sous le triple point de vue de la sécurité, de la célérité
et de l'économie. Nous voudrions que la chancellerie prescrivît le
transfèrement par voiture lorsqu'il n'existe pas de chemin de fer.
C'est en effet une terrible épreuve de parcourir un long trajet d'é-
tape en étape, les mains enchaînées, en stationnant parfois plusieurs jours dans les chambres de sûreté. Il ne faut pas oublier
que ce traitement est infligé à des accusés et à des prévenus, c'est-
à-dire, à des individus réputés innocents et qui le sont parfois
réellement.

La question budgétaire ne devrait pas primer une question d'humanité.

Les réquisitions relatives au nombre des gendarmes d'escorte doivent être concertées avec les commandants de gendarmerie (Circ. 19 oct. 1855 ; — 6 octobre 1858).

Pour faciliter le recouvrement des frais de translation des prévenus, tout ordre de conduite adressé par les magistrats à la gendarmerie doit être accompagné d'un bulletin destiné à faire connaître les lieux de départ et d'arrivée, le nombre d'étapes ou de kilomètres parcourus, selon que la translation aura lieu en voiture ou par chemin de fer, le nombre des individus transférés pour le compte du ministère de la justice et de ceux qui pourraient l'être en même temps pour le compte d'autres administrations, enfin le nombre des hommes d'escorte. Ce bulletin doit être joint au dossier pour servir à la liquidation des frais (Circ. 17 janv. 1860 ; — 15 déc. 1874).

Les frais de transport des prévenus par les chemins de fer sont ordonnancés à Paris (Décis. 4 fév. 1862).

Les réquisitions doivent indiquer avec exactitude les noms et prénoms des individus à transférer, le crime ou le délit dont ils sont prévenus, et la Cour ou le tribunal devant lesquels ils doivent être traduits.

L'art. 13 du règlement général sur les transports militaires par chemin de fer, du 1er juill. 1874, a substitué à la réquisition sur feuille volante, établie par décision ministérielle du 6 nov. 1855, des bons de chemin de fer, détachés d'un registre à souche et conformes au modèle annexé au règlement précité.

Dans le cas où des transports de militaires placés sous l'escorte de la gendarmerie sont ordonnés par des procureurs de la République ou par des juges d'instruction, ces magistrats n'étant pas pourvus de registre à souche, devront s'adresser au sous-intendant militaire de l'arrondissement administratif ou à son suppléant légal, autre qu'un maire, pour se faire délivrer les bons de chemin de fer qui sont nécessaires pour assurer le service. Ce n'est que dans les circonstances où il y aurait extrême urgence que les gendarmes d'escorte pourraient réclamer des compagnies de chemin de fer l'application de l'art. 16 du règlement, c'est-à-dire le transport, sur la production de l'ordre de mouvement et sur un bon de chemin de fer signé des dits gendarmes (Circ. 19 fév. 1875).

ARTICLE 5.

Lorsque la translation par voie extraordinaire sera ordonnée d'office ou demandée par le prévenu ou accusé, à cause de l'impossibilité où il se trouverait de faire ou de continuer le voyage à pied, cette impossibilité sera constatée par certificat de médecin ou de chirugien.

Ce certificat sera mentionné dans la réquisition et y demeurera joint.

Il convient, pour éviter les frais, de ne requérir la visite du médecin que dans les cas indispensables, et cette visite ne doit avoir lieu que lorsqu'il y a dissentiment entre les agents chargés de l'escorte et le prévenu (Circ. 5 mars 1856).

A défaut de médecins sur les lieux, les magistrats, l'autorité municipale ou les commandants de gendarmerie, doivent spécifier dans la réquisition remise au convoyeur les circonstances qui empêchent la translation à pied (Circ. 17 août 1860).

Le médecin requis par écrit de procéder à la visite, a droit à l'indemnité fixée par l'art. 17 § 2 du règlement (Décis. 6 août 1832).

ARTICLE 6.

Dans les cas d'exception ci-dessus, la translation des prévenus ou accusés sera faite par les entrepreneurs généraux des transports et convois militaires et aux prix de leur marché.

Dans les localités où le service des transports militaires ne sera point organisé, les requisitions seront adressées aux officiers municipaux, qui y pourvoieront par les moyens ordinaires, et aux prix les plus modérés.

Les convoyeurs avec lesquels il a été passé des marchés doivent, pour obtenir paiement, produire : 1° Mémoires en double exemplaire, un sur papier libre, l'autre sur papier timbré lorsque la somme réclamée dépasse 10 francs ; ces mémoires doivent être rendus exécutoires par le président du tribunal sur requisitoires du ministère public et sont, en outre, acquittés par la partie prenante : l'exemplaire sur papier libre est déposé au parquet ; 2° Réquisitions de fournitures portant la mention *vu arriver*, apposée par le maire ou par le gardien de la prison ; 3° Certificats des médecins constatant l'impossibilité de voyager à pied.

Lorsque le transport a été opéré par un convoyeur avec lequel il a été traité de gré à gré, les frais sont réputés urgents (art. 134, § 2, *supra*) et payés par les agents du Trésor sur le vu de la taxe du juge.

Lorsque la translation se fait par le chemin de fer, les détenus et les gardiens ne peuvent jamais être placés dans les mêmes compartiments que les voyageurs ordinaires. L'administration est tenue de leur réserver un compartiment de 2me classe (Circ. min. des trav. pub. du 6 août 1857).

Les mémoires qui n'ont pas été présentés à la taxe dans le délai d'une année à partir de l'époque à laquelle les frais ont été faits et dont le paiement n'a pas été réclamé dans les six mois de leur date, ne peuvent plus être soldés que sur l'autorisation du ministre de la justice (Ord. 28 nov. 1838, art. 5).

ARTICLE 7.

Les prévenus et accusés pourront toujours se faire transporter en voiture, à leurs frais, en se soumettant aux mesures de précaution que prescrira le magistrat qui aura ordonné la translation, ou le chef d'escorte chargé de l'exécuter.

ARTICLE 8.

La translation des prévenus ou accusés, soit dans l'intérieur de Paris, soit de Paris à Bicêtre et de Bicêtre à Paris, se fera toujours par voiture fermée et par un entrepreneur particulier, en vertu d'un marché passé par le préfet du dépar-

tement de la Seine, et qui ne pourra être exécuté qu'avec l'approbation du ministre de la justice.

ARTICLE 9.

Les procédures et les effets pouvant servir à conviction ou à décharge, seront transportés par les gendarmes chargés de la conduite des prévenus ou accusés.

Si, à raison du poids et du volume, ces objets ne peuvent être transportés par les gendarmes, ils le seront, d'après un ordre par écrit du magistrat qui ordonnera le transport, soit par les messageries, soit par les entrepreneurs des transports et convois militaires, soit par toute autre voie plus économique, sauf les précautions convenables pour la sûreté des objets.

Les magistrats doivent ordonner le transport par la voie qui leur paraît la plus économique, en prenant les précautions convenables pour la sûreté des objets transportés.

La réquisition doit indiquer le poids et le nombre des objets (Inst. gén. 30 sept. 1826).

ARTICLE 10.

Les aliments et autres secours indispensablement nécessaires aux prévenus ou accusés pendant leur translation, leur seront fournis dans les prisons et maisons d'arrêt des lieux de la route.

Cette dépense ne sera point considérée comme faisant partie des frais généraux de justice ; mais elle sera confondue dans la masse des dépenses ordinaires des prisons et maisons d'arrêt.

Dans les lieux où il n'y aura point de prisons, les officiers municipaux feront faire la fourniture des aliments et autres objets, et le remboursement en sera fait aux fournisseurs comme frais généraux de justice.

Ces dépenses ne sont pas recouvrables sur le condamné, l'Etat devant pourvoir à la nourriture de tout individu détenu par ordre de justice.

ARTICLE 11.

Les gendarmes ne pourront accompagner les prévenus ou accusés au delà de la résidence d'une des brigades les plus voisines de celle dont ils feront eux-mêmes partie, sans un ordre exprès du capitaine commandant la gendarmerie du département.

ARTICLE 12.

Si, pour l'exécution d'ordres supérieurs relatifs à la translation des prévenus ou accusés, il est nécessaire d'employer des moyens extraordinaires de transport, tels que la poste, les diligences ou autres voies semblables, les frais de ce transport et autres dépenses que les gendarmes se trouveront obligés de faire en route, leur seront remboursés comme frais de justice criminelle, sur leurs mémoires détaillés, auxquels ils joindront les ordres qu'ils auront reçus, ainsi que des quittances particulières pour les dépenses de nature à être ainsi constatées.

Si les gendarmes n'ont pas de fonds suffisants pour faire les avances, il leur sera délivré un mandat provisoire de la somme présumée nécessaire, par le magistrat qui ordonnera le transport.

Il sera fait mention du montant de ce mandat sur l'ordre de transport.

A leur arrivée à leur destination, les gendarmes feront régler définitivement leur mémoire par le magistrat devant qui le prévenu devra comparaître.

Il ne sera alloué aux gendarmes aucuns frais de retour; ils recevront seulement l'indemnité prescrite par les art. 68 et 69 de la loi du 28 Germinal an VI.

Les art. 314 et 317 du décret du 18 février 1863 ont abrogé cet article.

On ne doit plus rembourser aux gendarmes que leurs avances pour leur locomotion, celle des prévenus et pour la nourriture de ces derniers.

Quant à leurs dépenses personnelles de nourriture, de séjour et de découcher, les gendarmes y feront face au moyen d'une indemnité fixée, par jour, à 6 fr. pour les sous-officiers, à 5 fr. pour les brigadiers et à 4 fr. pour les simples gendarmes. Cette indemnité ne leur sera allouée *que pour l'aller seulement ;* celle due pour le retour leur sera payée, conformément à des règlements spéciaux, sur les fonds du ministère de la guerre (Circ. 20 avril 1863 ; — 1er juin 1865 ; — 14 août 1876 § 10).

Lorsque les translations de prévenus seront effectuées par voie de fer, *dans la circonscription d'un même département*, les indemnités d'escorte des gendarmes leur seront payées directement, *tant pour l'aller que pour le retour*, sur les fonds du ministère de la justice. Ces indemnités, fixées à 1 fr. 25 pour les maréchaux-des-logis et à 1 fr. pour les brigadiers et gendarmes, leur seront allouées pour le retour comme pour l'aller, lors même qu'une seule journée aurait suffi pour l'escorte des prévenus et la rentrée des gendarmes.

Les frais de retour des gendarmes qui accompagnent des prévenus hors du département, demeurent à la charge du ministère de la guerre, ainsi que cela a été réglé par les circulaires des 20 avril 1863 et 1er juin 1865 (Circ. 18 avril 1867).

Les indemnités de retour ne doivent donc figurer dans les mémoires des gendarmes présentés à leur taxe que pour les translations effectuées dans la circonscription du département.

Si les gendarmes d'escorte sont relevés, au cours du transport, par d'autres gendarmes, le procureur qui aura requis, dans la ville où ils se seront arrêtés, la taxe des premiers gendarmes, devra donner immédiatement avis du montant de l'allocation au parquet de la juridiction devant laquelle les prévenus sont conduits (Circ. 14 août 1876, § 10).

La chancellerie pense que l'on préviendra ainsi des omissions au détriment du Trésor. Nous ne croyons pas que cette précaution soit fort utile, car le bulletin de transférement qui accompagne les prévenus relate les changements d'escorte et permet au parquet, devant lequel le détenu est conduit, de se rendre aisément compte des diverses indemnités payées aux gendarmes.

ARTICLE 13.

Lorsqu'en conformité des dispositions du Code d'instruction criminelle sur le faux, et dans les cas prévus notamment par les articles 452 et 454, des dépositaires publics, tels que les greffiers, notaires, avoués et huissiers, seront tenus de se transporter au greffe ou devant un juge d'instruction, pour remettre des pièces arguées de faux ou des pièces de comparaison, il leur sera alloué, par chaque vacation de trois heures, la même indemnité qui leur est accordée par l'article 166 de notre décret du 16 février 1807, relativement à l'inscription de faux incident.

Les dépositaires publics auront toujours le droit de faire en personne le transport et la remise des pièces, sans qu'on puisse les obliger à les confier à des tiers.

ART. 166 DU DÉCRET DU 16 FÉVRIER 1807. — Il sera taxé aux dépositaires qui devront représenter les pièces de comparaison, en vérification d'écriture ou arguées de faux, en inscription de faux incident, indépendamment de leurs frais de voyage, par chaque vacation de trois heures devant le juge-commissaire ou greffier, savoir :

1° Aux greffiers des Cours d'appel......................	12 fr.	»
— des tribunaux de première instance..	10	»
2° Aux notaires de Paris...........................	9	»
— des départements....................	6	75
3° Aux avoués de Cours d'appel........	8	»
— des tribunaux de première instance..	6	»
4° Aux huissiers de Paris.........................	5	»
— des départements...................	4	»
5° Aux autres fonctionnaires publics ou autres parti-		
— culiers s'ils le requièrent...........	4	»

Les greffiers dépositaires des pièces arguées de faux, et qui assistent, avec les magistrats, à la vérification faite par des experts écrivains, ne sont pas assimilés aux dépositaires dont parle l'art. 13, attendu que les greffiers ne reçoivent les pièces dont il s'agit que pour les représenter aux juges ; qu'en assistant aux rapports des experts, ils remplissent le devoir de leur office, et qu'ils ne peuvent dès lors réclamer des droits que le règlement ne leur accorde pas ; ces droits ne sont alloués aux dépositaires publics qu'à raison de leur déplacement et de l'interruption de leurs fonctions, considérations qui ne sont pas applicables aux greffiers (Instr. gén. 30 sept. 1826).

Des vacations ne peuvent être accordées qu'autant qu'elles sont requises ; mention expresse doit en être faite dans le réquisitoire du ministère public et l'exécutoire du juge (Instr. gén.).

Dans le cas où les dépositaires chargeraient un tiers d'effectuer le transport et le dépôt, il ne devrait être accordé d'autre indemnité que les frais de voyage. Le législateur a voulu faire assister le dépositaire des pièces arguées de faux à l'examen qui doit en être fait, pour qu'il puisse donner tous les renseignements qu'il possède sur lesdites pièces. Le tiers en remplissant cette mission ne peut prétendre à des vacations (Dalmas, p. 34).

ARTICLE 14.

Les autres dépositaires particuliers recevront pour le même objet l'indemnité fixée par ledit article 166.

ARTICLE 15.

Dans les cas prévus par les deux articles précédents, les frais de voyage et de séjour des greffiers, notaires, avoués, dépositaires particuliers, seront réglés ainsi qu'il sera dit dans le chapitre VIII ci-après, pour les médecins, chirurgiens, etc.

Quant aux huissiers, on se conformera aux dispositions dudit chapitre VIII, en ce qui les concerne.

Frais de voyage, de séjour et séjour forcé.

(Instr. gén. 30 sept. 1826.)

Greffiers, notaires, avoués et dépositaires particuliers.

Pour chaque myriamètre parcouru en allant et en
revenant. (Déc. 18 juin 1811, art. 91, § 1er)..... 2^{fr.}50

Pour chaque jour de séjour forcé dans le cours du
voyage. (Art. 95, § 1er)......... .... 2 »

Pour chaque jour de séjour dans le lieu où se fait
l'instruction de la procédure, à Paris (Art. 96,
§ 1er)................................... 4 »

Dans les villes de 40.000 habitants et au-dessus....... 2 50

Dans les villes et communes au-dessous de 40,000 habitants.................................. 2 »

Huissiers.

Pour chaque myriamètre parcouru en allant et en
revenant (Art. 91, § 2)..................... 1^{fr.}50

Pour chaque jour de séjour forcé dans le cours du
voyage (Art. 95, § 2)..................... 1 50

La cause du séjour forcé dans le cours du voyage doit être
constatée, conformément à l'art. 95 du règlement du 18 juin 1811,
par le juge de paix ou ses suppléants, ou par le maire, ou, à son
défaut, par ses adjoints. Le certificat constatant cette cause doit
être annexé à la taxe ou au mémoire.

Les frais de séjour dans le lieu où se fait l'instruction de la
procédure ne peuvent être accordés qu'autant qu'il n'y aurait
point eu ce jour-là de vacation donnant droit à l'indemnité.

Des frais de séjour. dans l'un comme dans l'autre cas, ne sont
point dus à ceux des dépositaires qui reçoivent un traitement
quelconque, soit sur les fonds de l'État, soit sur les fonds des administrations, établissements publics ou communes (Inst. gén.).

CHAPITRE II

DES HONORAIRES ET VACATIONS DES MÉDECINS, CHIRURGIENS, SAGES-FEMMES, EXPERTS ET INTERPRÈTES.

ARTICLE 16.

Les honoraires et vacations des médecins, chirurgiens, sages-femmes, experts et interprètes, à raison des opérations qu'ils feront sur la réquisition des officiers de justice ou de police judiciaire, dans les cas prévus par les articles 43, 44, 148, 332 et 333 du Code d'instruction criminelle, seront réglés ainsi qu'il suit :

Il ne suffit pas qu'une mort soit violente pour que les frais auxquels donne lieu sa constatation puissent être régulièrement imputés sur le ministère de la justice ; il faut que les causes de la mort soient inconnues ou suspectes. Le réquisitoire délivré au médecin doit mentionner cette circonstance, qui doit être également ment indiquée sur le mémoire.

Lorsque l'examen médical est provoqué conformément aux dispositions de l'art. 81 Code civ. [1], la cause du décès étant parfaitement connue, le médecin doit poursuivre le recouvrement des honoraires soit auprès de la famille, soit, en cas d'indigence, auprès de l'autorité municipale.

L'instruction générale du 30 septembre 1826 recommande de ne confier les opérations de médecine légale « qu'à des hommes instruits, expérimentés et capables de les bien faire ». Malheureusement, les indemnités fixées par le tarif et qui, sous aucun

1. ART. 81 CODE CIV. — Lorsqu'il y aura des signes ou indices de mort violente, ou d'autres circonstances qui donneront lieu de le soupçonner, on ne pourra faire l'inhumation qu'après qu'un officier de police assisté d'un docteur en médecine ou en chirurgie, aura dressé procès-verbal de l'état du cadavre, et des circonstances relatives, ainsi que des renseignements qu'il aura pu recueillir sur les prénoms, noms, âge, profession, lieu de naissance et domicile de la personne décédée.

prétexte, ne peuvent être augmentées par les magistrats, ne permettent pas de rémunérer convenablement les hommes de l'art. C'est en faisant appel à leur dévouement et à leur désintéressement que l'on peut obtenir le concours de leurs lumières ; la rétribution qui leur est accordée est insuffisante. Il serait désirable que le tarif fût modifié, car il n'est pas équitable que les médecins soient assujettis à donner leur temps et leur peine sans compensation réelle. Dans l'intérêt d'une bonne justice les auxiliaires auxquels les magistrats ont recours ne devraient-ils pas être rétribués proportionnellement à l'importance de la mission qui leur est confiée ? Dans l'état actuel des choses, le magistrat peut accorder une somme convenable au manœuvre qui prête ses bras, tandis qu'il ne peut allouer au médecin le prix qui lui serait légitimement dû. Le plus souvent, le fossoyeur touchera une somme supérieure à celle accordée au médecin pour l'autopsie du cadavre exhumé.

ARTICLE 17.

Chaque médecin ou chirurgien recevra, savoir :
1° Pour chaque visite et rapport, y compris le premier
    pansement s'il y a lieu, à Paris..........   6 fr. »
Dans les villes de 40,0000 habitants et au-dessus. 5   »
Dans les autres villes et communes.............. 3   »
2° Pour les ouvertures de cadavres et autres opé-
    rations plus difficiles que la simple visite,
    et en sus des droits ci-dessus, à Paris..... 9   »
Dans les villes de 40,000 habitants et au-dessus... 7   »
Dans les autres villes et communes.............. 5   »

C'est seulement lorsque les médecins sont employés en qualité d'experts, comme par exemple, quand ils sont appelés à décomposer et à analyser des substances, que l'on doit prendre en considération, pour la fixation de leurs honoraires, le temps pendant lequel leurs opérations ont été faites (Décis. 15 juin 1825).

Il n'est fait aucune différence entre les visites faites la nuit et celles qui ont lieu pendant le jour (Décis. 8 juin 1865).

L'indemnité ne doit être accordée que pour l'ensemble de l'opération et non pour chacun des détails dont elle doit se composer : ainsi, les médecins ne peuvent prétendre qu'à un seul droit pour l'ouverture des différentes cavités d'un cadavre, comme pour l'autopsie d'un enfant suivie de l'expérience de la docimasie hydrostatique faite sur les poumons du même sujet, à l'effet de s'assurer s'il est né mort ou vivant (Décis. 9 avril 1825).

Quand un médecin chargé de visiter le cadavre, a reconnu, après un examen préalable, qu'il était nécessaire de procéder à l'autopsie pour déterminer la cause de la mort, il ne lui est pas dû, indépendamment des 3 francs accordés par l'art. 17, § 1 pour visite et rapport et des 5 francs dus par le § 2 du même article pour ouverture du cadavre, un nouveau droit de 3 francs pour le rapport constatant le résultat de l'autopsie. Le rapport comprend l'ensemble des opérations faites par le médecin, le même jour et dans la même affaire, et est rétribué par le droit que le § 1 alloue, sans pouvoir donner lieu à une taxe spéciale (Circ. proc. gén. de Poitiers, 1er janv. 1868).

On doit considérer comme opération plus difficile que la simple visite, l'examen des os du cadavre, lorsque cet examen a été ordonné pour parvenir à la connaissance de la cause du décès (Décis. 27 juill. 1824.)

Ne peuvent être considérés comme opérations plus difficiles, la saignée, l'examen au moyen du spéculum.

Il n'est pas dû non plus de droit particulier pour l'examen des vêtements ; l'examen de la personne et celui des vêtements ne constituent qu'une seule et même opération.

Lorsqu'un médecin est requis deux fois, à un certain intervalle de temps, de visiter le même sujet, on doit lui allouer deux fois le droit fixé par l'art. 17 (Décis. 26 oct. 1824).

Un traitement étant accordé aux médecins des prisons, ils sont obligés, non seulement de soigner et de traiter les détenus malades pendant tout le temps qu'ils séjournent dans la prison, mais encore de rendre compte à l'autorité de l'état dans lequel ils se trouvent durant le même intervalle. Une indemnité ne leur est due que lorsqu'ils procèdent à des opérations plus difficiles que la simple visite, soit dans les prisons, soit hors des prisons. Les droits de simple visite leur sont également dus quand elles se font hors des prisons (Instr. gén. 30 sept. 1826).

Les médecins et experts appelés devant les Cours et tribunaux, *pour donner des explications sur leurs rapports et leurs opérations,* doivent être taxés, non comme de simples témoins, mais suivant leur qualité. S'ils ne sont pas appelés en leur qualité de médecins et d'experts, ils sont taxés comme les autres témoins (V. art. 91) (Circ. 7 déc. 1861.)

ARTICLE 18.

Les visites à faire par les sages-femmes seront payées :
A Paris. . . . .   **3** fr. »
Dans les autres villes et communes. . . . .   **2**   »

Cet article n'accordant que des droits de visite aux sages-femmes, on ne doit jamais les charger d'opérations plus difficiles, et quand il y a lieu d'en faire, il est du devoir des magistrats d'appeler à cet effet un homme de l'art (Dalmas, p. 48).

ARTICLE 19.

Outre les droits ci-dessus, le prix des fournitures nécessaires pour les opérations sera remboursé.

Lorsque les médecins réclament le remboursement des fournitures nécessaires à leurs opérations, ils doivent toujours joindre à leurs mémoires un état détaillé des objets employés, et cet état doit être certifié, lorsqu'il s'agit de médicaments, par le pharmacien qui les a vendus (Décis. 4 avril 1826).

Il n'y a pas lieu d'allouer au médecin le prix d'instruments qu'il aurait brisés en faisant les opérations requises (Décis. 13 déc. 1828).

Il en est différemment, lorsque par suite de l'opération, comme dans les analyses chimiques, les instruments doivent être brisés uo rendus impropres au service (Circ. 6 fév. 1867).

ARTICLE 20.

Pour les frais d'exhumation de cadavre, on suivra les ta-
rifs locaux.

Lorsqu'il n'y a pas de tarif arrêté, le juge, pour fixer le salaire,
doit avoir égard à la durée du travail, à ce qu'il a de pénible ;
on peut le payer au double des travaux extraordinaires qui auraient
duré le même temps (Sudraud-Desisle. *Notes d'un juge d'instruc-*
tion sur la taxe criminelle, p. 90).

ARTICLE 21.

Il ne sera rien alloué pour soins et traitements administrés,
soit après le premier pansement, soit après les visites ordon-
nées d'office.

On ne doit payer, comme frais de justice, que les visites et opérations qui servent à l'instruction. S'il est utile de constater l'état
d'un blessé, par exemple, pour déterminer la durée de la maladie
ou de l'incapacité de travail, le droit auquel donne lieu cette visite doit être compris dans les frais du procès.

M. Duverger estime qu'il faudrait décider autrement si le blessé
était un prévenu que le juge d'instruction ou un officier de police
judiciaire aurait fait arrêter et qui aurait besoin de soins et de
pansements successifs de la part de l'homme de l'art requis de
constater et de panser les blessures, jusqu'à la translation dans la
maison d'arrêt ou à l'hospice. L'inculpé qui est placé sous la main
de la justice, doit être secouru et soigné provisoirement au compte
des frais de justice criminelle (*Man. du juge d'inst.*, t. III, p. 74).

ARTICLE 22.

Chaque expert ou interprète recevra, pour chaque vacation
de trois heures et pour chaque rapport, lorsqu'il sera fait
par écrit, savoir :
A Paris . . . .   5 ^{fr.} »
Dans les villes de 40,000 habitants et au-dessus.   4   »

Dans les autres villes et communes.......... 3fr. »
Les vacations de nuit seront payées moitié en sus.

Les vacations de nuit sont donc payées 7 fr. 50, 6 fr. et 4 fr. 50.

Il ne doit jamais être alloué aux experts plus de deux vacations de jour, quel que soit d'ailleurs le nombre des heures pendant lesquelles ces vacations ont duré, ni plus d'une vacation de nuit, lorsqu'il a été nécessaire d'agir de nuit, quel que soit le nombre d'heures employées à cette vacation (Décis. 23 fév. 1830).

Le mode adopté peut disposer l'expert à retarder la fin de l'opération et nous pensons que la chancellerie ne rejetterait pas la taxe d'un plus grand nombre de vacations de jour et de nuit si les magistrats attestaient qu'elles ont été nécessaires et réelles et surtout si l'expert avait obéi à un réquisitoire lui prescrivant de procéder à l'opération sans désemparer.

On ne doit allouer le salaire réclamé par les experts pour l'emploi des hommes de peine, qu'après s'être assuré de la nécessité de l'assistance et de sa durée, et il faut avoir soin de réduire le salaire au taux du pays (Décis. 16 fév. 1830).

On ne passe pas en taxe à un expert géomètre, en sus de ses vacations, ce qu'il a pu donner à un porte chaîne pour l'aider (Circ. proc. gén. Poitiers, 1er janv. 1868).

Les experts doivent présenter un compte détaillé des fournitures. Le prix des vases rendus impropres au service par l'opération même doit leur être remboursé (Circ. 6 fév. 1867).

L'expert qui touche un traitement quelconque à raison d'un service public a droit, outre l'indemnité de transport, à l'indemnité de vacation et à celle de séjour. A la différence des témoins accomplissant un devoir forcé auquel est attachée une sanction pénale, les experts, en obtempérant aux réquisitions qu'ils reçoivent, agissent volontairement ; aucun moyen coercitif ne peut être employé envers eux. D'ailleurs, la disposition expresse qui n'accorde aux témoins que les frais de transport n'existe pas pour les experts ; ils peuvent donc réclamer toutes les indemnités que le règlement leur alloue, qu'ils soient ou non pourvus d'emplois, à raison desquels ils touchent un traitement (Dalmas, *Supp.*, p. 47).

Il n'y a d'exception que pour les essayeurs de monnaies ; c'est moins une expertise judiciaire qu'une constatation de fait rentrant dans leurs occupations habituelles.

Le ministre de la justice a décidé le 4 novembre 1811, qu'en cas de nécessité absolue, une femme pourrait être admise comme interprète, pourvu toutefois qu'elle n'eût été récusée ni par le ministère public, ni par les prévenus ou accusés, ainsi que l'art. 332 du Code d'instruction criminelle leur en donne le droit (Dalmas, p. 56).

La durée et le nombre des vacations doivent être constatés exactement par des procès-verbaux des magistrats ou officiers de police judiciaire qui président à l'opération. Ces procès-verbaux serviront ensuite de base à la taxe et seront joints aux mémoires (Instruct. gén., n° 21). M. Duverger (t. III, p. 75) fait observer avec raison qu'il a dû se glisser une erreur dans ces dernières expressions de l'instruction. En effet, les procès-verbaux, faisant partie essentielle des procédures, ne peuvent en être détachés pour être annexés aux mémoires des experts. Tout au plus pourrait-on leur en délivrer un extrait à cette fin. On agira tout aussi régulièrement, dans l'intérêt des experts, en attestant, à la suite des réquisitoires en vertu desquels ils ont opéré, la durée et la nature des opérations.

Lorsque les opérations ont duré moins de trois heures, on ne doit pas allouer une vacation entière, mais seulement un quart, un tiers ou une moitié de vacation, selon le temps qui a été réellement employé (Massabiau, t. III, p. 59).

Les médecins et experts doivent fournir un mémoire détaillé pour le paiement de leurs honoraires. Ils ne peuvent être payés sur simples taxes (art. 134) qu'autant qu'ils ne sont pas habituellement employés. Il doit être fait mention de cette circonstance dans le mandat du magistrat, afin d'éviter un refus de paiement de la part du receveur de l'enregistrement (Circ. 5 juin 1860).

ARTICLE 23.

Les traductions par écrit seront payées, pour chaque rôle de trente lignes à la page et de seize à dix-huit syllabes à la ligne, savoir :

A Paris.................................... 1 fr. 25

Dans les villes de 40,000 habitants et au-dessus .   1   »

Dans les autres villes et communes..........   »   75

Lorsque ces traductions sont terminées, elles doivent être soumises à l'examen du ministère public, qui constate au bas de chacune d'elles, qu'elle contient le nombre de lignes et de syllabes exigé. Dans le cas contraire, le ministère public doit réduire ces traductions au nombre de rôles qu'elles peuvent comporter, d'après la quantité de lignes et de syllabes qui doit entrer dans chaque page (Inst. gén.).

Si la traduction demandée ne comporte pas un rôle entier d'écriture, on doit alors la payer en suivant la règle établie pour l'évaluation des fractions de rôle d'expédition des greffiers, art. 48 du tarif (Dalmas, p. 58).

ARTICLE 24

Dans le cas de transport à plus de deux kilomètres de leur résidence, les médecins, chirurgiens, sages-femmes, experts et interprètes, outre la taxe ci-dessus, fixée pour leurs vacations, seront indemnisés de leurs frais de voyage et de séjour de la manière déterminée dans le chapitre VIII, ci-après.

ARTICLE 25.

Dans tous les cas où les médecins, chirurgiens, sages-femmes, experts et interprètes, sont appelés soit devant le juge d'instruction, soit aux débats, à raison de leurs déclarations, visites ou rapports, les indemnités dues pour cette comparution leur seront payées comme à des témoins, s'ils requièrent taxe.

Les médecins et experts ne sont plus taxés comme simples témoins, mais suivant leur qualité, lorsqu'ils sont appelés devant les cours et tribunaux pour donner des explications sur leurs rapports et leurs opérations.

L'indemnité et les frais de transport sont réglés par l'article 91 (Circ. 7 déc. 1861).

CHAPITRE III

DES INDEMNITÉS QUI PEUVENT ÊTRE ACCORDÉES AUX TÉMOINS ET AUX JURÉS.

ARTICLE 26.

Conformément à l'article 82 du Code d'instruction criminelle, les témoins entendus dans l'instruction et lors du jugement des affaires criminelles et de police recevront, s'ils le demandent, une indemnité qui demeure réglée ainsi qu'il suit :

ART. 82, CODE D'INSTR. CRIM.— « Chaque témoin qui demandera une indemnité, sera taxé par le juge d'instruction. »

Il résulte de cette disposition et de l'art. 26 du règlement, qu'aucune taxe ne peut être accordée aux témoins qu'autant qu'ils la demandent. Ainsi, le juge taxateur ne peut l'accorder que quand il s'est assuré par lui-même que le témoin l'a réclamée, et, conformément à l'art. 36 du règlement, *mention expresse doit être faite dans le mandat de paiement que la taxe a été requise.*

Cette formalité doit être observée par tous les magistrats qui peuvent avoir à taxer des témoins (Instr. gén.).

Aucune taxe ne peut être payée que sur l'acquit du témoin ; les receveurs de l'enregistrement doivent exiger que cet acquit soit mis en leur présence, au bas de la taxe, et au moment où le témoin se présente pour en recevoir le montant (Instr. gén.).

Les taxes doivent être payées par les receveurs à tout instant et tous les jours, depuis une heure avant le lever et jusqu'à une heure après le coucher du soleil (Décis min. finances, 24 sept. 1808). Lorsque les séances des Cours d'assises se prolongent après le coucher du soleil, les receveurs doivent acquitter les taxes jusqu'à minuit (Inst. min. finances, 24 avril 1848).

Les taxes doivent toujours être écrites par les greffiers eux-mêmes ou par leurs commis assermentés. Les écritures de ce genre rentrent évidemment dans la classe de celles qui, aux termes de l'art. 163 du règlement, doivent être faites gratuitement par ces officiers, sous la dictée et l'inspection des magistrats (Circ. 16 juin 1823).

Cependant les greffiers n'encourent à ce sujet qu'une responsabilité morale ; les magistrats taxateurs continuent, conformément à l'art. 141 du règlement, à être seuls responsables, lorsqu'il y aura abus ou exagération dans les taxes accordées (Instr. gén.).

Toutes les fois que la nature de l'affaire n'est pas indiquée dans la cédule, ou ne l'est pas suffisamment, il faut nécessairement la rappeler dans la taxe, afin qu'on puisse reconnaître si les frais doivent être supportés par le ministère de la justice ou par quelques administrations, établissements publics ou par des communes, conformément à l'art. 158 du règlement (Circ. 3 mai 1825).

Quoique les règlements ne prescrivent pas d'une manière expresse aux juges taxateurs d'énoncer dans les taxes si les témoins ne savent pas signer, il importe cependant de ne point négliger cette formalité, qu'un long usage a consacrée et qui prévient beaucoup d'abus (Instr. gén.).

Les copies des citations délivrées aux témoins doivent être portées sur du papier de même format et avec la taxe au pied, pour être présentées, par le receveur de l'enregistrement, comme pièces justificatives.

Il a été décidé que les taxes devaient toujours être mises au bas des citations et jamais sur des feuilles isolées ou détachées.

Toutefois, quand un témoin a oublié ou perdu sa copie, la taxe peut être valablement faite sur une feuille séparée d'égale dimension, en énonçant le motif qui a empêché de représenter la copie.

La taxe allouée aux témoins est une juste indemnité de la perte du temps pendant lequel ils ont été détournés de leurs travaux ou de leurs affaires. Elle ne peut leur être refusée sous le prétexte qu'ils n'ont pas déposé, comme dans le cas où une affaire portée devant une cour d'assises est renvoyée à une autre session, avant qu'on ait procédé à leur audition ; ni en se fondant sur ce qu'ils ont comparu un jour de dimanche ou de fête, quand tous les travaux sont suspendus ; ou sur ce qu'ils sont arrivés trop tard pour déposer, quand le retard, quel qu'en soit le motif, a été indépendant de leur volonté et ne provient pas de leur fait ; ni même à titre de peine, quand, par suite d'une mauvaise volonté évidente, leurs dépositions ont été insignifiantes (Décis. 19 janv. 1819; — 5 avril 1828; — 12 janvier 1830; — 29 juillet 1823).

Il n'est dû aucune indemnité ni de comparution, ni de transport, aux individus qui se trouvent déjà sous la main de la justice comme prévenus ou comme condamnés (Décis. 30 avril 1831).

La dépense que peut entraîner le déplacement d'un condamné qui est extrait d'un bagne ou d'une maison de détention et conduit devant un tribunal, soit pour y déposer comme témoin, soit pour y subir un nouveau jugement, fait partie des frais d'instruction (Décis. 17 juin 1829).

La taxe est due aux témoins qui comparaissent sur simple avertissement, quand ils sont appelés par le juge d'instruction ou le ministère public informant sur le lieu du délit. Les juges de paix qui procèdent, soit en cas de flagrant délit, soit par délégation du juge d'instruction, soit en exécution d'une commission rogatoire, doivent préférer la voie de l'avertissement pour appeler les témoins. La taxe est mise au bas de l'avertissement ou du certificat si l'avertissement a été verbal (Décis. 11 mars 1837).

La taxe est allouée aux témoins pour chaque jour où ils ont été détournés de leurs travaux et non d'après le nombre d'affaires dans lesquelles ils ont été entendus.

En matière de délits de pêche, les greffiers doivent toujours inscrire, au bas de la taxe de chacun des témoins, le nom de l'ingénieur dans le service duquel le procès-verbal a été dressé.

ARTICLE 27.

Pour chaque jour que le témoin aura été détourné de son travail ou de ses affaires, il pourra lui être accordé, savoir :

A Paris.................................... 2 fr. »

Dans les villes de 40,000 habitants et au-dessus. 1 50

Dans les autres villes et communes............ 1 »

La taxe de comparution fixée par les art. 27 et 28 du règlement est due à tout témoin qui n'est pas domicilié à plus d'un myriamètre du lieu où il est entendu.

Au delà de cette distance, ces articles cessent d'être applicables, et les témoins sont taxés à raison de la distance qu'ils ont parcourue, ainsi qu'il sera dit au chapitre VIII ci-après (Voir article 91, *supra*).

La taxe entière est due alors même que le témoin n'a été détourné de ses affaires que pendant une partie de la journée.

Les gardes champêtres et forestiers et les gendarmes cités en témoignage sont assimilés aux autres témoins par l'art. 3 du décret du 7 avril 1813.

Cependant, d'après M. de Dalmas (p. 265), les gardes champêtres et forestiers n'auraient droit aux mêmes taxes que les témoins ordinaires, que lorsque les faits sur lesquels il est nécessaire de les entendre sont de la classe de ceux qu'ils sont appelés à constater.

De nouvelles dispositions ont été prises à l'égard des gendarmes auxquels il est dû une indemnité de route (voir art. 31). Lorsque les gendarmes sont entendus dans le lieu de leur résidence ou dans un rayon de 10 kilomètres, la taxe de comparution continue à leur être payée sur le crédit des frais de justice, par les soins de l'autorité judiciaire (Circ. min. de la guerre, 11 déc. 1874).

La taxe de comparution doit être accordée aux facteurs de la poste aux lettres (Circ. 14 août 1876, n° 13).

Les gardes-pêche ont droit au même titre que les gardes champêtres ou forestiers à la taxe de comparution (Décis. du 15 juin 1878).

ARTICLE 28.

Les témoins du sexe féminin, admis à déposer, et les enfants de l'un et de l'autre sexe, au-dessous de l'âge de 15 ans, entendus par forme de déclaration, recevront, savoir :

A Paris.................................... 1 fr. 25

Dans les villes de 10,000 habitants et au-dessus. 1 »

Dans les autres villes et communes............. » 75

ARTICLE 29.

Abrogé par l'art. 1er du décret du 17 avril 1813.

ARTICLE 30.

Si les témoins sont obligés de se transporter hors du lieu de leur résidence, il pourra leur être alloué des frais de voyage et de séjour, tels qu'ils sont réglés dans le chapitre VIII ci-après.

Au dit cas, les frais de séjour, tels qu'ils seront fixés par le n° 2 de l'article 96 ci-après, leur tiendront lieu de la taxe déterminée dans les articles 27 et 28 ci-dessus.

Cette disposition n'est applicable que lorsque les témoins se transportent à plus d'un myriamètre de leur résidence (Art. 2, décret du 7 avril 1813).

L'indemnité est fixée à 1 franc par myriamètre et autant pour le retour lorsque les témoins ne sortent pas de leur arrondissement. S'ils sont appelés hors de leur arrondissement, cette indemnité sera de un franc cinquante centimes (Voir art. 91 du règlement). Pour les garçons au-dessous de 15 ans et pour les filles au-dessous de 21 ans accompagnés de leur père ou mère, tuteur ou curateur, la taxe est double (Voir art. 97).

Les frais de séjour sont dus toutes les fois que les témoins sont retenus forcément plus d'un jour, soit en route, soit au lieu où se fait l'instruction. Ces frais doivent se cumuler avec les frais de voyage (Dalmas, p. 69).

ARTICLE 31.

Les officiers de justice n'accorderont aucune taxe aux militaires en activité de service, lorsqu'ils seront appelés en témoignage.

Néanmoins il pourra leur être accordé une indemnité pour leur séjour forcé hors de leur garnison ou cantonnement, en se conformant, pour les officiers de tous grades, à la fixation faite par le numéro 2 de l'article 96 du présent décret, en allouant la moitié seulement de ladite indemnité aux sous-officiers et soldats.

Cet article s'appliquait aux marins aussi bien qu'aux soldats de l'armée de terre, mais ni les marins et assimilés, ni les militaires ne peuvent plus réclamer aucune indemnité sur les fonds du ministère de la justice.

Tous officiers militaires ou civils des différents corps de la marine, officiers de santé, marins, soldats, appelés en témoignage devant les Cours d'assises ou les tribunaux correctionnels, seront payés de leurs frais de transport et de *séjour* par le ministère de la marine, suivant les règles et les tarifs en vigueur pour son propre service (Circ. 9 juill. 1841).

En conséquence, dans le cas où des agents de la marine sont appelés en témoignage devant des tribunaux hors de leur résidence, les commissaires de la marine leur allouent les indemnités de route et de séjour déterminées par les tarifs annexés au décret du 1er oct. 1851.

Les feuilles de route doivent être visées par les présidents des tribunaux pour constater le jour de l'arrivée et l'époque à laquelle la présence du témoin a cessé d'être nécessaire.

Le décret du 12 juin 1867 a mis les frais de séjour des soldats de l'armée de terre à la charge du ministère de la guerre.

« Art. 8. — Les sous-officiers et soldats sont transportés en
» diligence sur les routes ordinaires dans les cas suivants :
» 1° Lorsqu'ils voyagent d'urgence d'après l'ordre d'un officier
» général ou d'un intendant militaire ; 2° Lorsqu'ils sont assignés
» comme témoins devant les tribunaux civils ou militaires, ou
» convoqués comme juges d'un tribunal militaire, ou enfin cités
» à comparaître comme accusés devant un tribunal de police cor-
» rectionnelle, si le sous-intendant militaire reconnaît la né-
» cessité d'employer ce mode de transport pour permettre aux
» sous-officiers et soldats d'arriver dans les délais prescrits par
» les cédules ou ordres de convocation.

» Art. 19. — Lorsque, dans un voyage, l'aller et le retour
» doivent avoir lieu ou ont lieu le même jour, l'indemnité jour-
» nalière n'est allouée que pour une seule journée. Il en est tou-
» jours ainsi quand la distance du point de départ au lieu de
» destination n'excède pas 40 kilom. sur les chemins de fer ou
» 12 kilom. sur les routes ordinaires. — Si les exigences du
» service ou toute autre circonstance s'opposent à ce que le retour

» ait lieu le jour du départ, et s'il en est justifié conformément
» aux prescriptions de l'art. 54, l'indemnité journalière est allouée
» par voie de rappel pour le retour, ainsi que *l'indemnité de sé-*
» *jour*, quand il y a lieu.

  » L'indemnité fixe de transport n'est pas due dans les positions
» énumérées au présent article. »

Les frais de route dus aux militaires ne sont pas considérés comme frais de justice (V. art. 3, § 2).

Il n'est rien changé aux anciennes dispositions relativement à l'indemnité de comparution déterminée par l'art. 27 du règlement. Elle continuera à être accordée sur le crédit des frais de justice à tout gendarme qui sera entendu dans le lieu de sa résidence ou dans un rayon de 10 kilom. (Circ. 6 oct. 1874).

ARTICLE 32.

Tous les témoins qui reçoivent un traitement quelconque à raison d'un service public, n'auront droit qu'au remboursement des frais de voyage, s'il y a lieu et s'ils le requièrent, sur le pied réglé dans le chapitre VIII ci-après.

On doit entendre par un traitement quelconque, tout ce qui est payé, soit sur les fonds du Trésor public, soit sur les fonds départementaux, municipaux ou communaux, et à quelque titre et sous quelque dénomination que ce soit (Instr. gén.).

Sont exceptés : 1° Les gendarmes, gardes champêtres et forestiers et les gardes-pêche (Art. 3 du décret du 7 avril 1813. — Décis. 15 juin 1878).

Les gardes généraux des forêts ne bénéficient pas de ces dispositions (Circ. 18 mai 1877).

2° Les facteurs de l'administration des postes (Circ. 14 août 1876).

Les règlements de l'administration des postes obligent les agents à se faire remplacer, à leurs frais, lorsqu'ils sont appelés en témoignage. Ils éprouvent un préjudice dont il est juste de les dédommager. La taxe de comparution doit donc leur être accordée, s'ils la réclament, toutes les fois qu'ils déposent en justice.

DÉCRET DU 12 JUIN 1867, ART. 54. « — Lorsqu'un militaire
» séjourne en route par une circonstance indépendante de sa vo-
» lonté, il s'adresse à l'autorité militaire et, à défaut, au com-
» mandant de la gendarmerie, qui constate sur la feuille de route
» la nécessité du séjour et en fixe la durée.

» Dans le cas prévu par l'art. 19, la constatation peut être
» faite par l'autorité civile ou militaire auprès de laquelle les
» militaires remplissent leur mission. »

L'indemnité n'est due, pour le retour et *le séjour*, aux militaires
cités devant un tribunal civil, que sur la production d'un certificat de greffier attestant qu'ils n'ont pas reçu des indemnités cor-
respondantes sur les frais de justice civile (Tableau A annexé au
décret du 12 juin 1867).

Si des frais de séjour étaient alloués par les magistrats aux
soldats de l'armée de terre, il y aurait double emploi puisqu'ils
obtiendraient ainsi une indemnité sur les fonds généraux des
frais de justice et une autre indemnité, pour le même objet,
allouée par le ministère de la guerre.

Ces dispositions sont applicables aux gendarmes ainsi qu'aux
militaires de l'armée proprement dite. Il n'y a même pas lieu
d'excepter les militaires en congé de semestre et de convalescence
qui sont toujours rappelés de la solde d'activité lorsqu'ils comparaissent en justice (Circ. 6 oct. 1874. — Circ. 25 janv. 1875).

Les intendants militaires doivent faire connaître à l'autorité
judiciaire le chiffre des avances faites aux gendarmes, pour qu'elles
soient comprises dans les états de liquidation.

Les exceptions apportées à l'art. 32 sont de droit strict et ne
peuvent être étendues. La taxe de comparution et de l'indemnité
de séjour ne peut être accordée à des commissaires de police,
agents de police, préposés de l'octroi, même lorsque l'octroi est
affermé, instituteurs communaux, directeurs de la poste, greffiers,
secrétaires de mairies, receveurs de l'enregistrement, curés et des-
servants, vicaires, douaniers, conducteurs des ponts et chaussées,
percepteurs, concierges de prisons.

ARTICLE 33.

Conformément à la loi du 29 janvier 1805, l'indemnité
accordée aux témoins ne sera avancée par le Trésor qu'au-

tant qu'ils auront été cités, soit à la requête du ministère pu-
blic, soit en vertu d'ordonnance rendue d'office dans les cas
prévus par les articles 269 et 303 du Code d'instruction cri-
minelle.

LOI DU 29 JANVIER 1805, ART. 2.— « Les citations et significa-
» tions faites à la requête des prévenus ou accusés seront à leurs
» frais, ainsi que les salaires des témoins qu'ils feront entendre ;
» sauf à la partie publique à faire citer, à sa requête, les témoins
» qui lui seraient indiqués par les prévenus ou accusés, dans le
» cas où elle jugerait que leur déclaration pût être nécessaire
» pour la découverte de la vérité. Sans préjudice encore du droit
» du président de la Cour d'assises, d'ordonner, dans le cours
» des débats, lorsqu'il le jugera utile, que de nouveaux témoins
» seront entendus. »

Le mot *cité* doit s'appliquer aux témoins qui viennent sur simple avertissement appelés, en cas de flagrant délit, par le juge
d'instruction ou le ministère public.

De même, les témoins qui comparaissent devant le tribunal de
simple police sans citation et sur un simple avertissement ont
droit à une indemnité lorsqu'ils la réclament (Décis. 30 mai 1826.
Voir article 26).

ARTICLE 34.

Les témoins cités à la requête, soit des accusés, conformé-
ment à l'article 321 du Code d'instruction criminelle, soit
des parties civiles, conformément à la loi du 25 janvier 1805,
recevront les indemnités ci-dessus déterminées ; elles leurs se
ront payées par ceux qui les auront appelés en témoignage.

ARTICLE 35.

Les jurés qui auront été obligés de se transporter à plus
de deux kilomètres de leur résidence actuelle, pourront être
remboursés des frais de voyage seulement, sur le pied réglé
dans le chapitre VIII ci-après, et si toutefois ils le requiè-
rent ; il ne sera rien alloué pour toute autre cause que ce
soit, à raison de leurs fonctions.

Lorsqu'un juré cité régulièrement a obtempéré à la citation et s'est rendu dans la ville où siègent les assises, on doit lui allouer l'indemnité de transport, s'il la réclame, quand même pour cause d'incapacité ou pour tout autre motif, la Cour aurait déterminé qu'il ne fait pas partie du jury (Décis. 7 mars 1832).

Lorsqu'un juré est entendu comme témoin devant la Cour d'assises pendant la durée de la session pour laquelle il a été convoqué et où il fait partie du jury, il n'a droit à d'autre indemnité qu'à celle fixée par l'art. 35 (Décis. 5 sept. 1828).

Le sens des mots *résidence actuelle* doit être restreint à la résidence dans le département où siège la Cour d'assises, aux travaux de laquelle le juré doit participer, et c'est seulement, à partir de cette résidence où a été donnée la citation, qu'on doit calculer l'indemnité de transport qu'on peut allouer au juré.

Il n'y a qu'un cas où l'indemnité devrait se calculer d'un lieu situé hors du département où siège la Cour d'assises. La liste de service du jury dure une année entière ; il peut arriver que pendant le cours de cette année un juré transporte sa résidence dans un autre département. Si le nom de ce juré sort de l'urne, il faut nécessairement le convoquer et, alors la citation lui est donnée au lieu où est établi son nouveau domicile ; il paraît juste de lui payer l'indemnité à raison de la distance réelle de ce lieu à la ville où siège la Cour d'assises (Dalmas, 2ᵉ partie, p. 73).

ARTICLE 36.

Les officiers de justice énonceront, dans les mandats qu'ils délivreront au profit des témoins et jurés, que la taxe a été requise.

CHAPITRE IV

DES FRAIS DE GARDE DES SCELLÉS ET DE MISE EN FOURRIÈRE.

ARTICLE 37.

Dans les cas prévus par les articles 16, 35, 37, 38, 89 et 90 du Code d'instruction criminelle, il ne sera accordé de taxe pour la garde des scellés, que lorsque le juge instructeur n'aura pas jugé à propos de confier cette garde à des habitants de la maison où les scellés auront été apposés.

Dans ce cas, il sera alloué, pour chaque jour, au gardien nommé d'office, savoir :

A Paris	2 fr.	50
Dans les villes de 40,000 habitants et au-dessus	2	»
Dans les autres villes et communes	1	»

Par cette expression, *le juge instructeur*, on doit entendre non seulement le juge d'instruction, mais aussi les magistrats du ministère public et les officiers de police auxiliaires désignés dans les art. 48 et 50 du Code d'instruction criminelle, qui, dans le cas de flagrant délit ou de réquisition de la part du chef de maison, ont également caractère pour procéder à la saisie des effets et papiers pouvant servir à décharge ou à conviction, et qui par conséquent peuvent, s'ils le jugent nécessaire, apposer les scellés sur les objets dont le transport n'est pas effectué sur-le-champ, et en confier la garde à d'autres personnes que celles qui habitent la maison ou a eu lieu la saisie (Dalmas, p. 80).

ARTICLE 38.

En matière criminelle et correctionnelle, les femmes ne peuvent être constituées gardiennes de scellés, conformément à la loi du 6 vendémaire an III, qui recevra, quant à ce, son exécution.

ARTICLE 39.

Les animaux et tous objets périssables, pour quelque cause qu'ils aient été saisis, ne pourront rester en fourrière ou sous le séquestre plus de huit jours.

Après ce délai, la mainlevée provisoire pourra en être accordée.

S'ils ne doivent ou ne peuvent être restitués, il seront mis en vente, et les frais de fourrière seront prélevés sur le produit de la vente, par privilège et de préférence à tous autres.

La règle posée par le premier paragraphe n'est pas absolue. Lorsque des animaux saisis doivent servir à conviction ou à décharge, il y a lieu de les garder autant de temps que dure l'instruction du procès. Dans ce cas, les frais de fourrière sont considérés comme frais d'instruction et doivent être avancés par la partie civile quand il y en a une en cause, ou être payés sur le fonds généraux des frais de justice (Décis. 29 juin 1813).

Lorsque les besoins d'une procédure criminelle ont fait prolonger la mise en fourrière pendant plus de huit jours, la dépense qui en résulte prenant le caractère d'une dépense extraordinaire, rentre dans les termes de l'art. 136 ci-après, et doit, par conséquent, être ordonnancée en vertu de cet article, avec l'autorisation motivée du procureur général, sous la responsabilité de ce magistrat et à la charge par lui d'en informer sur-le-champ le ministre (Dalmas, p. 82).

L'autorisation du procureur général doit être jointe aux autres pièces justificatives du paiement.

Il s'agit dans le § 2 de cet article de la mainlevée provisoire sous caution solvable pour répondre de la valeur des animaux.

La taxe a dû être laissée à l'arbitraire des magistrats qui suivront l'usage des lieux. Ceux-ci agiront prudemment en convenant du prix de la journée au moment de la mise en fourrière.

Les frais de fourrière devant être prélevés sur le produit de la vente, par privilège et de préférence à tous autres, il s'ensuit que quand le produit de la vente n'est pas suffisant pour couvrir les frais faits pour parvenir à la vente, ces derniers doivent être acquittés comme frais de justice (Décis. 5 mai 1821).

ARTICLE 40.

La mainlevée provisoire des animaux saisis et des objets périssables mis en séquestre sera ordonnée par le juge de paix ou par le juge d'instruction, moyennant caution et le paiement des frais de fourrière et de séquestre.

Si lesdits objets doivent être vendus, la vente sera ordonnée par les mêmes magistrats.

Cette vente sera faite à l'enchère, au marché le plus voisin, à la diligence de l'administration de l'enregistrement.

Le jour de la vente sera indiqué par affiches, vingt-quatre heures à l'avance, à moins que la modicité de l'objet ne détermine le magistrat à en ordonner la vente sans formalités ; ce qu'il exprimera dans son ordonnance.

Le produit de la vente sera versé dans la caisse de l'administration de l'enregistrement, pour en être disposé ainsi qu'il sera ordonné par le jugement définitif.

M. de Dalmas pense que le dernier paragraphe de cet article a été modifié par l'ordonnance du 3 juillet 1816, qui prescrit, art. 2, n° 14, le versement dans la caisse des dépôts et consignations de toutes les sommes dont la consignation est prescrite par les lois.

Ce sont d'ailleurs les agents de l'administration de l'enregistrement qui doivent verser, s'il y a lieu, les sommes par eux touchées et les officiers de l'ordre judiciaire n'ont, dans aucun cas, à intervenir.

CHAPITRE V

DES DROITS D'EXPÉDITION ET AUTRES ALLOUÉS AUX GREFFIERS.

ARTICLE 41.

Il est dû aux greffiers des Cours d'appel, des tribunaux correctionnels et des tribunaux de police, suivant les cas, des droits d'expédition, des droits fixes et des indemnités, indépendamment du traitement fixe qui leur est accordé par les décrets.

Les mémoires des greffiers doivent toujours être dressés en leur nom et signés par eux. Les commis-greffiers ne sont autorisés à fournir de semblables mémoires que quand ils remplissent provisoirement les fonctions de greffier, soit par vacance de la place, soit par empêchement du titulaire, et, dans ce cas, il est indispensable de faire mention de cette circonstance dans l'exécutoire (Décis. 6 août 1819).

Le greffiers ne doivent pas, pour éviter la formalité du timbre, scinder leurs mémoires, lorsqu'il leur est dû, soit par le ministère de la justice, soit par d'autres administrations, des sommes supérieures à dix francs, pour délivrance d'extraits d'arrêts ou de jugements (Circ. 30 sept. 1861).

Les mémoires des greffiers doivent indiquer le domicile des condamnés pour lesquels des expéditions de jugements ont été délivrées, afin que l'on puisse vérifier si la signification ne devait pas être faite sur la minute (Circ. 16 août 1842, § 8 ; — 26 déc. 1845).

Les mémoires doivent indiquer d'une manière claire et précise la nature des affaires. Lorsque des extraits de jugements ou arrêts ont été délivrés, les greffiers doivent mentionner si ces jugements ou arrêts ont été rendus contradictoirement ou par défaut ; s'ils étaient définitifs, préparatoires ou interlocutoires et à quelle fin lesdits extraits ou expéditions ont été délivrés (Décis. 10 mai 1815).

Les actes nécessaires à l'exécution des commissions rogatoires émanant des gouvernements étrangers doivent être rédigés sur papier libre et enregistrés gratis, conformément à la décision du ministre des finances, en date du 27 mars 1829.

Le Trésor prend définitivement ces frais à sa charge, sauf à obtenir la réciprocité des gouvernements étrangers ; il doit, en conséquence, conformément aux articles 41 et suivants du décret du 18 juin 1811, acquitter les droits réclamés par des officiers de l'état civil pour les expéditions fournies par eux, en exécution de commissions rogatoires (Décis. 6 juillet 1876).

ARTICLE **42**.

Les droits d'expédition sont dus pour tous les actes et pièces dont il est fait mention dans les articles du Code d'instruction criminelle sous les n°s 31, 63, 65, 66, 68, 81, 86, 114, 117, 118, 120, 122, 123, 124, 125, 128, 129, 130, 131, 146, 153, 157, 158, 159, 160, 161, 188, 190, 191, 192, 193, 248, 281, 300, 304, 305, 343, 358, 396, 397, 398, 415, 419, 452, 454, 455, 456, 465, 481 et 601.

Ces expéditions ne sont dues et ne doivent être payées par le Trésor qu'autant qu'elles ont été demandées par le ministère public et qu'elles sont indispensablement nécessaires.

Voici la nomenclature des actes et pièces auxquels se réfèrent les articles du Code d'instruction criminelle énumérés ci-dessus :

ART. 31, 63, 65, 66. — Dénonciations et plaintes reçues par le ministère public et par le juge d'instruction. — Procurations qui peuvent y être annexées. — Actes subséquents par lequel les plaignants déclarent se constituer parties civiles, et les actes de désistement.

ART. 68. — Élections de domicile par les parties civiles qui ne demeurent pas dans l'arrondissement communal où se fait l'instruction.

ART. 81. — Décision du juge d'instruction relativement aux témoins qui font défaut.

ART. 86. — Mandat de dépôt décerné contre le témoin défaillant et contre l'officier de santé qui aurait délivré un certificat mensonger.

Art. 114. — Ordonnances de mise en liberté provisoire rendues par le juge d'instruction.

Art. 117, 118, 120. — Actes par lesquels la caution offerte pour liberté est acceptée ou discutée par le ministère public ou la partie civile. — Acte de soumission de cette caution.

Art. 122. — Ordonnance du juge d'instruction pour le paiement des sommes cautionnées, dans le cas de non-comparution du prévenu à un acte de la procédure ou pour l'exécution de la peine de l'emprisonnement prononcée contre lui par le jugement définitif.

Art. 123. — Ordonnance rendue par le même magistrat contre la caution d'un prévenu qui ne se représente pas.

Ordonnance pour restitution de la caution en cas de renvoi des poursuites ou d'acquittement.

Art. 124. — Certificat de greffe constatant la responsabilité encourue. — Extrait du jugement de condamnation pour le recouvrement de la caution.

Art. 125. — Ordonnance du juge d'instruction pour faire saisir et écrouer le prévenu cautionné.

Art. 128, 129, 130, 131. — Ordonnance du juge d'instruction portant qu'il n'y a pas lieu de poursuivre en renvoi devant le tribunal de simple police ou devant le tribunal de police correctionnelle.

Art. 146, 153, 157, 158, 159, 160, 161. — Il n'est mentionné aucun acte dans ces articles.

Art. 188, 190, 191, 192, 193. — Jugements rendus en premier ressort par le tribunal correctionnel. — Procès-verbaux ou rapports s'il en a été dressé. — Actes servant à conviction ou a décharge. — Mandats de dépôt ou d'arrêt décernés par le tribunal.

Art. 248. — Déclarations de témoins, pièces et procès-verbaux présentant des charges nouvelles et dont il doit être donné connaissance au procureur général, sans délai, par l'officier de police judiciaire ou le juge d'instruction. — Mandat de dépôt décerné par le juge d'instruction sur ces nouvelles charges. — Réquisition du procureur général et ordonnance du président de la chambre des mises en accusation indiquant le juge devant lequel il doit être procédé à une nouvelle instruction.

Dans le cas prévu par l'article 248 du Code d'instruction criminelle, il n'y a lieu de faire copier les pièces relatant des charges nouvelles qu'autant qu'elles font partie d'une nouvelle procédure dont l'instruction ne doit pas être retardée ; mais s'il y a possibilité d'envoyer les pièces en minute, on doit éviter d'en faire des copies (Circ. 30 déc. 1812, n° 7).

Art. 281. — Arrêt d'une Cour d'appel intervenu contre un officier de police judiciaire ou un juge d'instruction qui se serait rendu coupable de négligence.

Art. 300. — Arrêts de la chambre des mises en accusation portant renvoi devant la Cour d'assises, lorsque ces arrêts sont attaqués en nullité par l'accusé, ou par le procureur général pour l'une des causes exprimées en l'art. 299 du Code d'instruction criminelle.

Art. 304. — Décisions de la Cour d'assises relativement aux témoins qui n'ont pas comparu sur le citation du président ou du juge commis par lui, ou qui refuseraient de faire leurs dépositions.

Art. 305. — Pièces du procès que les conseils des accusés jugent utiles à leur défense. Les frais de copie de ces pièces sont à la charge de ces derniers, auxquels il ne doit être délivré gratuitement, en quelque nombre qu'ils puissent être et dans tous les cas, qu'une copie des procès-verbaux constatant le délit et des déclarations écrites des témoins.

Art. 343. — Arrêts de Cours d'assises portant condamnation de jurés qui sont sortis de la chambre des délibérations.

Art. 358. — Ordonnances d'acquittement rendues par le président d'une Cour d'assises sur la déclaration du jury que l'accusé n'est pas coupable, et les arrêts de la Cour qui interviennent sur les dommages-intérêts.

Toutefois les jugements ou arrêts définitifs portant acquittement ne doivent être expédiés que dans le cas d'appel ou de pourvoi en cassation du ministère public.

La mise en liberté des prévenus acquittés ou qui ont subi leur peine s'effectue sur le seul ordre du ministère public (Circ. 30 déc. 1812, n° 5 ; — 18 avril 1843).

Art. 396, 397, 398. — Décisions relatives aux jurés qui ne se sont pas rendus à leur poste sur la citation à eux notifiée, ou qui se sont retirés avant l'expiration de leurs fonctions.

Art. 415. — Arrêts des Cours d'appel annulant une instruction.

Art. 419. — Arrêts de la Cour d'assises contre lesquels la partie civile se pourvoit en cassation.

Art. 452. — Ordonnance du juge d'instruction ou de l'officier du ministère public prescrivant l'apport d'une pièce arguée de faux. — Procès-verbal de dépôt et de description de cette pièce.

Art. 454. — Ordonnance et acte de dépôt relatifs à cette comparaison.

Art. 455. — Copies collationnées de pièces authentiques qu'il a fallu déplacer pour l'instruction sur le faux, ou le procès-verbal de collation.

Art. 456. — Jugements ou arrêts qui contraignent des particuliers à faire le dépôt des pièces de comparaison qu'ils ont en leur possession.

Art. 465. — Ordonnance du président de la Cour d'assises en cas de contumace.

Art. 481. — Dénonciations ou plaintes contre un magistrat de la Cour d'appel.

Art. 601. — Extraits du registre des condamnations à un emprisonnement correctionnel ou à une plus forte peine, prescrit par l'art. 600.

La copie destinée au garde des sceaux est supprimée ; elle continue à être envoyée tous les trois mois aux préfets. (Circ. 30 déc. 1850. N° 3) V. art. 49.

Les expéditions du procès-verbal du tirage au sort des jurés rentrent évidemment dans la classe des actes énoncés dans l'article 42 du décret de 1811. Une décision de M. le Garde des sceaux, du 4 mars 1828, a déclaré qu'elles seraient payées aux greffiers suivant le taux déterminé par l'art. 48 du même décret (Dalmas, p. 98).

Quatre expéditions doivent être délivrées pour être remises au chef du parquet où se tiennent les assises, au président de la Cour d'assises, au préfet du département et au ministre de la justice.

Chaque expédition est évaluée par la chancellerie comme contenant trois rôles.

En cas de pourvoi en cassation, une expédition du même procès-verbal doit encore être délivrée pour être jointe aux pièces de la procédure, afin de mettre la Cour à même d'apprécier la composition de la liste et de vérifier si les jurés de jugement ont été bien indiqués sur ce procès-verbal.

ARTICLE 43.

Ces droits d'expédition ne sont dus que lorsque les expéditions sont demandées soit par les parties qui en requièrent la délivrance à leurs frais, soit par le ministère public : dans ce dernier cas, le Trésor public en fait les avances, s'il n'y a pas de partie civile, ou si la partie civile est dans un état d'indigence dûment constaté.

Hors les cas ci-dessus, il n'est rien dû aux greffiers pour les actes sus-énoncés, lorsque notification, signification ou communication en est faite sur les minutes, ainsi qu'il sera dit ci-après.

Lorsque le ministère public est dans le cas de faire exécuter un jugement de simple police ou de police correctionnelle portant peine d'emprisonnement, un extrait du jugement lui est délivré et est revêtu d'un réquisitoire pour arrestation ; il est remis au gardien chef de la prison pour l'écrou.

Un extrait est en outre délivré aux trésoriers-payeurs généraux chargés du recouvrement des frais et amendes (Loi du 29 déc. 1873, art. 25). Le coût de ces extraits, fixé à 25 centimes, n'est pas à la charge du ministère de la justice. Il est acquitté par l'administration chargée d'opérer le recouvrement.

En matière correctionnelle, les jugements par défaut doivent seuls être signifiés.

Lorsque la signification d'un jugement est faite par un huissier résidant dans la ville où siège le tribunal, le greffier doit s'abstenir d'en délivrer expédition, l'huissier devant en prendre copie au greffe sur les minutes, conformément aux dispositions de l'art. 70 ci-dessus (Circ. 16 août 1842, § 8 ; — 26 déc. 1845).

Les jugements de simple police ne doivent être signifiés qu'après qu'il a été donné avis à chaque condamné du jugement qui le concerne, afin de le mettre à même de l'exécuter volontairement sans s'exposer à de nouveaux frais. Les jugements ne sont signifiés que lorsque le condamné ne s'est pas libéré après avertissement ou lorsque le jugement prononce une peine à l'emprisonnement (Circ. 18 janv. 1855).

Les jugements par défaut ou susceptibles d'appel prononçant des condamnations de simple police pour ivresse, en vertu de la loi du 23 janvier 1873, doivent toujours être signifiés (Circ. 24 févr. 1874).

Si les jugements sont susceptibles d'appel ou d'opposition, les extraits seront provisoires et le mot *provisoire* sera inscrit en caractères très apparents sur lesdits extraits. Ils seront adressés au receveur des finances dans un délai de huit jours.

Si les parties ne se libèrent pas dans le délai d'un mois, les extraits seront renvoyés au magistrat chargé de l'exécution des jugements avec des renseignements sur la solvabilité des débiteurs consignés sur un état des retardataires.

Dans le délai de huit jours à partir du moment où le jugement signifié sera devenu définitif, le magistrat renverra l'état des retardataires en indiquant si le jugement a été signifié ou non signifié. Des extraits définitifs seront substitués aux extraits provisoires lorsqu'il y aura lieu.

Lorsque les jugements sont définitifs sans qu'il soit besoin de les signifier, les extraits porteront la mention que le jugement est définitif et seront expédiés dans le délai de cinq jours.

Chaque extrait est payé 25 centimes au greffier ; toutefois les extraits des jugements devenus définitifs à défaut d'opposition ou d'appel sont délivrés gratuitement (Voir ci-dessus art. 164 et circ. du Garde des sceaux et du ministère des finances en date du 22 décembre 1879).

Il n'y a pas lieu, en général, de délivrer au ministère public expédition des ordonnances du juge d'instruction, ni des arrêts des chambres de mise en accusation, soit que ces délibérations ou arrêts prononcent la mise en liberté provisoire pure et simple des prévenus, soit qu'ils ordonnent le renvoi devant un tribunal de police correctionnelle ou de simple police. Cette expédition ne serait nécessaire qu'autant que plusieurs prévenus impliqués dans la même instruction seraient renvoyés devant des tribunaux différents. Hors ce cas, les délibérations ou arrêts doivent toujours être transmis en minute, avec les autres pièces de la procédure, au tribunal compétent (Circ. 30 déc. 1812. — 28 oct. 1823).

Toutefois en cas d'appel ou de pourvoi en cassation, il y a lieu de délivrer des expéditions des décisions attaquées (Circ. 26 août 1811).

Il convient que les déclarations de pourvoi en matière criminelle, correctionnelle ou de simple police, soient expédiées, non pas à la suite des arrêts ou des jugements, mais sur du papier de grande dimension et sur des feuilles doubles.

Les greffiers des Cours d'assises doivent joindre à l'expédition de chaque arrêt attaqué par un pourvoi en cassation une expédition des questions posées et des réponses des jurés (Circ. du 4 oct. 1843).

Les actes d'accusation, qui ne sont que de simples pièces de procédure, ne doivent jamais être expédiés ; et, par conséquent, lorsque les individus qu'ils concernent se trouvent détenus dans des villes autres que celles où siège la Cour d'appel, ce sont les minutes mêmes de ces actes qu'il faut transmettre pour faire opérer la signification ordonnée par l'art. 242 C. I. C.

Le procureur général doit adresser au premier président et au ministre de la justice, dans les huit jours de la clôture de chaque session, une expédition du procès-verbal dressé par la Cour d'assises sur les excuses et les absences non justifiées. Le greffier n'est tenu de faire gratuitement que les minutes. Les expéditions sont payées suivant le salaire fixé par l'art. 48 du règlement (Circ. 11 déc. 1827).

ARTICLE 44.

Il n'est dû qu'un droit fixe aux greffiers pour les extraits qu'ils sont tenus de délivrer, en conformité des articles 198, 202, 417 et 472 du Code d'instruction criminelle, et de l'article 36 du Code pénal.

Il n'est plus délivré d'extraits en exécution des articles 198 et 202 du Code d'inst. crim. (Circ. 30 nov. 1850 ; — 3 mars 1855).

Les extraits que les greffiers sont tenus de délivrer et pour lesquels il leur est dû un droit déterminé, sauf exceptions, par l'art. 50 ci-dessus, sont :

1° Extraits du registre destiné à recevoir les déclarations des recours en cassation contre les arrêts et jugements (Art. 417, C. inst. crim.).

2° Extraits de l'arrêt de condamnation rendu contre un con-tumax, pour être, dans les huit jours de la condamnation, inséré dans l'un des journaux du département du dernier domicile du condamné et être en outre affichés : 1° à la porte de ce dernier domicile ; 2° de la maison commune du chef-lieu d'arrondissement où le crime a été commis ; 3° du prétoire de la Cour d'assises.

3° Extraits des arrêts prononçant la peine de mort, les travaux forcés à perpétuité et à temps, la déportation, la détention, la réclusion, la dégradation civique et le bannissement, pour être imprimés et affichés (Art. 36, Code pénal).

4° Extraits de tous arrêts et jugements de condamnation rendus en matière de banqueroute simple ou frauduleuse, et en matière de crimes ou délits commis par d'autres que le failli, pour être publiés et affichés suivant les formes établies par l'art. 42 du Code de commerce (Art. 600, C. de com.).

5° Extraits des arrêts prononçant la peine d'emprisonnement sur appels de jugements correctionnels et remis au ministère public pour l'exécution de la condamnation (Décis. 9 avril 1825).

En matière de contributions indirectes, le ministère public ne peut réclamer la délivrance des extraits que lorsqu'il a le droit d'interjeter appel, c'est-à-dire dans le cas où la fraude est accompagnée d'un délit commun (Décis. 18 mai 1846).

6° Extraits de tous jugements et arrêts prononçant la peine des travaux forcés, de la réclusion ou de l'emprisonnement, pour la rédaction de l'écrou. Ces extraits accompagnent le condamné au lieu où il doit subir sa peine.

7° Extraits des jugements concernant des marins ou assimilés pour être transmis au ministre de la marine (Arrêté du ministre de la marine, 2 janv. 1859. — Circ. 5 août 1871).

8° Duplicata des bulletins n° 1 destinés aux casiers judiciaires et constatant les condamnations à des peines corporelles prononcées contre des soldats de l'armée active ou des hommes de la réserve.

Ces bulletins sont transmis directement aux commandants du dépôt de recrutement dans le département de la naissance du condamné. Les parquets sont dispensés de transmettre au ministre de la guerre les extraits de jugements concernant les militaires dont l'envoi était prescrit par le § 13 de la circulaire du 6 décembre 1840 (Circ. 19 fév. 1874).

C'est au casier central de la chancellerie qu'il appartient de faire, au département de la guerre, la communication des bulletins relatifs aux militaires condamnés, dont le lieu de naissance et le domicile sont inconnus (Circ. 15 déc. 1874).

Le coût de ces bulletins est fixé à 15 centimes (Circ. 6 déc. 1876, § 19).

9° Duplicata des bulletins n° 1 destinés aux casiers judiciaires, relatifs aux condamnations prononcées, soit contre un marin ou militaire de la marine en activité de service, soit même contre tout individu faisant partie de la réserve de l'armée de mer ou soumis à l'inscription maritime. La rémunération est également fixée à 15 centimes.

Ces documents devront contenir autant que possible l'inscription du grade et du quartier d'inscription du marin, ainsi que son numéro matricule. Ils remplaceront les extraits que, conformément au paragraphe 13 de la circulaire du 6 décembre 1840, les chefs des parquets devaient adresser à la chancellerie, pour être transmis au ministre de la marine (Circ. 14 août 1876, n° 8).

10° Extraits de jugements, même de faillite, et arrêts de condamnation contre les membres de la Légion d'honneur, les décorés de la médaille militaire et toutes personnes qui, décorées de médailles commémoratives, sont soumises à la législation disciplinaire relative aux membres de la Légion d'honneur (Circ. 6 déc. 1840, § 13 ; — 31 déc. 1859 ; — 28 fév. 1860 ; — 15 juin 1876).

11° Extraits des jugements, tant civils que correctionnels, qui prononcent des peines contre des instituteurs (Circ. 6 déc. 1840, n° 5, § 13. — 4 avril 1855).

12° Extraits de tous arrêts d'acquittement ou de condamnation en matière de fausse monnaie (Circ. 6 déc. 1840, § 13, n° 7).

13° Extraits de jugements en matière d'absence envoyés au ministère de la justice pour qu'ils soient rendus publics (Art. 118 C. C. — Circ. 3 mai 1825).

14° Extraits pour le recouvrement des amendes.

15° Extraits des arrêts qui auront rejeté les demandes en cassation (Art. 439 C. inst. crim.).

16° Extraits ou copies des jugements rendus en matière de tromperie sur la vente des marchandises et dont l'affiche et l'insertion ont été ordonnées (Loi du 27 mars 1851).

17° Extraits du registre des appels.

18° Extraits aux gardes champêtres et aux gendarmes pour le recouvrement des primes. Le coût, 25 centimes, reste à leur charge.

État des récidives : 10 centimes par article.

Bulletins n° 1 : 25 centimes.

Bulletins n° 2 : 25 centimes, délivrés au ministère public et administrations.

Duplicata des bulletins n° 1 à envoyer aux sous-préfectures des lieux de naissance pour former un casier administratif : 15 centimes (Circ. 18 déc. 1874).

Bulletins pour engagements militaires : 1 franc (Dispensés de la formalité de l'enregistrement).

Copie des bulletins n° 1 concernant des étrangers à transmettre à la chancellerie : 15 centimes (Cir. 5 mai 1877).

Les extraits des arrêts et jugements portant condamnation à une peine corporelle doivent être établis sur des formules délivrées par le ministère de l'intérieur contenant le signalement du condamné (Circ. 7 juin 1879).

Les extraits de jugements délivrés par les greffiers ne sont imputables sur les frais de justice criminelle, qu'autant qu'ils ont été requis par le ministère public, seul juge de l'utilité et de l'opportunité de cette délivrance. Le coût de ceux qui ont été requis par une administration doit rester à sa charge (Décis. 31 août 1857).

Les magistrats du ministère public doivent veiller à ce que les jugements par défaut soient exactement signifiés. Ils devront mentionner sur les notices hebdomadaires la date de la signification du jugement et celle de la délivrance de l'extrait à l'administration des finances (Circ. 4 oct. 1879).

ARTICLE 45.

Il leur est accordé une indemnité pour leur assistance aux actes désignés dans l'article 378 du Code d'instruction criminelle, et pour l'accomplissement des formalités prescrites par l'article 83 du Code civil.

Cette indemnité, qui est réglée par l'art. 53 ci-après, n'est pas due au greffier pour chaque condamné, mais seulement pour chaque arrêt exécuté, quel que soit le nombre des condamnés atteints par cet arrêt (Décis. 10 mai 1815).

Lorsque plusieurs arrêts reçoivent leur exécution le même jour, le greffier a droit à autant de fois l'indemnité qu'il y a eu d'arrêts exécutés.

ARTICLE 46.

L'expédition de l'acte d'écrou dont il est fait mention en l'article 421 du Code d'instruction criminelle, sera payée comme extrait aux concierges des prisons, suivant la fixation qui en sera faite par l'article 50 ci-après.

Cette expédition doit être jointe au pourvoi formé par le condamné afin de constater la mise en état. Elle est payée 25 centimes lorsqu'il s'agit d'un jugement de simple police et 60 centimes dans les autres cas (Dalmas, p. 126).

ARTICLE 47.

En conformité de l'article 168 du Code d'instruction criminelle, les droits d'expédition dus aux greffiers des maires agissant comme juges de police, seront les mêmes que ceux des greffiers des autres tribunaux de police.

La juridiction des maires comme juges de police a été supprimée par la loi du 27 janvier 1873.

ARTICLE 48.

Les droits d'expédition dus aux greffiers des Cours et Tribunaux sont fixés à quarante centimes par rôle de vingt-

*huit lignes à la page et de quatorze à seize syllabes à la
ligne.*

Il a été reconnu, de concert avec le ministre des finances, que
cet article, en ce qui concerne le nombre de lignes à la page et de
syllabes à la ligne, fait exception à la règle générale renfermée
dans l'article 20 de la loi du 13 brumaire an VII, et que la règle
qu'il trace est applicable à toutes les expéditions délivrées en
matière criminelle, correctionnelle et de police, sans distinguer si
elles sont faites ou non sur papier timbré et si elles ont été
réclamées par le ministère public ou par les parties.

En l'absence de règles précises pour évaluer les fractions de
rôle, on doit en adopter une analogue à celle qui est établie par
l'article 92 pour l'appréciation des distances.

Ainsi l'on ne doit rien allouer pour un quart de rôle ou quatorze lignes ; lorsqu'il y a plus de quinze lignes et moins de quarante-trois, on doit passer en taxe un demi-rôle ; enfin, lorsqu'il
y a quarante-trois lignes et plus, le rôle doit être compté comme
s'il était complet. Toutefois, comme le règlement accorde des
droits aux greffiers pour toutes les expéditions qu'ils délivrent, et
qu'il peut se faire que la copie de certains actes ne comporte pas
plus d'un quart de rôle, on doit toujours, en pareil cas, allouer
vingt centimes, lors même que l'expédition présentée au visa
contiendrait moins de quinze lignes (Inst. gén. 30 sept. 1826).

On appelle *rôle*, un feuillet ou deux pages d'écriture en
grosse.

ARTICLE 49.

*Les droits d'expédition pour chacune des copies du registre
tenu par les greffiers, aux termes de l'article 600 du Code
d'instruction criminelle, qui doivent être adressées aux ministres de la justice et de la police générale, conformément à
l'article 601 du même Code, sont fixés à dix centimes pour
chaque article du registre.*

Il ne doit plus être dressé qu'une seule copie du registre tenu
en vertu de l'article 600, pour être transmise *directement* au

ministre de l'intérieur, dans les trois jours de l'expiration de chaque trimestre (Circ. 6 nov. 1850).

Le même droit est dû pour le tableau des individus placés sous la surveillance de la haute police, dont deux exemplaires sont adressés chaque mois, l'un au préfet, l'autre au procureur général (Circ. 6 déc. 1840, § 15).

De même encore pour l'état des récidives' (Circ. 3 oct. 1828 ; — 10 oct. 1834).

ARTICLE 50.

Les droits fixes pour les extraits sont réglés à soixante centimes, quel que soit le nombre de rôles de chaque extrait.

En matière forestière, ces droits ne seront que de vingt-cinq centimes.

DÉCRET DU 7 AVRIL 1813, ART. 7. — « Conformément à l'ar-
» ticle 50 du règlement, les extraits de jugements ou d'arrêts en
» matière criminelle et correctionnelle continueront d'être payés
» aux greffiers à raison de 60 centimes ; et en matière forestière,
» à raison de 25 centimes seulement.

» A l'avenir, il ne sera payé que 25 centimes pour les extraits
» de jugements en matière de police simple, et généralement pour
» tous les extraits délivrés aux receveurs ou préposés des régies
» pour le recouvrement des condamnations pécuniaires ; sans
» préjudice de la disposition de l'article 62 du règlement, en ce
» qui concerne les expéditions ou extraits qui auront été délivrés
» au ministère public. »

La deuxième disposition de cet article est applicable aux juge-ment rendus par les tribunaux correctionnels, en vertu de l'art. 192 du Code d'instruction criminelle.

Tous les extraits d'arrêts, de jugements ou de pièces de procé-dure, délivrés soit à l'administration de l'enregistrement, soit à celle des forêts, soit enfin aux administrations, communes ou établissements publics assimilés aux parties civiles, sont à leur charge (Voir art. 157 et 158 du règlement).

A l'égard des extraits de jugements et arrêts portant condamnation pour délits forestiers, à des dommages-intérêts au profit de communes propriétaires de bois, ils ne peuvent être délivrés que sur papier timbré à ces communes, considérées comme parties civiles (Instr. gén. de l'enreg., 23 décembre 1826, n° 1204, § 11).

Le coût des extraits délivrés à l'administration des finances pour opérer sur les condamnés le recouvrement des frais de justice criminelle est à la charge de cette administration, conformément à l'ordonnance du 3 novembre 1819, art. 178, et à la circulaire du 7 décembre suivant.

Les extraits de jugements délivrés aux gendarmes, gardes forestiers, gardes-pêche, gardes champêtres ou particuliers, à l'effet de toucher la gratification qui leur est accordée pour chaque condamnation prononcée sur leurs procès-verbaux, ne doivent être payés qu'à raison de *vingt-cinq centimes*, conformément au taux fixé par le décret du 7 avril 1813.

Le coût de ces extraits est à la charge des agents qui en réclament la délivrance.

Il n'est dû aucun droit au greffier pour l'original de l'état de liquidation, qui doit être dressé en vertu de cet article et de l'article 163 ci-après, et qui doit rester joint en minute à la procédure.

Par une circulaire en date du 21 décembre 1874, les greffiers ont été rappelés à l'exécution de la circulaire du 16 septembre 1820. Cette instruction doit être entendue en ce sens que les greffiers sont soumis, en échange de la rénumération spéciale qui leur est allouée par l'art. 7 du décret du 7 avril 1813 (25 centimes), à l'obligation d'insérer dans les extraits, outre les indications très exactes du nom, du domicile et des motifs de la condamnation, tous les éléments financiers qui s'y rapportent, y compris le calcul des décimes ajoutés par les lois fiscales au principal de l'amende. Les greffiers doivent de plus, et sans exiger aucun droit en sus, totaliser ces divers éléments, sous leur responsabilité.

ARTICLE 51.

L'état de liquidation des frais et dépens sera dressé par le greffier, et les copies qu'il en délivrera lui seront payées à raison de cinq centimes par article.

Les greffiers n'ont droit à cette rétribution qu'autant que la liquidation des frais et dépens ne se trouve pas dans le jugement ou arrêt ; il devient alors nécessaire que le greffier dresse un état qui est rendu exécutoire, ainsi qu'il est dit dans l'article 163. C'est alors une copie de cet état, et non un extrait du jugement ou de l'arrêt, qui est remis aux préposés de l'enregistrement et qui est payé au greffier par la régie, à raison de cinq centimes par article (Dalmas, p. 136).

ARTICLE 52.

Lors des exécutions des arrêts criminels, le greffier de la Cour, du tribunal ou de la justice de paix du lieu où se fera l'exécution, sera tenu d'y assister, d'en dresser procès-verbal ; et, dans le cas d'exécution à mort, il fera parvenir à l'officier de l'état civil les renseignements prescrits par le Code civil.

A cet effet, le greffier se rendra, soit à l'hôtel de ville, soit dans une maison située sur la place publique où se fera l'exécution, et qui lui sera désignée par l'autorité administrative.

Le greffier qui a assisté à l'exécution doit transmettre dans les vingt-quatre heures une copie de son procès-verbal au greffier de la Cour pour que celui-ci en opère la transcription au pied de la minute de l'arrêt de condamnation (Dalmas, p. 138).

ARTICLE 53.

Il est alloué aux greffiers pour tous droits d'assistance, transcription du procès-verbal au bas de l'arrêt, et déclaration à l'officier de l'état civil, savoir :

1° Pour les exécutions à mort à Paris	**20** fr.	»
Dans les villes de 40,000 habitants et au-dessus.	**15**	»
Dans les autres villes et communes	**10**	»

2° Abrogé.

Un seul droit est dû au greffier quel que soit le nombre des individus condamnés par le même arrêt et exécutés.

L'indemnité est due au greffier qui a assisté à l'exécution et non au greffier de la Cour pour la transcription du procès-verbal. Celui-ci n'a droit à aucune rémunération car, en général, les greffiers n'ont droit à aucun émolument pour la rédaction et la transcription des actes dont ils restent dépositaires (Dalmas, p. 140).

Lorsque le greffier se transporte hors de sa résidence pour assister à l'exécution d'un arrêt criminel il a droit, en outre de l'émolument fixé par cet article, à l'indemnité fixée par l'article 89 du règlement (Inst. gén.).

ARTICLE 54.

Les accusés paieront, au taux réglé par le décret, les expéditions et copies qu'ils demanderont, outre celles qui leur seront délivrées gratuitement, aux termes de l'article 305 du Code d'instruction criminelle [1].

D'après les circulaires de la chancellerie on ne doit jamais délivrer copie gratuite aux accusés :

1° Des plaintes ou dénonciations ;

2° Des actes argués de faux ;

3° Des procès-verbaux dressés pour constater la représentation aux accusés des actes argués de faux, et la reconnaissance de ceux-ci par le notaire et les témoins qui ont figuré dans les actes faux ;

4° Des procès-verbaux de description des mêmes actes ;

5° Des pièces revêtues de sceaux contrefaits ;

6° Du bilan dans les affaires de banqueroute frauduleuse ;

7° De l'inventaire du mobilier de l'accusé dans les mêmes affaires ;

8° Des rapports des agents et syndics provisoires et définitifs, même lorsqu'ils ont été faits à la requête des magistrats ;

---

1. Art. 305, C. I. C. — « Les conseils des accusés pourront prendre » ou faire prendre à leurs frais, copies de telles pièces du procès qu'ils jugeront utiles à leur défense.

» Il ne sera délivré aux accusés, en quelque nombre qu'ils puissent être, » et dans tous les cas, qu'une copie des procès-verbaux constatant le délit » et déclarations écrites des témoins.

» Les présidents, les juges et le procureur général sont tenus de veiller à » l'exécution du présent article. »

9° Des actes et écrits simulés constatant des dettes passives et collusoires entre l'accusé et des créanciers fictifs ;

10° Du procès-verbal de vérification des créances qui établit le passif de l'accusé ;

11° Des actes de protêt ;

12° Des exploits d'assignation ;

13° Des assignations en garantie ;

14° Des exploits de commandement à fin de saisie ;

15° Des interrogatoires des prévenus poursuivis d'abord comme complices, mais contre lesquels il a été déclaré n'y avoir lieu à suivre (Circ. 23 fév., 9 avril, 8 nov. 1825 ; — 8 mars 1826 ; — Inst. gén. 30 sept. 1826).

Revenant sur des instructions antérieures la chancellerie, par une circulaire du 13 novembre 1827, a autorisé la délivrance gratuite aux accusés :

1° Des rapports d'experts, notamment dans les affaires de faux ; ceux des médecins, des chirurgiens, des officiers de santé, dans les affaires où leur ministère est requis.

2° Des pièces dont une première copie a été délivrée à l'un des accusés jugé dans une session précédente.

Que doit-on entendre par ces termes de l'art. 305 du Code d'instruction criminelle : *Procès-verbaux constatant le délit ?*

La jurisprudence a décidé que n'était pas due la copie de procès-verbaux produits aux débats pour constater, non le délit imputé, mais seulement la culpabilité de l'accusé (Cass. 25 juin 1819).

Elle s'est refusée à voir des procès-verbaux constatant le délit, soit dans un plan des lieux dressé pendant l'information, — soit dans un rapport d'expert commis par le juge d'instruction, — soit dans un procès-verbal de renseignements recueillis par la gendarmerie, — soit dans un procès-verbal de renseignements recueillis par ordre du procureur général, — soit dans un cahier d'informations recueillies par un fonctionnaire dessaisi et, dès lors, incompétent.

Elle ne les a pas vus davantage, — dans une ordonnance du juge d'instruction annexant à la procédure le rapport d'un commissaire de police, — ou dans un procès-verbal de descente sur les lieux, ordonnée et opérée par le président des assises.

Les procès-verbaux dressés par le ministère public après l'arrêt de renvoi, lorsqu'il y a urgence, ne peuvent être assimilés aux actes dont copie doit être délivrée aux accusés (Cass. 18 mars 1870. B. 66).

Que doit-on entendre par *déclarations écrites des témoins ?*

La jurisprudence s'est strictement renfermée dans l'acception usuelle de ces mots. Elle n'a pas vu un équivalent de ces déclations, — soit dans les interrogatoires de l'accusé, — soit dans une lettre écrite par lui au juge d'instruction, — soit dans les interrogatoires de ceux qui, compris dans la même poursuite, sont soumis aux débats avec lui, — soit dans les interrogatoires d'un accusé que la mort a surpris avant les débats, — soit, enfin, dans une lettre écrite par un témoin au juge d'instruction (Nouguier, *Cour d'assises*, t. Ier, p. 322).

Il y a lieu de délivrer gratuitement aux accusés, quand les besoins de leur défense semblent l'exiger, copie des procès-verbaux constatant la confrontation de ces accusés avec les témoins. Les dires de ces derniers se trouvant dans ces procès-verbaux et étant le complément de leurs dépositions, il est conforme au texte, ou au moins à l'esprit de l'art. 305 du Code d'instruction criminelle, d'en donner copie aux accusés (Dalmas, *Supp.*, p. 96).

Il en est de même pour les rapports d'experts, notamment dans les affaires de faux ; ceux des médecins, des chirurgiens et des officiers de santé, dans les affaires où leur ministère est requis (Circ. 13 nov. 1827).

Lorsqu'une poursuite a été suivie d'une ordonnance de non-lieu, puis reprise à raison de charges nouvelles et dénouée enfin, par un arrêt de renvoi devant les assises, il doit être donné copie des pièces de la première partie de la procédure (Cass. 24 mai 1832. B. 274).

Le défaut de remise à l'accusé de la copie des pièces désignées en l'article 305, ne saurait entraîner nullité que s'il y a eu réclamation de l'accusé (Cass., 13 fév. 1873. B. 47).

Les copies de pièces ne sont pas signifiées, mais seulement remises par le greffier à l'accusé qui en délivre récépissé. Le reçu est donné par le gardien chef si l'accusé ne sait pas signer.

La partie civile peut se faire délivrer à ses frais copie des pièces de la procédure.

ARTICLE 55.

Dans le cas de renvoi des accusés, soit devant un autre juge d'instruction, soit à une autre Cour d'assises, il ne pourra leur être délivré, aux frais du Trésor, de nouvelles copies des pièces dont ils auront déjà reçu une copie en exécution du susdit article 305.

On peut délivrer gratuitement aux accusés les pièces dont une première copie a été délivrée à l'un des coaccusés jugés dans une session précédente (Circ. 13 nov. 1827; — Cass., 6 juill. 1827. B. 571).

Il a été jugé (Cour d'assises du Tarn, 10 mai 1828) que, lorsqu'un accusé est renvoyé devant une Cour d'assises après cassation d'un premier arrêt de condamnation, et qu'il affirme ne point avoir la copie des pièces du procès qui est restée entre les mains d'un coaccusé acquitté, il y a lieu de lui en délivrer une seconde copie gratuite ; que la Cour d'assises est compétente pour ordonner la délivrance de cette seconde copie et qu'elle peut même, à cet effet, renvoyer la cause à une seconde session.

Cette décision ne doit pas être prise pour règle. Dans la pratique, pour éviter tout incident, le procureur général devrait, lorsqu'il le juge utile, demander au Garde des Sceaux l'autorisation de faire délivrer cette seconde copie.

ARTICLE 56.

En matière correctionnelle et de simple police, aucune expédition ou copie de pièces de la procédure ne pourra être délivrée aux parties sans une autorisation expresse du procureur général ; mais il leur sera délivré, sur leur demande, expédition de la plainte, de la dénonciation des ordonnances et des jugements définitifs.

Toutes ces expéditions seront à leurs frais.

Lorsque la procédure n'a pas eu de résultat, elle ne doit jamais être communiquée.

La règle posée par cet article s'applique aux administrations aussi bien qu'aux particuliers. L'administration de l'enregistrement ne pourrait obtenir, à un titre quelconque, communication d'une procédure criminelle pour y puiser des renseignements dans un intérêt fiscal (Décis. 30 avril 1842).

Le droit d'autoriser la délivrance des pièces n'appartient qu'au procureur général. Un tribunal ne pourrait l'ordonner (Cass. 17 juin 1834).

Un plaignant qui ne s'est pas porté partie civile n'est pas partie au procès et ne peut être autorisé à obtenir la délivrance de l'expédition des pièces (Décis. 17 sept. 1818).

Mais, on ne peut refuser de délivrer expédition d'un arrêt ou d'un jugement rendu en matière criminelle, correctionnelle ou de police, même lorsque celui qui la réclame est un tiers non intéressé dans l'affaire. L'article 56 du décret du 18 juin 1811 n'a point dérogé à l'article 37 de la loi du 7 messidor an II, ni à l'article 853 du Code de procédure civile ; il n'a pour but que d'assurer le secret des procédures criminelles non terminées (Lett. minist. 20 août 1827).

ARTICLE 57.

Conformément à l'article 5 du décret du 24 janvier 1806, les greffiers ne délivreront aucune expédition ou copie susceptible d'être taxée par rôle, ni aucun extrait, sans les avoir soumis à l'examen de nos procureurs, qui en feront prendre note sur un registre tenu au parquet.

Nos procureurs viseront en outre les expéditions.

Les greffiers sont responsables des copies qu'ils font faire, parce qu'il est de leur devoir d'en surveiller l'exécution et parce que d'ailleurs ils profitent en partie des abus commis par leurs clercs ou préposés. Pour mettre obstacle à ces abus regrettables, les officiers du parquet doivent se livrer avec soin à l'examen prescrit par l'article 57 du décret (Circ. 19 juillet 1856).

La vérification doit porter indistinctement sur toutes expéditions ou copies susceptibles d'être taxées par rôle, soit qu'elles aient été demandées par le ministère public ou par les parties (Décis. 23 juill. 1813).

La même surveillance doit, d'après l'ordonnance du 17 juillet 1825, être exercée par les juges de paix sur les écritures de leurs greffiers.

ARTICLE 58.

Ne seront point insérés dans la rédaction des arrêts et jugements, les plaidoyers prononcés, soit par le ministère public, soit par les défenseurs des prévenus ou accusés, mais seulement leurs conclusions.

Les dépositions des témoins, leurs noms, profession, âge et demeure, ne doivent point être insérés dans les jugements.

Les notes que tient le greffier, en vertu des articles 155 et 189 du Code d'instruction criminelle, doivent être jointes en minutes à la procédure. Ce serait un double emploi et un abus que d'en insérer le contenu dans le jugement. L'article 58 ne permettant d'insérer dans le jugement que les conclusions des parties, exclut par cela même les motifs des conclusions. En un mot, on doit s'attacher à rédiger les jugements le plus succinctement possible, sans omettre rien d'essentiel (Instr. gén. 30 sept. 1826).

ARTICLE 59.

Toutes les fois qu'une procédure en matière criminelle, de police correctionnelle ou de simple police, devra être transmise à quelque Cour ou tribunal que ce soit, ou au ministère de la justice, la procédure et les pièces seront envoyées en minutes, sans en excepter aucune, à moins que le ministre de la justice ne désigne des pièces pour n'être expédiées que par copies ou par extraits.

L'envoi en copie est autorisé par mesure générale pour les pièces suivantes :

1º Les arrêts qui prononcent la mise en accusation, mais seulement dans le cas où l'affaire ne doit pas être jugée dans le lieu où siège la Cour, ou bien lorsque la signification prescrite par l'article 242 du Code d'instruction criminelle, ne peut être faite sur la minute à raison de l'éloignement de la personne ou du domicile de l'accusé, ou enfin, lorsque l'arrêt est l'objet d'un pourvoi en cassation. Dans tous les autres cas, l'expédition de l'arrêt est inutile et la signification doit en être faite sur la minute, suivant le mode indiqué par l'article 70 du règlement.

Il en est de même des ordonnances rendues contre les contumaces. Une expédition de cette ordonnance doit être adressée au directeur de l'enregistrement, afin de prendre les mesures pour faire séquestrer les biens de l'accusé. Le coût de cette expédition est à la charge de l'administration de l'enregistrement (Décis. du 21 avril 1821).

2º Les arrêts de condamnation, soit quand il y a pourvoi en cassation de la part des condamnés ou du ministère public, soit pour l'exécution de la peine;

3º Les arrêts d'acquittement ou d'absolution, lorsque le ministère public s'est pourvu en cassation, en vertu des articles 409 et 410 du Code d'instruction criminelle;

4º Les déclarations de pourvoi en cassation et les actes d'écrou qui doivent y être joints conformément à l'article 421 du Code d'instruction criminelle;

5º Les déclarations d'appel de la part, soit du ministère public, soit du condamné ou de la partie civile;

6º Les jugements de police correctionnelle et de simple police, lorsqu'ils sont attaqués par la voie de l'appel ou de cassation;

7º Procès-verbal du tirage des jurés.

On doit transmettre en minute toutes les autres pièces de la procédure.

Les notes sommaires tenues à l'audience doivent toujours rester jointes à la procédure et être transmises en minutes. Dans certains tribunaux il est d'usage de porter ces notes sur un registre particulier. Cette pratique est vicieuse, attendu que les notes ne sont alors jointes au dossier qu'en cas d'appel. Le greffier ne peut réclamer de droits pour l'expédition de ces notes (Circ. 26 sept. 1848).

Le président doit viser les notes du greffier dans les trois jours de la prononciation du jugement (Art. 189 C. I. C.). Les dispositions de cet article sont parfois méconnues. Il importe cependant que les parties ou le ministère public puissent y recourir; il est donc nécessaire que les notes soient vérifiées dans un bref délai

par le président, lorsque celui-ci ne les a pas dictées. Après trois
jours, il est à craindre que les souvenirs ne s'effacent et que les
notes mal prises par le greffier soient incomplètes ou inexactes.
Il serait utile que la chancellerie prescrivît un mode de procéder
uniforme.

ARTICLE 60.

*Dans tous les cas où il y aura renvoi de pièces d'une pro-
cédure, le greffier sera tenu d'y joindre un inventaire, qu'il
dressera sans frais, ainsi qu'il est prescrit par l'article 423
du Code d'instruction criminelle.*

L'article 423 C. I. C. ne prescrit la jonction d'un inventaire que
quand une procédure doit être transmise à la Cour de cassation ;
mais le présent article ayant étendu cette obligation à tous les envois de pièces, les greffiers ne doivent jamais omettre de dresser
et de joindre un inventaire aux procédures qui sont dans le cas
d'être transportées d'un lieu à un autre, et notamment à celles
qui sont adressées au ministère de la justice, surtout quand il
s'agit d'une demande de mise en jugement formée contre un
agent du gouvernement.

L'inventaire ne doit être fait qu'après que l'officier du ministère public a coté les pièces, conformément à l'article 132 du
Code d'instruction criminelle (Instr. gén.).

ARTICLE 61.

*Ne seront expédiés dans la forme exécutoire que les ar-
rêts, jugements et ordonnances de justice, que les parties et
le ministère public demanderont dans cette forme.*

ARTICLE 62.

*Toutes les fois que l'officier du ministère public aura pris
une expédition d'un arrêt ou d'un jugement, portant peine d'a-
mende ou de confiscation, pour en poursuivre l'exécution en
ce qui le concerne, il remettra cette expédition au préposé
de l'Enregistrement, chargé du recouvrement des condamnations pécuniaires, pour tenir lieu de l'extrait dont la remise*

est ordonnée par les arrêtés du Gouvernement des 21 décembre 1796 et 5 janvier 1797.

Cette remise de l'expédition n'aura lieu que lorsque nos procureurs ou leur substituts auront consommé tous les actes de leur ministère.

Les communes, les régies, les administrations ou établissements publics ne sont pas tenus de payer les expéditions délivrées au ministère public, pour poursuivre l'exécution des jugements, en ce qui concerne l'emprisonnement des condamnés (Décis. 10 fév. 1821).

Ce sont des extraits et non des expéditions qui sont délivrés pour l'exécution des peines. Le mode de procéder indiqué par cet article ne doit pas être suivi dans la pratique. Indépendamment de l'extrait du jugement prononçant une peine d'emprisonnement, destiné au ministère public pour l'exécution du jugement, il doit être délivré aux percepteurs un cxtrait particulier pour le recouvrement des frais (Décis. 17 avril 1852. — Voir Circ. 26 juill. 1817; — 6 déc. 1840, § 9).

ARTICLE 63.

Il n'est rien alloué aux greffiers pour les écritures qu'ils sont tenus de faire sous la dictée et l'inspection des magistrats, ni pour la minute d'aucun acte quelconque, non plus aussi que pour les simples renseignements qui leur seront demandés par le ministère public pour être transmis aux ministres.

Certaines expéditions doivent être délivrées gratuitement par les greffiers.

Ainsi, ne donnent droit à aucun émolument : les expéditions des prestations de serment des magistrats (Circ. 26 sept. 1848);

Les jugements et expéditions en matière de rectification d'actes de l'état civil rendus et délivrées à la requête du ministère public (Décis. 6 août 1847);

La légalisation quand les actes sont destinés à l'autorité judiciaire (Même décision);

Le droit de recherche lors de la délivrance des certificats de non-opposition au remboursement des cautionnements. Une rétribution de 25 centimes leur est seulement allouée pour la légalisation de ces certificats (Décis. 1er avril 1836);

Les copies ou extraits d'arrêts ou jugements en matière électorale demandés par les préfets à titre de renseignement (Décis. 19 juin 1841);

Les vacations lorsque des pièces arguées de faux sont déposées au greffe. Voir art. 13 du règlement (Décis. 25 oct. 1825);

États de liquidation partiels ou définitifs des frais des procédures qui doivent être joints aux dossiers;

Extraits en matière forestière pour simples condamnations à à l'amende (Circ. 10 avril 1855);

Extraits et expéditions en matière d'interdiction d'office (Décis. 6 janvier 1821);

Formation du registre tenu en vertu de l'art. 600 du Code d'instruction criminelle (Décis. 11 août 1820);

Extraits et légalisations, réclamés en exécution de la loi du 18 juin 1850, sur la Caisse des retraites pour la vieillesse (Circ. 6 janv. 1854);

Légalisations de signatures apposées sur papier non timbré (Décis. 9 sept. 1851);

Mentions au répertoire en matière criminelle, correctionnelle ou de simple police (Décis. 7 juin 1872);

Procès-verbaux de prestation de serment des employés des finances. — (Circ. 16 juin 1855);

Mention des prestations de serment sur les commissions des divers employés des administrations et des gendarmes (Décis. 6 nov. 1841. — Circ. 1er avril 1816).

ARTICLE 64.

Nous défendons très expressément aux greffiers et à leurs commis d'exiger d'autres et de plus forts droits que ceux qui leur sont attribués par le présent décret, soit à titre de prompte expédition, soit comme gratification, ni pour quelque cause et sous quelque prétexte que ce soit.

En cas de contravention, nous voulons qu'ils soient des-

titués de leur emploi et condamnés à une amende qui ne pourra être moindre de cinq cents francs, ni excéder six mille, sans préjudice toutefois, suivant la gravité des cas, de l'application de l'article 174 du Code pénal.

Ordonnons à nos procureurs généraux et à leurs substituts de dénoncer d'office ou de poursuivre sur la plainte des parties intéressées, les abus qui viendront à leur connaissance.

CHAPITRE VI

DES SALAIRES DES HUISSIERS ET DES FRAIS DE CAPTURE ALLOUÉS AUX
GENDARMES ET AUTRES AGENTS DE LA FORCE PUBLIQUE.

ARTICLE 65.

Le service des huissiers près les Cours d'appel sera déterminé par une délibération prise en assemblée générale de la Cour.

Tous les huissiers pourront être appelés indistinctement à faire le service civil et le service criminel à tour de rôle.

Néanmoins ceux des huissiers, ci-devant attachés aux Cours criminelles, qui seront jugés les plus aptes à mettre le service criminel en activité, seront attachés de préférence, pendant les quatre années qui courront du jour de l'installation de chaque Cour, au service des chambres criminelles de la Cour, des Cours d'assises et de la Cour spéciale du chef-lieu.

Aux termes du décret du 14 juin 1813, art. 4, le choix des huissiers audienciers des Cours et tribunaux devrait être renouvelé chaque année à la rentrée. Dans l'usage, ce renouvellement n'a pas lieu; les audienciers continuent leur service spécial jusqu'à ce qu'il en soit autrement ordonné.

Une Cour ou un tribunal ne peut choisir ses huissiers audienciers que parmi les huissiers résidant au lieu ou il siège; son choix ne peut porter sur un huissier résidant dans un autre lieu (Cass. 14 déc. 1836).

Le ministère public et le juge d'instruction peuvent choisir parmi les huissiers qui résident au siège du tribunal, ceux qui seront plus particulièrement attachés au service de la chambre d'instruction et du parquet.

Les tribunaux de commerce choisissent également leurs audienciers.

Tous les huissiers du même canton sont tenus de faire le

service des audiences et d'assister le juge de paix toutes les fois qu'ils en sont requis; les juges de paix choisissent leurs huissiers audienciers (Loi du 25 mai 1838, art. 16).

Les huissiers audienciers font exclusivement le service aux audiences, aux assemblées générales ou particulières, aux enquêtes, interrogatoires et autres commissions, ainsi qu'au parquet, s'il n'en a pas été décidé autrement (Décr. 30 mars 1808, art. 95. — Décr. 14 juin 1813, art. 20).

Ceux qui sont de service aux audiences s'y rendent une heure avant l'ouverture de la séance; ils prennent au greffe l'extrait des causes qu'ils doivent appeler, et veillent à ce que personne ne s'introduise dans la chambre du conseil sans s'être fait annoncer, à l'exception des membres de la Cour ou du tribunal. Ils maintiennent la police des audiences sous les ordres du président (Décr. 30 mars 1808, art. 96).

ARTICLE 66.

Les Cours d'appel pourront fixer le lieu de la résidence pour tous les huissiers de leur ressort, et la changer sur la réquisition du procureur général.

Le service des huissiers des tribunaux de première instance sera réglé par une délibération de chaque tribunal pour son arrondissement.

La fixation du lieu de la résidence des huissiers appartient maintenant aux tribunaux de première instance (Décret du 14 juin 1813. — Voir art. 84 ci-dessus).

ARTICLE 67.

Les huissiers n'ont aucun traitement fixe; il leur est seulement accordé des salaires à raison des actes confiés à leur ministère.

En matière criminelle, correctionnelle ou de simple police, les huissiers audienciers n'ont rien à prétendre pour les appels de cause.

ARTICLE 68.

Les dispositions du décret du 17 mars 1809, concernant les six huissiers attachés à la Cour de justice criminelle du département de la Seine, continueront d'être exécutées à l'égard des huissiers qui seront attachés au service criminel près notre Cour d'appel de Paris, jusqu'à ce qu'il en soit autrement ordonné.

ARTICLE 69.

En exécution de l'art. 120 du décret du 6 juillet 1810, le ministre de la justice, après avoir pris l'avis des Cours qui lui transmettront leurs délibérations, présentera d'ici au 1er janvier 1812, un rapport :

Sur l'organisation en communauté des huissiers résidant et exploitant dans chaque arrondissement communal ;

Sur le nombre des huissiers qui doivent être attachés au service des audiences de nos Cours et tribunaux ;

Sur les indemnités qu'il pourra y avoir lieu d'accorder aux huissiers audienciers pour leur service particulier ;

Sur un règlement de police et de discipline nécessaire pour tous ;

Et sur l'établissement d'une bourse commune entre tous les membres de chaque communauté d'arrondissement.

Le rapport dont il est question dans cet article a été présenté et a servi de base au décret du 14 juin 1813, portant règlement sur l'organisation et le service des huissiers.

ARTICLE 70.

Lorsqu'il n'aura pas été délivré au ministère public des expéditions des actes ou jugements à signifier, les significations seront faites par les huissiers, sur les minutes qui leur seront confiées par les greffiers, sur leur récépissé, à la charge par eux de les rétablir au greffe, dans les vingt-quatre heures qui suivront la signification, sous peine d'y être contraints par corps, en cas de retard.

Lorsqu'un acte ou jugement aura été remis en expédition au ministère public, la signification sera faite sur cette expédition, sans qu'il en soit délivré une seconde pour cet objet.

Les copies de tous les actes, arrêts, jugements et pièces à signifier, seront toujours faites par les huissiers ou par leurs scribes.

Lorsque les condamnés résident dans le ressort du tribunal, le ministère public ne doit pas requérir du greffier la délivrance d'expéditions pour faire signifier les jugements ; l'huissier, chargé de signifier, doit copier les jugements au greffe sur les minutes mêmes, et, en sa qualité d'officier ministériel, il peut, aussi bien que le greffier, ajouter à la copie du jugement la formule nécessaire pour rendre ces jugements exécutoires (Circ. 16 août 1842, n° 8 ; — 26 nov. 1845; — 23 janv. 1855).

Cette mesure doit être étendue aux jugements de simple police. Comme la copie faite par l'huissier sur la minute du jugement dispense de lever une expédition, toute autre manière de procéder doit être interdite (Circ. 26 déc. 1845).

La signification sur la minute ne doit, en général, avoir lieu que quand elle est faite par les huissiers résidant au lieu où siège le tribunal (Dalmas, p. 174).

Les circulaires des 26 nov. et 26 déc. 1845 imposent aux huissiers des déplacements dont il ne leur est pas tenu compte. Cette mesure a été prise dans l'intérêt des greffiers auxquels il répugnait de confier leurs minutes, même sur récépissé. Il eut été équitable d'allouer aux huissiers une légère augmentation de salaire.

Les copies des actes signifiés doivent être correctes et lisibles, à peine de 25 francs d'amende, ainsi qu'il résulte du décret du 29 août 1813.

Lorsque dans une affaire il y a un grand nombre d'accusés, on peut, par mesure d'économie, faire imprimer pour les notifications l'arrêt de renvoi et l'acte d'accusation. Cette impression, préalablement autorisée par le ministre de la justice, est faite par les soins du procureur général et aux frais du Trésor, sauf recouvrement. On ne saurait, pour charger les huissiers de pourvoir à cette impression, se fonder sur l'art. 70 du décret de 1811, qui n'a pour but que de prévenir entre les huissiers et les greffiers les conflits qui se sont parfois produits avec les avoués à l'égard des copies de pièces (Décis. 16 avril 1849).

ARTICLE 71.

Les salaires des huissiers, pour tous les actes de leur ministère résultant du Code d'instruction criminelle et du Code pénal, sont réglés et fixés ainsi qu'il suit:

1° Pour toutes citations, significations, notifications, communications, et mandats de comparution, dans les cas prévus par les art. 19, 34, 72, 81, 91, 97, 109 114, 116, 117, 128, 129, 130, 131, 135, 145, 146, 149, 151, 153, 157, 158, 160, 162, 174, 177, 182, 185, 186, 187, 188, 190, 199, 203, 205, 212, 213, 214, 229, 230, 231, 242, 266, 269, 281, 292, 303, 321, 354, 355, 356, 358, 389, 394, 396, 397, 398, 415, 418, 421, 452, 454, 456, 466, 479, 487, 492, 500, 507, 517, 519, 528, 531, 532, 538, 546, 547, 548 *et* 567 *du Code d'instruction criminelle, pour l'original seulement :*

A Paris.. 1 fr. »
Dans les villes de 40,000 habitants et au-dessus. » 75
Dans les autres villes et communes.......... » 50

Toute citation ou signification faite à la requête de l'administration des finances et qui aurait pour objet des poursuites dirigées à l'occasion du recouvrement des frais de justice à opérer sur les condamnés, est à la charge de cette administration, conformément à l'ordonnance du 3 novembre 1819 et à la circulaire du 7 décembre suivant.

Toutes les citations, significations, etc., faites dans l'intérêt des régies, administrations, établissements publics ou des communes, soit à leur requête, soit même d'office, sont à leur charge, conformément à l'article 158 du décret du 18 juin 1811.

Cependant lorsqu'un jugement par défaut, rendu sur les poursuites de la partie civile, a prononcé la peine d'emprisonnement, le ministère public doit lui-même notifier ce jugement sans attendre les diligences de la partie civile (Déc. 17 février 1844).

On ne doit passer en taxe qu'un seul original pour tous les témoins cités dans la même affaire et le même jour, lorsqu'ils demeurent dans la même commune ou dans les communes voisines, et un seul original pour tous les prévenus auxquels des citations sont données dans de semblables circonstances (Circ. 16 août 1842, § 16. — Inst. gén.).

De même, une seule indemnité de voyage doit être accordée à l'huissier qui a fait, le même jour, dans la même commune, plusieurs actes en matière criminelle (Circ. 22 janv. 1846 ; — Décret du 14 juin 1813, art. 35. — V. *supra*, art. 91).

Tous les actes des gardes forestiers dans lesquels ils remplacent les huissiers, seront taxés comme ceux faits par ces officiers ministériels.

En Algérie, en cas de nécessité, les fonctions d'huissier peuvent être provisoirement confiées aux commandants de brigade de gendarmerie. Lorsque les brigadiers instrumentent à la requête du ministère public, des administrations publiques ou des particuliers, ils auront droit aux mêmes frais de transport et émoluments que les huissiers (Décr. 13 déc. 1879).

En France les gendarmes peuvent, en cas d'urgence être requis, de donner citation, mais il ne leur est rien alloué pour ce service bien que tout service mérite salaire.

Il ne faut également allouer, dans chaque affaire, qu'un seul original pour la notification de la liste des jurés faite, conformément à l'art. 394 du Code d'instruction criminelle, aux accusés qui doivent être jugés le lendemain ; il convient, en pareil cas, de notifier la liste telle qu'elle a été formée par le président des assises, ce qui rend superflue la notification de la liste des jurés supplémentaires qui peuvent être appelés, soit au commencement, soit pendant le cours de la session, pour compléter le jury. Cette notification faisant connaître aux accusés le jour où ils doivent être jugés, tout autre acte qui aurait le même objet est inutile et frustratoire (Instr. gén.).

Quant aux mandats, quelle qu'en soit la nature, on doit faire et passer en taxe un original pour chacun des individus auxquels ils sont notifiés.

On doit s'abstenir de notifier :

1° Les ordonnances portant renvoi en police correctionnelle ou en simple police. Dans ce cas la citation donnée au prévenu suffit ;

2° Les jugements préparatoires ou interlocutoires ;

3° Les ordonnances, jugements ou arrêts portant renvoi des poursuites, absolution ou acquittement des prévenus ou accusés, sauf, lorsqu'il y a appel ou pourvoi en cassation de la part du ministère public, à notifier cet appel ou ce pourvoi aux individus absous ou acquittés ;

4° Les jugements correctionnels portant condamnation, lorsqu'ils sont contradictoires ;

5° Les jugements de simple police ne prononçant pas de peine d'emprisonnement.

Ces jugements ne doivent être signifiés qu'aux condamnés qui ont refusé d'acquiescer à un avertissement préalable du percepteur. Les mémoires des huissiers doivent toujours faire mention de l'avertissement et de ce refus, si non le coût de la signification ne doit pas être admis en taxe (Circ. 15 déc. 1833 ; — 16 août 1842 ; — 26 décembre 1845 ; — 18 janv. 1855).

Cette disposition rend l'huissier responsable d'une faute qu'il n'a pas commise ; comment peut-il s'assurer qu'un avertissement a été donné?

Les jugements en matière de contravention pour ivresse doivent toujours être signifiés lorsqu'ils sont prononcés par défaut ou susceptibles d'appel.

6° Les arrêts de la Cour de cassation qui intéressent des individus détenus. On doit se borner à leur donner connaissance de ces arrêts dans la forme indiquée par le deuxième paragraphe de l'art. 418 du Code d'instruction criminelle ; mais si les individus qui ont été l'objet des poursuites sont en liberté, et que la Cour de cassation, en annulant la décision qui les concerne, les ait renvoyés devant d'autres juges, il est indispensable de leur notifier l'arrêt rendu à ce sujet.

Il n'en est pas de même lorsque la Cour de cassation statue sur une demande en règlement de juges. L'arrêt qui ordonne un *soit-*

communiqué doit être signifié par huissier (Art. 531 C. I. Cr.), de même aussi pour l'arrêt rendu ou après un *soit-communiqué*, ou sur une opposition (Art. 538 C. I. Cr.).

7° Les copies de pièces qui sont délivrées gratuitement aux accusés (Inst. gén.).

L'ordonnance du juge d'instruction qui renvoie devant la Chambre des mises en accusation, doit être notifiée par le greffier, dans les vingt-quatre heures, au prévenu détenu. Elle est signifiée par huissier au prévenu non détenu (Art. 135 C. inst. crim. — Cass. 9 fév. 1866).

D'après les art. 147 et 153 du Code d'instruction criminelle, les p arties et les témoins peuvent comparaître devant les tribunaux de police sur un simple avertissement, sans qu'il soit besoin de citation. Ce moyen économique doit être mis en usage le plus fréquemment possible. Les magistrats de simple police ne devront y renoncer que lorsqu'ils auront des motifs de croire que l'inculpé ou les témoins n'obtempéreraient pas à leur avertissement. Mais le défaut ne pourrait être donné lorsque le prévenu et les personnes civilement responsables n'ont reçu qu'un simple avertissement (Inst. gén. — Circ. 26 déc. 1845; — 17 avril 1847).

La notification des extraits de la liste du jury doit être faite par la gendarmerie conformément à l'art. 133 de la loi du 28 germinal an VI. Cependant, lorsque le ministère des huissiers paraît *indispensable* à raison de quelque circonstance extraordinaire, seul cas où il faut l'employer, les citations doivent être données par les huissiers des divers cantons où résident les jurés. L'huissier étant tenu de faire pour chacun des jurés un procès-verbal de notification, il s'ensuit qu'on doit lui passer en taxe un original pour chaque notification individuelle (Dalmas, p. 183. — Inst. gén.)

2° Pour chaque copie des actes ci-dessus désignés :

A Paris. . . . . » fr. **75**

Dans les villes de 40,000 habitants et au-dessus. » **60**

Dans les autres villes et communes. . . . . » **50**

Contrairement à la règle posée dans l'instruction générale, art. 59, M. de Dalmas estime que, lorsqu'il s'agit de faire la

notification prescrite par l'art. 389 du Code d'instruction criminelle (celle relative aux jurés), la notification au domicile du juré
absent ne suffit pas, même quand elle est reçue par les parents
ou serviteurs de la personne citée ; il faut en outre qu'elle soit
faite au domicile du maire. Cette nécessité a été reconnue par la
chancellerie (Dalmas, p. 158, 2ᵐᵉ partie).

Si l'agent chargé de la notification ne trouve au domicile du
juré convoqué personne pour la recevoir, les deux copies doivent
être laissées au maire.

Lorsqu'un huissier est chargé de faire une notification à une
personne dont le domicile actuel est inconnu, deux copies doivent
être allouées ; une doit être affichée à la principale porte du tribunal ; l'autre est remise au parquet en faisant viser l'original
(Art. 69, n° 8, Code de proc. civile. — Cass. 8 avril 1826).

*3° Pour l'exécution des mandats d'amener, dans les cas
prévus par les articles 40, 61, 80, 91, 92, 237, 269, 355,
361 et 462 du Code d'instruction criminelle, y compris l'exploit de signification et la copie :*

A Paris...	8 ᶠʳ. »
Dans les villes de 40,000 habitants et au-dessus..	6 »
Dans les autres villes et communes............	5 »

*4° Pour l'exécution des mandats de dépôt, aux cas prévus
par les articles 34, 40, 61, 86, 100, 193, 214, 237, 248 et
490 du Code d'instruction criminelle, y compris l'exploit de
signification et la copie :*

A Paris........................	5 ᶠʳ. »
Dans les villes de 40,000 habitants et au-dessus..	4 »
Dans les autres villes et communes............	3 »

L'exécution même forcée des mandats d'amener et de dépôt ne
donne jamais lieu aux droits de capture. Ils sont dus pour le
mandat d'arrêt, qui, dès lors, ne doit être délivré qu'autant qu'il
paraît indispensable. Les droits de capture ne sont dus qu'en cas
d'exécution forcée des jugements et des arrêts ; ils doivent être
refusés quand la personne incarcérée se trouvant déjà sous la
main de justice ou quand elle s'est présentée volontairement, soit

pour obéir au mandat d'amener décerné contre elle, soit pour subir la peine à laquelle elle a été condamnée (Circ. 16 août 1842, § 17. — Art. 74, *supra*).

M. de Dalmas pensait que le salaire fixé par le paragraphe 4 doit toujours être payé, même lorsque le mandat est lancé contre des individus déjà arrêtés et qu'il n'y a lieu qu'à une simple notifidation, soit conformément au tarif contenu dans le paragraphe 4 de l'art. 71, quand il n'a pas été précédé d'un mandat d'amener, soit d'après l'art. 73 dans les circonstances prévues par l'art. 5 du décret du 7 avril 1813. Une circulaire du 22 avril 1850 a tranché cette question.

Lorsqu'un inculpé est déjà arrêté d'une manière quelconque, l'exécution du mandat de dépôt ne donnant lieu qu'à une simple notification, l'huissier ne doit recevoir que le salaire déterminé pour ces sortes d'actes. Lorsque l'inculpé n'est pas en état d'arrestation, ou lorsqu'il s'agit d'exécuter un mandat de dépôt décerné contre un individu qui se trouve en présence de la justice, sans être cependant en état d'arrestation, tel, par exemple que le témoin dont la déposition paraît fausse, ou tel que le prévenu d'un délit commis à l'audience, il y a signification de l'acte, et de plus, capture, arrestation de la personne, c'est-à-dire exécution, complète du mandat. L'huissier a droit alors au salaire fixé pour l'exécution du mandat de dépôt.

On ne doit pas allouer aux gendarmes de droit pour l'exécution des mandats d'amener et de dépôt (Circ. 17 nov. 1818 ; — Décret 7 avril 1813, art. 6, § 1er).

5° Pour la capture de chaque prévenu, accusé ou condamné, en exécution d'un mandat d'arrêt, ordonnance de prise de corps, arrêts ou jugements quelconques emportant saisie de la personne, y compris l'exploit de signification, la copie et le procès-verbal de perquisition, lors même qu'il s'agirait de l'exécution d'un seul mandat d'arrêt, ordonnance de prise de corps, arrêts ou jugements, qui concerneraient plusieurs individus, et dans les cas prévus par les articles 80, 94, 109, 110, 134, 157, 193, 214, 231, 232, 237, 239, 343, 355, 361, 452, 454, 456, 500 et 522 du Code d'instruction criminelle, et par les articles 46 et 52 du Code pénal, savoir :

A Paris. . . . . 21 fr. „

Dans les villes de 0,000 4habitants et au-dessus. 18   „

Dans les autres villes et communes. 15   „

Le décret du 7 avril 1813, art. 6, a fixé d'une manière uniforme le salaire alloué aux huissiers et agents de la force publique pour la capture des prévenus accusés ou condamnés. Cet article est ainsi conçu :

DÉCRET DU 7 AVRIL 1813, ART. 6. — *Le droit à allouer aux huissiers, gendarmes, gardes champêtres ou forestiers, ou agents de police, suivant le mode et dans les cas prévus par les art. 71, n° 5, et 77 du règlement, demeure fixé de la manière suivante :*

1° Pour capture ou saisie de la personne, en exécution d'un jugement de simple police, sans qu'il puisse être alloué aucun droit de perquisition,

A Paris. . . . . 5 fr. „

Dans les villes de 40,000 habitants et au-dessus.. 4   „

Dans les autres villes et communes. 3   „

2° Pour capture, en exécution d'un mandat d'arrêt ou d'un jugement ou arrêt en matière correctionnelle, emportant peine d'emprisonnement,

A Paris. . . . . 18 fr. „

Dans les villes de 40,000 habitants et au-dessus.. 15   „

Dans les autres villes et communes. 12   „

3° Pour capture en exécution d'une ordonnance de prise de corps ou arrêt portant la peine de la réclusion,

A Paris . . . . 21 fr. „

Dans les villes de 40,000 habitants et au-dessus.. 18   „

Dans les autres villes et communes. 15   „

4° Pour capture en exécution d'un arrêt de condamnation aux travaux forcés ou à peine plus forte,

A Paris. . . . . 30 fr. „

Dans les villes de 40,000 habitants et au-dessus.. **25** fr. »

Dans les autres villes et communes............ **20**   »

ORDONNANCE DU 6 AOUT 1823, ART. 1. — *La capture d'un individu condamné à un emprisonnement n'excédant pas cinq jours ne donne droit, pour l'huissier ou l'agent de la force publique qui l'a opérée, qu'à la taxe fixée par le n° 1 de l'art. 6 du Décret du 7 avril 1813, soit que l'emprisonnement ait été ordonné par un jugement, soit qu'il l'ait été par un arrêt (Voir art. 77 supra.)*

Cette disposition a été confirmée par le décret sur l'organisation de la gendarmerie, en date du 18 février 1863, art. 287.

Les condamnés doivent être invités à se constituer prisonniers dans un délai déterminé ; il n'y a lieu de délivrer l'extrait de jugement pour la capture que lorsqu'il n'a pas été obtempéré à cette invitation dans le délai fixé (Circ. 1er avril 1854).

Un exécutoire complémentaire doit être requis afin d'obtenir du condamné le remboursement du droit de capture (Circ. 29 avril 1853).

Les frais de capture d'un condamné pour colportage de poudre incombent au ministère de la justice, mais le coût de l'extrait de jugement délivré pour l'incarcération est à la charge de l'administration qui est intervenue dans l'instance comme partie civile (Décis. 14 janv. 1869).

Les frais d'incarcération de la personne du failli, dont le dépôt à la maison d'arrêt a été ordonné par jugement du tribunal de commerce, sont payés par les syndics de la faillite ou avancés par le Trésor public sur ordonnance du juge-commissaire (Circ. 8 juin 1838. — Art. 461 C. C.)

Il est dû pour les captures des faillis, le salaire déterminé pour les captures faites en exécution de mandats d'arrêt ou de jugements correctionnels, c'est-à-dire 12 francs (Circ. 9 juin 1829).

La capture pour exercice de la contrainte par corps, ne donne droit aux gendarmes qui l'ont opérée qu'à la taxe fixée par le n° 1 de l'art. 6 du décret du 7 avril 1813 (Ord. 19 janv. 1846).

Bien que l'ordonnance du 19 janvier 1846 ne parle que des

gendarmes, elle s'applique également aux agents de la force publique et aux agents de police qui sont assimilés à ces militaires, tant par l'art. 71 n° 5 du règlement, que par l'art. 6 du décret du 7 avril 1813 (Dalmas p. 168, 2ᵉ partie).

La différence de la taxe suivant la juridiction qui a prononcé la condamnation n'existe plus pour l'exercice de la contrainte par corps qu'à l'égard des huissiers.

Les frais résultant de l'exercice de la contrainte par corps sont à la charge de l'administration chargée du recouvrement.

La capture d'un forçat ou de tout autre condamné adulte évadé d'un des établissements pénitentiaires dépendant du ministère de la marine ou de l'intérieur donne droit aux gendarmes à une prime de 50 francs, quel que soit le lieu de la détention et de l'arrestation.

La même prime de 50 fr. est accordée dans le cas où l'évasion aurait eu lieu pendant le transfèrement opéré sous la conduite des agents du service des transports cellulaires (Décr. du 19 sept. 1866, art. 283, 284, 285, 286, modifié par le décret du 27 août 1877).

Ces frais de capture sont ordonnancés par les agents du ministère de la marine ou par les préfets.

Les mémoires des gendarmes qui ont des frais de capture à réclamer sont exempts du timbre comme rentrant dans la catégorie des écritures concernant les gens de guerre (Solution de l'adm. de l'enregist. 7 mars 1878).

6° Pour l'extraction de chaque prisonnier, sa conduite devant le juge et sa réintégration dans la prison :

A Paris.	» fr.	**75**
Dans les villes de 40,000 habitants et au-dessus.	»	**60**
Dans les autres villes et communes	»	**50**

Il est dû un salaire aux huissiers pour l'extraction de chaque détenu, sa conduite devant le juge et aux débats, et sa réintégration dans la prison. Ce droit n'est dû qu'une seule fois dans le même jour pour chaque prévenu ou accusé (Circ. 16 août 1842, n° 21).

Le droit d'extraction n'est pas dû pour la translation d'un prévenu d'une prison dans une autre.

L'huissier n'a droit à aucun salaire pour l'extraction d'un condamné à mort qui va subir sa peine, ni pour la conduite au greffe du tribunal d'un détenu qui veut faire une déclaration d'appel ou de pourvoi en cassation (Décis. 27 juin 1817).

D'après l'expression générale le *prisonnier*, dont on s'est servi dans la rédaction du présent paragraphe, il est hors de doute que le droit d'extraction est dû, non seulement pour les détenus qui sont conduits devant le juge à l'effet d'être interrogés sur les faits qui leur sont imputés, mais encore pour tout autre prisonnier, quelle que soit la cause de sa détention, qui doit comparaître en justice pour fournir des renseignements sur une affaire à laquelle il est étranger (Dalmas, p. 199).

La gendarmerie peut être requise pour prêter main-forte aux huissiers. D'après une circulaire du 30 juillet 1828, les gendarmes et non les huissiers doivent être chargés de mettre et d'ôter les menottes aux accusés, pour les conduire de la maison de justice à l'audience et pour les reconduire en prison, lorsque cette précaution est jugée nécessaire. Cette décision, dit M. de Dalmas, est fondée sur ce que les gendarmes étant responsables de l'évasion, ils doivent être seuls juges des moyens à employer pour la prévenir.

Ainsi les gendarmes sont responsables de l'évasion et ne touchent aucun salaire, tandis que l'huissier, dont l'assistance est inutile, touche un salaire. C'est une étrange anomalie; la rémunération devrait être attribuée à l'agent qui rend le service.

En fait, la gendarmerie est requise dans la plupart des cas, car elle seule présente des garanties de sécurité. Aussi dans sa circulaire du 14 août 1876, n° 5, le garde des sceaux recommandait-il de confier le service des extractions aux gendarmes, qui n'ont droit à aucune rétribution pour l'exécution des mesures coercitives, et de n'accorder ce droit aux huissiers que lorsqu'ils remplissent effectivement et personnellement leur office.

Sur les observations présentées par le ministre de la guerre, le garde des sceaux a donné de nouvelles instructions par circulaire en date du 12 septembre 1877.

A l'avenir, le service d'extraction ne pourra être confié à la gendarmerie que dans le cas seulement où, si un huissier était chargé de ce service, la main-forte serait indispensable et devrait être re-

quise, par exemple, si les détenus à extraire sont des hommes
valides, robustes ou signalés comme dangereux. D'une part, la présence d'un huissier ferait double emploi et entraînerait des frais
inutiles ; d'autre part, le service de la gendarmerie ne se trouvera
pas augmenté, puisqu'en pareille éventualité la main-forte serait
requise, quel que fût le procédé suivi. L'extraction se confondant
avec la main-forte dans une seule et même action, les gendarmes
n'auront pas droit à l'indemnité aux lieu et place des huissiers.

Dans tous les cas, au contraire, où la main-forte de la gendarmerie ne sera pas nécessaire, par exemple, s'il s'agit de femmes,
d'enfants, d'hommes âgés, faibles ou infirmes, le service des extractions sera fait exclusivement par les huissiers.

Les huissiers et la gendarmerie ne seront, dès lors, jamais
employés simultanément pour l'extraction des détenus (Circ.
12 sept. 1877).

Il est bien difficile de se conformer exactement dans la pratique
à ces instructions. Les rédacteurs de la circulaire paraissent avoir
prévu les protestations et les résistances qui se produiront, car on
a cru devoir inviter les gendarmes à signaler les abus.

« Les réquisitions adressées à la gendarmerie, en vue d'extractions, devront mentionner lisiblement le nom du magistrat requérant, et détailler les motifs qui s'opposent à ce que le service soit
confié à un huissier. M. le ministre de la guerre, a prescrit que la
copie des réquisitions auxquelles il aura été déféré soit transmise,
par la voie hiérarchique, au chef de légion, et soumise, s'il y a
lieu, à l'administration centrale de son département. qui, exerçant
la plus active surveillance sur cette partie du service, signalera à
la chancellerie tout abus qui se produira.'

« Les gendarmes ne devront être re   us au parquet ou à la
chambre d'instruction que pendant le temps rigoureusement nécessaire. » (Circ. 12 sept. 1877.)

Il est désirable pour la bonne exécution du service et pour la
dignité des magistrats que ces prescriptions ne soient pas maintenues.

*7° Pour le procès-verbal de perquisition dont il est fait
mention dans l'article 109 du Code d'instruction criminelle,
et qui n'est pas suivi de capture, y compris l'exploit de si-*

gnification et la copie du mandat d'arrêt, de l'ordonnance de prise de corps ou de l'arrêt ou jugement qui auront donné lieu à la perquisition, savoir :

A Paris . . . . 6 fr. »
Dans les villes de 40,000 habitants et au-dessus . . 4   »
Dans les autres villes et communes 3   »

Voir les articles 75 et 76 ci-après.

8° Pour la publication à son de trompe ou de caisse et les affiches de l'ordonnance qui, aux termes des articles 465 et 466 du Code d'instruction criminelle, doit être rendue et publiée contre les accusés contumax, y compris le procès-verbal de la publication, savoir :

A Paris . . . . 18 fr. »
Dans les villes de 40,000 habitants et au-dessus. 15   »
Dans les autres villes et communes 12   »

Si les publications et affiches se font dans deux communes et par deux huissiers différents, chacun des deux huissiers qui en seront chargés ne recevra que la moitié de la taxe (V. art 80, *supra*).

L'ordonnance rendue par le président d'avoir à se représenter dans un délai de dix jours doit être publiée à son de trompe ou de caisse, le dimanche qui suit sa date, et affichée à la porte du dernier domicile de l'accusé, à celle du maire et à celle de l'audience de la Cour d'assises (Art. 466 C. I. C.).

L'affichage doit avoir lieu à la porte du domicile du maire et non à la mairie. L'original est visé par le maire (Cass. 24 juin 1833).

Lorsque le contumax n'a pas de domicile connu en France, l'ordonnance du président de la Cour d'assises doit être non seulement notifiée, mais affichée à la porte principale de la Cour d'assises, conformément à l'art. 69, § 8, du Code de procédure civile (Cass. 17 janv. 1862).

En outre du salaire accordé à l'huissier pour la publication et l'affichage, il est alloué par le n° 1 de l'art. 71, un droit pour la notification ; ces deux salaires se cumulent, mais il ne peut y avoir lieu qu'à un seul droit de transport.

L'article 472 du Code d'instruction criminelle ordonne que l'extrait de l'arrêt de condamnation intervenu contre un contumax sera affiché : 1° à la porte du dernier domicile du condamné ; 2° de la maison commune du chef-lieu d'arrondissement ou le crime a été commis ; 3° du prétoire de la Cour d'assises. Il est dressé un procès-verbal constatant l'accomplissement de ces formalités.

Le salaire des huissiers, tant pour l'apposition des trois extraits de jugements de condamnation exigés par l'art. 472 que pour la rédaction de chacun des procès-verbaux constatant cette formalité, est fixé : à Paris, 3 fr. ; 2 fr. 50 dans les villes de plus de 40,000 habitants et 2 fr. ailleurs.

Dans le cas de transport à plus de 2 kilomètres, ces officiers ministériels recevront l'indemnité de voyage fixée par l'art. 91 du règlement.

Cette dépense fera l'objet soit d'un mémoire spécial revêtu des formalités ordinaires, soit d'un article séparé dans les mémoires des frais de justice criminelle fournis par les huissiers (Arrêté réglementaire, 15 avril 1850).

9° Pour la lecture de l'arrêt de condamnation à mort, dont il est fait mention dans l'article 13 du Code pénal :

A Paris . . . . 30 fr. »

Dans les villes de 40,000 habitants et au-dessus 24 »

Dans les autres villes et communes . . . . 18 »

10° Pour le salaire particulier des scribes employés pour les copies de tous les actes dont il est fait mention ci-dessus, et de toutes les autres pièces dont il doit être donné copie, et ce pour chaque rôle d'écriture de trente lignes *à la page et de* dix-huit *à* vingt syllabes *à la ligne, non compris le premier rôle :*

A Paris . . . . » fr. 50

Dans les villes de 40,000 habitants et au-dessus » 40

Dans les autres villes et communes . . . . » 30

Il ne doit être donné copie avec les citations que des procès-verbaux qui font foi jusqu'à inscription de faux et des pièces dont la loi ordonne expressément de donner copie. Ainsi il doit être donné copie des procès-verbaux dressés en matière de pêche, de contributions indirectes, de douanes, de forêts et autres, qui intéressent les différentes administrations publiques.

Puisque les huissiers sont obligés de retrancher le premier rôle, ils n'ont évidemment rien à réclamer lorsque la copie qu'ils signifient n'a pas plus d'un rôle ; ils ne peuvent alors compter d'autres droits que ceux de l'exploit et des copies de l'exploit.

Les huissiers doivent énoncer dans leurs mémoires que le premier rôle de tous leurs actes n'a pas été compris dans le nombre de ceux pour lesquels ils réclament un salaire (Instr. gén.).

Lorsque, *dans la même affaire*, il y a lieu de signifier *en même temps* les copies de plusieurs pièces qui, prises séparément, ne fourniraient pas chacune un rôle, il convient d'allouer à l'huissier le nombre de rôles que donnent toutes les copies réunies, déduction faite du premier (Décis. 21 nov. 1827).

En l'absence d'une disposition précise pour ce qui concerne les rôles simplement commencés, il y a lieu d'adopter une règle analogue à celle qu'établit l'article 92, relativement aux distances, c'est-à-dire, de ne rien allouer pour les fractions inférieures à un demi-rôle, mais passer en taxe les rôles et demi-rôles complets (Circ. 9 mars 1825 ; — 8 nov. 1825).

Il ne doit être passé en taxe aux huissiers pour chaque copie de l'exploit de signification aux accusés de la liste des jurés, que *deux* rôles de copie *dont le premier ne se paie pas* (Circ. 4 nov. 1834).

Un seul original suffit et peut être passé en taxe pour la notification de la liste des jurés d'une même session (Circ. 14 mars 1814).

On ne doit pas allouer de rôle de copie pour la signification de la liste des témoins qui ne contient pas plus de 15 noms. Un rôle est accordé lorsqu'elle contient de 16 à 45 noms ; deux rôles, lorsqu'elle en contient de 46 à 75 ; trois rôles, lorsqu'elle en contient de 76 à 105 et ainsi de suite (Décis. 12 nov. 1819).

Les jugements de simple police doivent être rédigés avec une concision telle qu'ils ne donnent lieu en général qu'à deux rôles

d'expédition et *exceptionnellement* à trois. Dans la vérification des
mémoires produits par les greffiers et par les huissiers, il ne sera
alloué que deux rôles au plus pour l'expédition de ces jugements,
à moins que, par un avis motivé, le juge de paix ne fasse connaître qu'il y a eu nécessité de dépasser ce nombre (Circ. 18 janv.
1855).

*11° Pour assistance à l'inscription de l'écrou, lorsque le
prévenu se trouve déjà incarcéré, et pour la radiation de
l'écrou dans tous les cas :*

A Paris. . . . .   1 fr.   »
Dans les villes de 40,000 habitants et au-dessus   »   75
Dans les autres villes. . . . .   »   50

Dans aucun cas, le ministère des huissiers ne sera requis à
l'avenir ni pour l'inscription, ni pour la radiation de l'écrou des
prévenus, accusés ou condamnés (Circ. 10 mars 1855).

ARTICLE 72.

*Il ne sera alloué aucune taxe aux agents de la force pu-
blique pour raison des citations, notifications et significations
dont ils seront chargés par les officiers de police judiciaire
et par le ministère public.*

Décret du 1ᵉʳ mars 1854, Art. 105. — « Les mandements de
» justice peuvent être notifiés aux prévenus et mis à exécution par
» les gendarmes.

» Art. 107. — La gendarmerie ne peut être employée à porter
» des citations aux témoins appelés devant les tribunaux que dans
» le cas d'une nécessité urgente et absolue. Il importe que les
» militaires de cette arme ne soient point détournés de leurs fonc-
» tions pour ce service, lorsqu'il peut être exécuté par les huis-
» siers et autres agents.

» Art. 108. — La notification des citations adressées aux jurés,
» appelés à siéger dans les hautes Cours de justice et dans les
» Cours d'assises, est une des attributions essentielles de la gen-
» darmerie. Cette notification a lieu sur la réquisition de l'auto-
» rité administrative. »

ARTICLE 73.

Si un mandat d'amener et un mandat de dépôt ont été décernés dans les mêmes vingt-quatre heures contre le même individu, et par le même magistrat, il n'y aura pas lieu de cumuler et d'allouer aux huissiers la taxe ci-dessous établie pour l'exécution des deux mandats ; mais audit cas, il leur sera alloué pour toute taxe, savoir :

A Paris	10 fr. »
Dans les villes de 40,000 habitants et au-dessus.	8 »
Dans les autres villes et communes	6 »

Cet article a été modifié.

DÉCRET DU 7 AVRIL 1813, ART. 5. « Lorsqu'un mandat d'ame-
» ner sera suivi d'un mandat de dépôt, et que l'un et l'autre auront
» été exécutés dans les mêmes vingt-quatre heures par le même
» huissier, il ne sera alloué à l'huissier, pour l'exécution de ces
» deux mandats, que le droit fixé par l'art. 73 du règlement, quand
» bien même les deux mandats n'auraient pas été décernés dans
» les mêmes vingt-quatre heures, ni par le même magistrat. »

ARTICLE 74.

Lorsque des individus contre lesquels il aura été décerné des mandats d'arrêt et ordonnances de prise de corps, ou rendu des arrêts ou jugements emportant saisie de la personne, se trouveront déjà arrêtés d'une manière quelconque, l'exécution des actes ci-dessus à leur égard ne sera payée aux huissiers qu'au taux réglé par le n° 1er de l'art. 71 pour les citations, notifications et significations.

Il en sera de même pour l'exécution des mandats d'amener, lorsque l'individu se trouvera arrêté, lorsqu'il se sera présenté volontairement, ou qu'il n'aura pu être saisi.

Voir art. 71, n°s 1, 2, 3 et circulaire du 22 avril 1850.

ARTICLE 75.

*Les huissiers ne dresseront un procès-verbal de perquisi-
tion qu'en vertu d'un mandat d'arrêt, ordonnance de prise
de corps, arrêt ou jugement de condamnation à peine afflic-
tive ou infamante, ou à l'emprisonnement.*

Les jugements de simple police ne peuvent donner lieu à aucun droit de perquisition ; il doit en être ainsi de tous les arrêts
et jugements qui ne prononcent que la durée des peines de simple police (Instr. gén.).

L'art. 109 du Code d'instruction criminelle n'autorise la perquisition qu'au sujet du prévenu contre lequel il a été décerné
un mandat d'arrêt ; et, pour les mandats de comparution et d'a-
mener, le même Code, art. 91 et 105, trace la marche qui doit
être suivie quand on n'a pu les mettre à exécution.

Les dispositions de cet article sont impératives. Il ne peut rien
être alloué en taxe pour des procès-verbaux dressés par un huissier, en dehors des cas déterminés par cet article (Décis. 5 juin
1855).

ARTICLE 76.

*Il ne sera payé, dans une même affaire, qu'un seul procès-
verbal pour chaque individu, quel que soit le nombre des
perquisitions qui auront été faites dans la même commune.*

On ne peut payer qu'un seul procès-verbal de perquisition
pour chaque individu, quel que soit le nombre des perquisitions
faites dans la même commune, lorsque c'est d'après le même
acte ou mandement de justice qu'elles ont lieu. Mais il doit en
être payé plus d'un, si les perquisitions ont été faites en vertu
d'actes différents (Instr. gén.).

ARTICLE 77.

*Si, malgré les perquisitions faites par l'huissier, le prévenu,
accusé ou condamné n'est point arrêté, une copie en forme*

du mandat d'arrêt, de l'ordonnance de prise de corps, de l'ar-
rêt ou jugement de condamnation, sera adressée au commis-
saire général de police, à son défaut au commandant de la
gendarmerie, et, à Paris, au préfet de police.

Le préfet, les commissaires-généraux de police et les com-
mandants de la gendarmerie donneront aussitôt à leurs subor-
donnés l'ordre d'assister les huissiers dans leurs recherches,
et de les aider de leurs renseignements.

Enjoignons aux agents de la force publique et de la police,
de prêter aide et main-forte aux huissiers, toutes et quantes
fois ils en seront par eux requis, et sans pouvoir en exiger
aucune rétribution, à peine d'être poursuivis et punis sui-
vant l'exigence du cas.

Néanmoins, lorsque des gendarmes ou agents de police,
porteurs de mandements de justice, viendront à découvrir,
hors la présence des huissiers, les prévenus, accusés ou
condamnés, ils les arrêteront, et les conduiront devant le ma-
gistrat compétent ; et, dans ce cas, le droit de capture leur
sera dévolu.

Ces droits de capture sont fixés par l'art. 6 du décret du
7 avril 1813 et l'art. 1er de l'Ordonnance du 6 août 1823 (V. *supra*,
art. 71, n° 5).

Le droit de capture n'est pas dû aux gendarmes qui ont opéré
l'arrestation d'individus frappés d'une condamnation, ou placés
sous le coup d'un mandat d'arrêt, lorsque l'arrestation n'a pas eu
pour cause le jugement ou le mandat (Décis. 8 oct. 1850).

Une copie du procès-verbal d'arrestation doit être produite en
même temps que le mémoire. Les agents de la force publique doivent avoir soin de mentionner la cause de la capture.

Par une circulaire du 12 août 1859, M. le ministre de la guerre
a rappelé que « les gendarmes doivent exécuter avec une égale
» promptitude les mandats d'amener et les mandats d'arrêt, bien
» que ces derniers seuls rapportent une prime ». La gendarmerie
se conforme exactement à cette circulaire avec un zèle et un désintéressement qu'on ne saurait trop louer. Une prime devrait

être accordée pour l'exécution du mandat d'amener, qui nécessite des recherches pénibles et parfois périlleuses.

Les mémoires des gendarmes qui ont des droits de capture à réclamer sont exempts du timbre comme rentrant dans la catégorie des écritures concernant les gens de guerre (Décis. adm. enreg. 7 mars 1878).

ARTICLE 78.

Le salaire des recors sera toujours à la charge des huissiers qui les auront employés.

ARTICLE 79.

Il en sera de même des frais pour la publication à son de trompe ou de caisse prescrite par l'article 466 du Code d'instruction criminelle.

Voir *supra*, art. 71, n° 8.

ARTICLE 80.

Lorsque les dites publications et affiches se feront dans deux communes différentes, chacun des deux huissiers, qui en seront chargés, ne recevra que la moitié de la taxe fixée par l'article 71, n° 8.

ARTICLE 81.

Les frais de voyage et de séjour des huissiers seront alloués ainsi qu'il sera dit dans le chapitre VIII ci-après.

ARTICLE 82.

Le ministère de la justice fera dresser et parvenir à nos procureurs des modèles des mémoires que les huissiers auront à fournir pour la répétition de leurs salaires, et les huissiers seront tenus de s'y conformer exactement, sous peine de rejet de leurs mémoires.

Les huissiers doivent comprendre dans le même mémoire tous

les actes et diligences qu'ils ont faits, pendant le même temps, soit en matière criminelle, correctionnelle ou de simple police (Circ. 21 nov. 1827).

On ne doit pas présenter à des dates très rapprochées, des mémoires ne comprenant qu'une seule catégorie d'actes et ne dépassant pas la somme de 10 francs, afin de s'affranchir de la formalité du timbre. Les mémoires doivent comprendre une période d'au moins trois mois et ne doivent pas être scindés par catégories d'actes (Circ. 30 sept. 1861 ; — 14 août 1876, n° 11).

Des mémoires particuliers et distincts doivent être dressés pour les actes et diligences faits à la charge des administrations ou des établissements publics (Décis. 12 mars 1819). De même aussi pour les frais d'assistance judiciaire.

Dans la rédaction du mémoire, il faut suivre l'ordre des dates (Circ. 21 févr. 1817).

ARTICLE 83.

Pour faciliter la vérification de la taxe des mémoires des huissiers, il sera tenu, au parquet de nos Cours et tribunaux, un registre des actes de ces officiers ministériels : on y désignera sommairement chaque affaire ; et en marge ou à la suite de cette désignation, on relatera, par ordre de dates, l'objet et la nature des diligences, à mesure qu'elles seront faites, ainsi que le montant du salaire qui y est affecté.

Nos procureurs examineront en même temps les écritures, afin de s'assurer qu'elles comprennent le nombre de lignes à la page et de syllabes à la ligne prescrit par l'article 71 n° 10, et ils réduiront au taux convenable le prix des écritures qui ne seraient pas dans la proportion établie par ledit article.

ARTICLE 84.

Nos procureurs et les juges d'instruction ne pourront user, si ce n'est pour causes graves, de la faculté qui leur est accordée par la loi du 5 pluviôse an XIII, de charger un huissier d'instrumenter hors du canton de sa résidence ; ils seront tenus d'énoncer ces causes dans leur mandement, lequel contiendra, en outre, le nom de l'huissier, la désignation du nombre et de la nature des actes, et l'indication du lieu où ils devront être mis à exécution. Le mandement sera toujours joint au mémoire de l'huissier.

Extrait du Décret du 14 juin 1813.

§ II. *De la résidence des Huissiers.*

15. Les huissiers audienciers seront tenus, à peine d'être remplacés, de résider dans les villes où siègent les cours et tribunaux près desquels ils devront faire respectivement leur service.

16. Les huissiers ordinaires seront tenus, sous la même peine, de garder la résidence qui leur aura été assignée par le tribunal de première instance.

17. La résidence des huissiers ordinaires sera, autant que faire se pourra, fixée dans les chefs-lieux de canton.

18. Si des circonstances de localité ne permettent point l'établissement d'un huissier ordinaire au chef-lieu du canton, le tribunal de première instance le fixera dans l'une des communes les plus rapprochées du chef-lieu.

19. Dans les communes divisées en deux arrondissements de justice de paix ou plus, chaque huissier ordinaire sera tenu de fixer sa demeure dans le quartier que le tribunal de première instance jugera convenable de lui indiquer à cet effet.

§ III. *Attributions des huissiers. — Droit d'exploiter.*

28. Tous exploits et actes du ministère d'huissiers près les justices de paix et les tribunaux de police seront faits par les huissiers ordinaires employés au service des audiences. — A défaut ou en cas d'insuffisance des huissiers ordinaires du ressort, lesdits exploits et actes seront faits par les huissiers ordinaires de l'un des cantons les plus voisins.

29. Défenses itératives sont faites à tous huissiers, sans distinction, d'instrumenter en matière criminelle ou correctionnelle hors du canton de leur résidence, sans un mandement exprès délivré conformément à l'article 84 de notre décret du 18 juin 1811.

30. Nos procureurs près les tribunaux de première instance et les juges d'instruction ne pourront délivrer de pareils mandements que pour l'étendue du ressort du tribunal de première instance.

31. Nos procureurs criminels pourront ordonner le transport d'un huissier dans toute l'étendue du département.

32. (Relatif aux tribunaux des douanes).

33. Le transport des huissiers dans les divers départements du ressort de

nos Cours d'appel, ne pourra être autorisé, dans les affaires criminelles, que par nos procureurs généraux près ces Cours.

34. En matière de simple police, aucun huissier ne pourra instrumenter hors du canton de sa résidence, si ce n'est dans le cas prévu par le second paragraphe de l'article 28 du présent décret, et en vertu d'une cédule délivrée pour cet effet par le juge de paix.

35. Dans tous les cas où les règlements accordent aux huissiers une indemnité pour frais de voyage, il ne sera alloué qu'un seul droit de transport pour la totalité des actes que l'huissier aura faits dans une même course et dans le même lieu. — Ce droit sera partagé en autant de portions égales entre elles, qu'il y aura d'originaux d'actes ; et à chacun de ces actes, l'huissier appliquera l'une desdites portions : le tout à peine de rejet de la taxe, ou de restitution envers la partie, et d'une amende qui ne pourra excéder cent francs ni être moindre de vingt francs.

36. Tout huissier qui chargera un huissier d'une autre résidence d'instrumenter pour lui à l'effet de se procurer un droit de transport qui ne lui aurait pas été alloué s'il eût instrumenté lui-même, sera puni d'une amende de cent francs. L'huissier qui aura prêté sa signature, sera puni de la même peine. — En cas de récidive, l'amende sera double, et l'huissier sera de plus destitué. — Dans tous les cas, le droit de transport indûment alloué ou perçu sera rejeté de la taxe, ou restitué à la partie.

Les juges de paix et les commissaires de police faisant fonctions du ministère public ne peuvent donner de mandements exprès (Décis. 7 juin 1823).

On peut employer un huissier hors du canton de sa résidence, à la condition qu'il consente à ne recevoir que les rétributions accordées à l'huissier dans le canton duquel l'exploit est donné ou l'acte de procédure accompli. Certains parquets confient tous leurs actes à un seul huissier qui se contente de la rétribution qui serait allouée à l'huissier du canton dans lequel il opère (Circ. 9 avril 1825).

L'urgence est un motif insuffisant et trop vague. Les causes graves qui nécessitent le mandement exprès doivent être indiquées.

Le droit conféré aux procureurs généraux par l'art 33 du décret du 24 janvier 1813 d'ordonner, dans les affaires criminelles, le transport des huissiers hors de leur arrondissement pour y procéder à des actes de leur ministère, s'étend également aux matières correctionnelles et n'est pas soumis à la condition du mandement exprès exigé par l'art. 84 du décret de 1811 (Cass. 28 mai 1869. J. M. P. 1870, p. 166).

ARTICLE **85**.

Tout huissier qui refusera d'instrumenter dans une procédure suivie à la requête du ministère public, ou de faire le service auquel il est tenu près la Cour ou le tribunal, et qui, après injonction à lui faite par l'officier compétent, persistera dans son refus, sera destitué, sans préjudice de tous dommages et intérêts, et des autres peines qu'il aura encourues.

ARTICLE **86**.

Les dispositions de l'article 64 ci-dessus, sont communes aux huissiers, lesquels, en cas de contravention, seront poursuivis de la même manière par nos procureurs, et sous les mêmes peines.

CHAPITRE VII

TRANSPORT DES MAGISTRATS.

ARTICLE 87.

Les frais de voyage et de séjour des conseillers des Cours d'appel, délégués dans les cas prévus par les articles 19 et 21 du décret du 30 janvier 1811, seront payés au taux réglé par ces mêmes articles.

Les conseillers délégués pour présider les assises dans les départements autres que celui du chef-lieu de la Cour d'appel, ont droit à une indemnité de voyage fixée à 4, 5, 6 ou 700 francs (Ord. 17 mai et 3 août 1832).

Elle est payée sur des états trimestriels, émargés par chaque président d'assises, et rendus exécutoires par le premier président sur les requisitions écrites du procureur général (Régl. 28 déc. 1838).

L'indemnité est acquise dès lors qu'il y a eu déplacement.

La même ordonnance a réglé que le conseiller qui, après avoir terminé les assises ordinaires d'un trimestre, serait rappelé durant le même trimestre pour présider des assises extraordinaires, recevrait, à raison de cette nouvelle présidence, une indemnité de 10 francs par poste pour frais de voyage, et de 15 francs par jour pour frais de séjour pendant la durée des assises.

Lorsque les procureurs généraux ou leurs substituts vont dans une ville autre que celle de leur résidence habituelle pour porter la parole devant la Cour d'assises, ils reçoivent pour tous frais de voyage et de séjour une indemnité de 15 francs par jour (Décr. 30 janvier 1811, art. 19. — Dalmas, p. 239).

Les premiers présidents des Cours d'appel, aux termes de l'article 16 de la loi du 20 avril 1810, peuvent présider les assises dans toute l'étendue de leurs ressorts respectifs, mais ils n'ont alors droit qu'à l'indemnité de 15 francs par jour fixée par le décret du 30 janvier 1811 (Décis. avril 1813).

ARTICLE 88.

Dans les cas prévus par les articles 32, 36, 43, 46, 47, 49, 50, 51, 52, 59, 60, 62, 83, 84, 87, 88, 90, 464, 488, 497, 511 et 616 du Code d'instruction criminelle, les juges et les officiers du ministère public recevront des indemnités ainsi qu'il suit :

S'ils se transportent à plus de cinq kilomètres de leur résidence, ils recevront, pour tous frais de voyage, de nourriture et de séjour, une indemnité de neuf francs par jour.

S'ils se transportent à plus de deux myriamètres, l'indemnité sera de douze francs par jour.

Il n'y a jamais lieu d'allouer d'indemnités de transport dans les cas prévus par l'article 50 ci-dessus mentionné ; il faut au contraire ajouter à l'énumération de l'article 88 les articles 228, 235, 236, 237, 377 et 484.

Lorsque le voyage dure plusieurs jours et conduit à différentes distances, l'indemnité de chaque jour se règle sur le plus grand éloignement où l'on s'est trouvé dans la journée.

L'indemnité est due dans tous les cas où les magistrats et les greffiers se transportent dans un lieu situé à plus de 5 kilomètres de la ville où siège le tribunal où ils font leur résidence, *quoique ce lieu dépende* du territoire communal de la ville (Inst. gén. n° 77).

En principe, et ainsi qu'il est dit au n° 86 de l'instruction du 30 septembre 1826, le tableau des distances est obligatoire pour les magistrats comme pour les autres parties. Si, par exception, on a admis qu'un magistrat, sans sortir du territoire communal de la ville, se transporte à plus de 5 kilomètres du point central de cette ville, peut demander et obtenir un droit de transport, dans toute autre circonstance, c'est-à-dire lorsque le magistrat franchit les limites de sa résidence, il est assujetti à la règle commune, et son indemnité doit être réglée d'après les indications du tableau des distances, sans tenir compte du plus ou moins d'éloignement du lieu où son transport a été effectué, conformément aux prescriptions de l'art. 93 (Décis. 31 mai 1865).

On ne peut se rendre compte des motifs de ces distinctions que la chancellerie a posées en principe sans chercher à les justifier.

« On a voulu, dit M. Massabiau (t. III, p. 27), assimiler les magistrats aux autres parties, et les assujétir à suivre le tableau des distances, c'est-à-dire à calculer leur transport de chef-lieu à chef-lieu de commune, pour avoir un moyen de contrôler la légitimité de leurs réclamations.

» Nous ne pouvons voir, dans ce cas exceptionnel, qu'une erreur des bureaux du ministère, dans laquelle sans doute on ne persévèrera pas, et qu'il serait facile de démontrer. En effet, on a prétendu faire une distinction, en disant que le numéro 77 de l'instruction de 1826 ne pose pas un principe général ; qu'il s'applique seulement au cas où les magistrats parcourent plus de cinq kilomètres *sans sortir de la commune de leur résidence*, et que, dans toute autre circonstance, leur indemnité de transport doit être basée sur la distance légale de chef-lieu à chef-lieu. Mais, outre que le texte du n° 77 qui porte : *dans tous les cas*, répugne à cette distinction, cette règle est d'une application trop convenable pour la restreindre, sans raison, à des limites injurieuses pour la magistrature car, puisqu'on s'en rapporte à la conscience des magistrats pour l'indication de la distance parcourue dans la commune même de leur résidence, et cela par une exception formelle, pourquoi ne pas étendre cette légitime concession à tous les autres cas ? »

La chancellerie refuse d'allouer l'indemnité de transport au magistrat qui se rend à plus de 5 kilomètres de sa résidence, lorsque le transport a eu lieu dans une commune dont le chef-lieu est distant de 5 kilomètres ou moins de la résidence du magistrat. De fréquentes réclamations se sont vainement élevées contre cette interprétation restrictive des dispositions de l'art. 88, dont les termes sont cependant absolus.

« Comment admettre qu'un magistrat ait droit a une indemnité lorsqu'il se transporte dans sa commune à plus de cinq kilomètres, et qu'il perde tout droit à une indemnité s'il sort de cette commune ? » (Dutruc, *Mémor.*, *Frais*, n° 1).

Il est dû une indemnité de transport aux juges de paix comme aux officiers du ministère public lorsque, dans les cas spécifiés par l'article 49 du Code d'instruction criminelle, ils se rendent à plus de 5 kilomètres de leur résidence ; ils peuvent même alors se faire accompagner du greffier (Avis Conseil d'État, 9 déc. 1823 ; — Circ. 11 fév. 1824).

Quel que soit l'éloignement de sa résidence, le juge de paix ne peut jamais réclamer l'indemnité de transport quand il se rend au chef-lieu de son canton ou dans le rayon de 5 kilomètres qui est considéré, en ce qui concerne le règlement de l'indemnité, comme le chef-lieu lui-même. Comme, d'un autre côté, la résidence du juge de paix, hors de ce chef-lieu, est un fait auquel il est indispensable d'avoir quelquefois égard, et qu'il serait abusif d'allouer un droit de transport à ce magistrat, lorsque, par exemple, agissant en qualité d'officier de police judiciaire, il constate un délit flagrant, dans le lieu de sa résidence ou dans le rayon de 5 kilomètres autour de cette même résidence, on doit en conclure que les juges de paix n'ont droit à aucune indemnité quand ils parcourent moins de 5 kilomètres à partir, soit du chef-lieu de canton, soit de leur résidence réelle hors de ce chef-lieu ; et que, dans les autres cas, on doit leur compter la distance qu'ils ont parcourue, mais de manière que l'indemnité allouée n'excède pas celle à laquelle ils auraient eu droit s'ils étaient partis du c. .-lieu (Décis. 15 oct. 1832. — Dalmas, p. 257).

Le transport des magistrats ne doit être, en général, ordonné que pour les crimes graves, lorsque la connaissance des lieux est nécessaire et lorsqu'on craint de ne pas atteindre le même but en déléguant les juges de paix (Circ., 16 août 1842, § 6).

Les mémoires doivent mentionner la nature du fait qui a motivé le transport. Ils doivent être accompagnés d'un extrait détaillé du procès-verbal dressé à la suite de chaque transport, pour constater son objet et les opérations faites (Circ., 6 déc. 1831).

Lorsque le substitut se transporte avec le chef du parquet parce que son concours est nécessaire, il a droit à l'indemnité de transport, mais il faut en informer le procureur général (Décis., 11 nov. 1822.)

Lorsque le premier président et le procureur général se transportent à plus de 5 kilomètres de leur résidence, pour informer, d'ordre de la Cour, sur des crimes ou des délits, ils ont droit à l'indemnité déterminée par l'art. 88 (Décis., 13 août 1832).

Il en est de même lorsque, dans les cas prévus par les art. 228 et 235 du Code d'instruction crimin., des magistrats de la Cour sont chargés de procéder à des actes d'instruction (Inst. gén.).

Lorsqu'une exécution ne se fait pas dans la ville où siège la Cour qui a prononcé la condamnation, et que le juge qui conformément à l'art. 377 du Code d'instruction criminelle, se transporte à plus de cinq kilomètres du lieu de sa résidence pour recevoir les déclarations du condamné, l'indemnité fixée par notre article doit être allouée au magistrat (Inst. gén.).

Les commissaires de police n'ont pas droit à une indemnité pour transport, à moins qu'ils n'aient été chargés d'informer par commission rogatoire du juge d'instruction. Dans ce cas, leurs frais peuvent leur être remboursés à titre de dépenses extraordinaires, et en se conformant aux prescriptions de l'art. 136 du règlement. Ils doivent, dans ce cas, présenter un mémoire de leurs dépenses, et l'appuyer, autant que possible, de pièces justificatives (Circ., 12 mai 1855. — Décis., 27 fév. 1866).

Les magistrats ont encore droit à la même indemnité lorsqu'ils se transportent :

Soit pour vérifier les registres de l'état civil (Ordonn., 10 mars 1825) ;

Soit pour vérifier les greffes des justices de paix (Même ord.);

Soit pour visiter les établissements d'aliénés (Circ., 26 juin 1844);

Soit pour interroger un défendeur en interdiction (V. art. 118, *suprà.* — Ord., 4 août 1824).

ARTICLE 89.

L'indemnité du greffier ou commis assermenté qui accompagnera le juge ou l'officier du ministère public, sera :

Dans le premier cas, de six francs par jour ;

Dans le second, de huit francs.

Les greffiers de justice de paix doivent résider au chef-lieu de canton.

S'ils habitent le même lieu que le juge de paix, leurs indemnités de transport doivent être réglées comme celles de ces magistrats.

CHAPITRE VIII

DES FRAIS DE VOYAGE ET DE SÉJOUR AUXQUELS L'INSTRUCTION DES PROCÉDURES PEUT DONNER LIEU.

ARTICLE 90.

Il est accordé des indemnités aux médecins, chirurgiens, sages-femmes, experts, interprètes, témoins, jurés, huissiers, gardes champêtres et forestiers, lorsque, à raison des fonctions qu'ils doivent remplir, et notamment dans les cas prévus par les articles 20, 43 et 44 du Code d'instruction criminelle, ils sont obligés de se transporter à plus de deux kilomètres de leur résidence, soit dans le canton, soit au delà.

Cet article n'est plus applicable aux témoins ni aux gardes-champêtres et forestiers (V. à l'article suivant la loi du 7 avril 1813).

ARTICLE 91.

Cette indemnité est fixée par chaque myriamètre parcouru en allant et en revenant, savoir :

1° Pour les médecins, chirurgiens, experts, interprètes et jurés, à . . . . 2 ᶠʳ. 50

2° Pour les sages-femmes, témoins, huissiers, gardes champêtres et forestiers 1   50

Pour les honoraires des médecins, experts, etc., voir art. 16 et suivants ; pour les indemnités dues aux témoins, voir art. 27, 28 et 31 du règlement.

Les articles 90 et 91 ont été modifiés en ce qui concerne les témoins et les gardes champêtres et forestiers, par les art. 2 et 3 du décret du 7 avril 1813, ainsi conçus :

2. Les témoins qui ne seront pas domiciliés à plus d'un myriamètre du lieu où ils seront entendus, n'auront droit à aucune indemnité de voyage : il ne pourra leur être alloué que la taxe fixée par les art. 27 et 28 du règlement.

Ceux domiciliés à plus d'un myriamètre recevront, pour indemnité de voyage, s'ils ne sortent point de leur arrondissement, 1 franc par myriamètre parcouru en allant, et autant pour le retour.

S'ils sont appelés hors de leur arrondissement, cette indemnité sera de 1 fr. 50 c.

Dans les deux derniers cas, la taxe fixée par les art. 27 et 28 sus-énoncés ne sera point allouée, sans néanmoins rien innover à l'art. 30 dudit règlement, relatif aux frais de séjour.

3. Il n'est dû aucun frais de voyage aux gardes champêtres ou forestiers, tant pour la remise qu'ils sont tenus de faire de leurs procès-verbaux, conformément aux art. 18 et 20 du Code d'instruction criminelle, que pour la conduite des personnes par eux arrêtées, devant l'autorité compétente.

Mais lorsque ces gardes seront appelés en justice, soit pour être entendus comme témoins, lorsqu'ils n'auront point dressé de procès-verbaux, soit pour donner des explications sur les faits contenus dans les procès-verbaux qu'ils auront dressés, ils auront droit aux mêmes taxes que les témoins ordinaires.

Il en sera de même des gendarmes.

Les facteurs de la poste aux lettres, bien que touchant un traitement, doivent être également taxés comme les témoins ordinaires (Circ. 14 août 1876, n° 13).

Les dispositons du décret du 7 avril 1813, art. 2, ne sont applicables qu'aux témoins ; les autres parties prenantes, huissiers, médecins, experts, etc., doivent toucher l'indemnité allouée par l'art. 91.

Lorsque les médecins et experts sont appelés devant les Cours et tribunaux, pour donner des explications sur leurs rapports et leurs opérations, ils doivent être taxés non comme de simples témoins, mais suivant leur qualité.

S'ils ne sont pas appelés en leur qualité de médecins ou d'experts, ils sont taxés comme les autres témoins (Circ. 7 décembre 1861).

Les indemnités de route des soldats de l'armée de terre, même en congé, sont réglées par l'autorité militaire (V. art. 3, n° 2 du règlement. — Circ., 25 janv. 1875).

Les gendarmes doivent être exclusivement indemnisés de leurs frais de déplacement par les soins de l'autorité militaire, qui se fait ultérieurement rembourser ses avances par le ministre de la justice (Circ. 6 octobre 1874).

Au cas où les gendarmes sont entendus dans le lieu de leur

résidence ou dans un rayon de 10 kilomètres, la taxe de comparution leur est payée sur le crédit des frais de justice, par les soins de l'autorité judiciaire (Circ., 11 déc. 1874).

La garde municipale de Paris est assimilée à la gendarmerie (Décr., 26 déc. 1830).

Les officiers, marins et assimilés du corps de la marine, sont payés de leurs frais de route et de séjour par les soins du ministère de la marine (Circ., 9 juill. 1841).

Il est d'usage pour les témoins venant de Corse ou d'Algérie sur le continent, de leur allouer à titre de frais de voyage le prix de leur passage sur un navire pour aller et retour, plus une somme fixée d'après les tarifs du présent règlement pour les myriamètres parcourus en venant et en retournant du port de débarquement à la ville où ils ont déposé et pour le séjour forcé dans cette ville (Dalmas, p. 269).

Il doit évidemment être tenu compte de la distance parcourue, aller et retour, du lieu du domicile au port d'embarquement.

Si ces témoins étaient soumis à la quarantaine dans les lazarets, il conviendrait de leur allouer l'indemnité de séjour forcé (Dalmas, *loc. cit.*).

Pour les témoins de nationalités étrangères, il est d'usage d'autoriser les agents diplomatiques à traiter avec eux de gré à gré sur le montant de l'indemnité, en ayant soin de s'écarter le moins possible du taux fixé par le présent règlement.

Ces indemnités ainsi réglées sont payées comme frais extraordinaires de justice conformément à l'art 136 ci-après (Dalmas, *loc. cit.*).

Les témoins domiciliés en France et cités en Italie doivent recevoir des consuls italiens les avances nécessaires au voyage ; réciproquement, les consuls français en Italie font les mêmes avances aux témoins cités en France (Circ., 30 juill. 1872).

ARTICLE 92.

L'indemnité sera réglée par myriamètre et demi-myriamètre. Les fractions de huit ou neuf kilomètres seront comptées pour un myriamètre, et celles de trois à sept kilomètres pour un demi-myriamètre.

La réduction des kilomètres en myriamètres, prescrite par le présent article, ne doit pas se faire isolément, d'abord sur les kilomètres parcourus en allant, puis sur les kilomètres parcourus en revenant, mais sur les kilomètres réunis tant de l'aller que du retour.

Ainsi, lorsque le domicile de la personne qui a droit à une indemnité de transport, est éloigné d'un myriamètre et trois kilomètres, on ne doit pas compter un myriamètre et demi pour l'aller et un myriamètre et demi pour le retour ; mais il faut réunir les trois kilomètres parcourus en allant avec les trois kilomètres parcourus en revenant et compter en tout deux myriamètres et cinq kilomètres, c'est-à-dire deux myriamètres et demi (Instr. gén.).

La conversion des kilomètres en myriamètres, prescrite par l'art. 92, doit être faite sur chaque voyage et non sur la récapitulation des mémoires présentés par l'huissier (Décis., 25 mai 1841).

Lorsqu'un huissier réside en dehors du chef-lieu de canton, il est d'usage, dans quelques tribunaux, de régler ses frais de transport à partir de ce chef-lieu et non de sa résidence. Par voie de conséquence, on autorise l'huissier à compter des frais de voyage pour des actes remis dans la commune même où il réside et qui n'ont exigé aucun déplacement de sa part ; mais on lui interdit de réclamer aucune indemnité pour les actes signifiés au chef-lieu de canton, bien qu'il se soit réellement déplacé.

Ce système permet, sans doute, de régler facilement les indemnités de transport à l'aide du tableau dressé en exécution de l'article 93 du décret du 18 juin 1811, qui se borne à indiquer les distances des différentes communes aux chefs-lieux de canton, d'arrondissement et de département, mais il paraît contraire aux dispositions de l'article 90 du décret précité, qui fixe comme point de départ de la distance à supputer le lieu de la demeure de l'huissier. Il est désirable que, d'accord avec les préfets, les tableaux des distances soient complétés de manière que les droits de transport des huissiers puissent être calculés à partir de leur résidence, quel que soit le lieu où elle ait été fixée par délibération du tribunal (Circ. 14 août 1876, § 15).

Il n'est rien dû pour frais de voyage aux huissiers, témoins et autres parties désignées en l'article 90 du décret, lorsqu'ils ne sortent pas de la commune de leur résidence et à quelque distance qu'ils se transportent dans cette commune ; les distances sont calculées de clocher à clocher, sans égard à l'éloignement des hameaux ou des maisons isolées (Inst. gén.).

Il résulte d'une décision du mois d'avril 1813 que, lorsque les huissiers se transportent dans des hameaux dépendant de la commune où ils résident et qui sont éloignés de plus de deux kilomètres du chef-lieu, ils ont droit aux frais de déplacement, en comptant la distance du chef-lieu jusqu'à ces hameaux. Toutefois, dit M. de Dalmas, il n'est pas inutile de faire remarquer que cette décision n'est applicable que quand, ce qui est fort rare, la distance des hameaux au chef-lieu de la commune a été déterminée dans les tableaux dressés en vertu de l'article 93 ; mais qu'en général et hors le cas d'exception dont il vient d'être parlé, les transports dans l'étendue de la commune où réside l'huissier ne donnent droit à aucune indemnité (Décis., 27 juill. 1819).

En cas de transport simultané dans plusieurs communes, l'indemnité est réglée sur la distance de la commune la plus éloignée, lorsque l'huissier n'a pas été obligé de revenir à sa résidence pour passer de l'une à l'autre (Décis., 16 janv. 1859).

Lorsqu'un huissier s'est transporté dans une commune par les ordres du ministère public, il faut s'assurer si, le même jour, l'huissier ne s'est pas rendu dans la même commune, à la requête soit des parties civiles, soit des administrations publiques. En pareil cas, le droit de transport ne doit lui être alloué qu'une fois, quels que soient le nombre et la nature des exploits qu'il a notifiés (Circ., 26 déc. 1845).

Toutefois, si l'huissier avait fait en même temps des actes en matière civile et en matière criminelle, il n'y aurait pas lieu de lui tenir compte des premiers pour ne lui allouer qu'une seule indemnité de transport (Décis., 22 janv. 1846).

Les huissiers, en matière criminelle, correctionnelle, ou de simple police, doivent, pour le salaire de leurs actes, réclamer les honoraires fixés par le décret du 18 juin 1811 et non pas les émoluments prévus par le tarif du 16 février 1807, soit que ces actes de citation ou signification aient lieu à la requête du ministère public, soit qu'ils aient lieu à la requête de parties civiles (Circ. proc. gén. Paris, 31 août 1832).

ARTICLE 93.

Pour faciliter le règlement de cette indemnité, les préfets feront dresser un tableau des distances, en myriamètres et kilomètres, de chaque commune au chef-lieu de canton, au chef-lieu d'arrondissement et au chef-lieu du département.

Ce tableau sera déposé aux greffes des Cours d'appel des tribunaux de première instance et des justices de paix. Il sera transmis à notre ministre de la justice.

Le tableau des distances est obligatoire pour tous les magistrats et il ne doit jamais être accordé plus de myriamètres parcourus que ne le porte ce tableau. Cette règle comporte deux exceptions.

1° On a admis que si un magistrat, sans sortir du territoire communal de la ville, se transporte à plus de 5 kilomètres du point central de cette ville, il peut demander et doit obtenir un droit de transport (Inst. gén. n° 86. — Circ. du 31 mai 1865).

Dans tout autre cas, il doit se conformer aux prescriptions de l'article 93 du tarif.

2° Le tableau des distances ne mentionne pas les distances de commune à commune. Lors donc qu'un huissier a assigné le même jour dans différentes communes, il n'y a d'autre moyen d'évaluation que la notoriété publique. M. Massabiau conseille aux chefs de parquets de dresser, à l'aide de documents fournis par les maires et les juges de paix, un tableau supplémentaire indiquant la distance de commune à commune.

Il est d'autres cas où l'évaluation des distances est fort difficile pour le magistrat taxateur. Il n'existe pas de tableau des distances de département à département et il faut parfois se contenter de fixations approximatives. Est-il équitable, dans ce cas, d'imposer le remboursement aux magistrats alors qu'ils n'ont commis aucune faute? Le remboursement ne doit, ce me semble, être prescrit que lorsque l'erreur pouvait être évitée et qu'elle provient d'un défaut d'attention.

Quand un huissier est chargé d'aller instrumenter sur un

navire mouillé en rade il doit fournir le mémoire de la dépense, et cette dépense lui est allouée comme frais extraordinaires, en vertu de l'art. 136.

ARTICLE 94.

Abrogé.

ARTICLE 95.

Lorsque les individus dénommés ci-dessus seront arrêtés dans le cours de leur voyage par force majeure, ils recevront en indemnité, pour chaque jour de séjour forcé, savoir :

1° Ceux de la première classe. . . . .   2 fr. »

2° Ceux de la seconde.   1   50

Ils seront tenus de faire constater par le juge de paix ou ses suppléants, ou par le maire, ou à son défaut par ses adjoints, la cause du séjour forcé en route, et d'en représenter le certificat à l'appui de leur demande en taxe.

La première classe se compose des médecins, chirurgiens, experts, interprètes et jurés.

La seconde classe se compose des sages-femmes, témoins, huissiers, gendarmes, gardes champêtres et forestiers.

Il n'est ici question que du séjour forcé en route. Toutes les personnes auxquelles l'indemnité de voyage est due y ont droit lorsque la validité des causes a été reconnue par les magistrats taxateurs.

Parmi ces causes, se trouvent nécessairement comprises les relâches forcées des navires ou bateaux à bord desquels sont embarqués les témoins et autres personnes mandées devant la justice, qui ont un trajet de mer à faire (Dalmas, page 278).

ARTICLE 96.

Si les mêmes individus, autres que les jurés, huissiers, gardes champêtres et forestiers, sont obligés de prolonger leur séjour dans la ville où se fera l'instruction de la procédure, et qui ne sera point celle de leur résidence, il leur sera alloué, pour chaque jour de séjour, une indemnité fixée ainsi qu'il suit :

Médecins, chirurgiens, experts et interprètes : à Paris	4 fr.	»
Dans les villes de 40,000 habitants et au-dessus...	2	50
Dans les autres villes et communes	2	»
Sages-femmes et témoins : à Paris	3	»
Dans les villes de 40,000 habitants et au-dessus...	2	»
Dans les autres villes et communes	1	50

Ces dispositions ont été modifiées. Le décret du 7 avril 1813 les a rendues applicables aux gendarmes, gardes champêtres et forestiers, lorsqu'ils sont appelés en témoignage.

Toutes les fois que le témoin est entendu et qu'il peut recevoir le montant de sa taxe, le jour même indiqué dans la citation, à quelque heure que ce soit, il n'a droit à aucune indemnité de séjour.

L'éloignement du domicile du témoin ne change rien à ce principe, car il reçoit des frais de voyage proportionnés au nombre de myriamètres qu'il a parcourus.

Lorsque l'affaire pour laquelle les témoins ont été assignés ne s'est terminée que le lendemain, l'indemnité de séjour ne peut être allouée que pour le second jour, celui de la comparution à l'audience n'étant jamais payé comme jour de séjour (Circ. 20 août 1816).

La cause de l'indemnité de séjour doit être indiquée dans la taxe.

Cependant, s'il arrive que l'audition du témoin ne soit terminée que très tard et après la clôture du bureau de l'enregistrement, comme il est forcé d'attendre au lendemain pour recevoir le montant de sa taxe, il peut être accordé un jour de séjour; mais il est indispensable d'énoncer cette circonstance dans la taxe, ce qui, au surplus, doit se présenter rarement (Instr. gén. *Voir art.* 26).

Il serait juste d'accorder également aux témoins, une indemnité de séjour lorsque leur audition n'a pu être terminée qu'à une heure avancée de la nuit, de telle sorte qu'il leur est matériellement impossible de regagner leur domicile dans la même journée.

ARTICLE 97.

La taxe des indemnités de voyage et de séjour sera double pour les enfants mâles au-dessous de l'âge de quinze ans, et pour les filles au-dessous de l'âge de vingt-un ans, lorsqu'ils seront appelés en témoignage, et qu'ils seront accompagnés, dans leur route et séjour, par leurs père, mère, tuteur ou curateur, à la charge par ceux-ci de justifier de leur qualité.

CHAPITRE IX

DU PORT DES LETTRES ET PAQUETS.

ARTICLES 98 A 102.

Abrogés par l'ordonnance du 17 novembre 1844 et la loi du 5 mai 1855, art 18 (V. supra, art. 2, § 11).

ARTICLE 103.

Les fonctionnaires mentionnés dans l'article 98 pourront aussi employer, pour le transport de leurs dépêches, toutes les autres voies qui leur paraîtront plus expéditives et plus économiques que celle de la poste, et particulièrement les messagers de préfectures, sous-préfectures ou autres.

La gendarmerie ne doit pas être distraite de son service, ni détournée de ses fonctions, pour porter les dépêches des autorités civiles et militaires. Néanmoins, si des événements d'un intérêt majeur exigeaient la transmission immédiate et rapide d'un avis ou d'un ordre officiel, la gendarmerie serait tenue de porter ces dépêches, et il en serait rendu compte aux ministres de la guerre et de l'intérieur, qui interviendraient s'il y avait abus (Décr. 1er mars 1854, art. 99).

CHAPITRE X

DES FRAIS D'IMPRESSION.

ARTICLE 104.

Il ne sera payé de frais d'impression, sur les fonds géné-raux des frais de justice criminelle que pour les objets sui-vants :

1° Pour les extraits d'arrêts de condamnation à des peines afflictives ou infamantes, ainsi qu'il est dit dans l'art. 36 du Code pénal ;

2° Pour les ordonnances portant nomination des présidents et assesseurs des Cours d'assises, et les arrêts de convocation des Cours d'assises et spéciales, le tout en conformité de la loi du 20 avril 1810, et du décret du 6 juillet suivant ;

3° Pour les signalements des personnes à arrêter ;

4° Pour les états et modèles d'états relatifs au paiement, à la liquidation et au recouvrement des frais de justice ;

5° Pour les actes dont une loi ou un décret aura ordonné l'impression, et pour ceux dont notre ministre de la justice jugera l'impression et la publication nécessaires, par une décision spéciale.

Les frais d'impression des bulletins servant au vote du jury au scrutin secret sont imputés sur les frais généraux de justice criminelle (Circ., 26 nov. 1835).

« L'annonce de l'ordonnance portant nomination des prési-
» dents et assesseurs des Cours d'assises sera faite dans les jour-
» naux du département où siège la Cour d'assises ; elle sera
» affichée dans les chefs-lieux d'arrondissement et sièges des tri-
» bunaux de première instance. » (Décr., 6 juillet 1810, art. 89.)

Cet article prescrit seulement de faire l'annonce ; il faut s'abste-nir de la faire insérer en entier.

L'impression des extraits de la liste des jurés qui doivent être notifiés à chacune des personnes portées sur la liste est une dépense administrative.

Il en est de même des lettres de convocation pour les élections des tribunaux de commerce.

L'impression des feuilles destinées à recevoir les notices nécessaires pour la formation des listes ou états prescrits par les articles 600 et 601 du Code d'instruction criminelle sont à la charge des greffiers, qui touchent dix centimes par article.

Les greffiers ne peuvent non plus rien réclamer pour l'impression des modèles d'états de liquidation ; il n'est pas nécessaire qu'ils soient imprimés et s'il convient aux greffiers d'user de feuilles préparées à l'avance, ils doivent en supporter les frais (Dalmas, p. 298).

Les frais de l'insertion dans les feuilles publiques et de l'affichage de la requête d'un failli à fin de réhabilitation, prescrite par l'art. 607 C. Com., ne peuvent être payés sur les frais du ministère de la justice, mais doivent rester à la charge du failli (Décis., 7 mai 1860).

ARTICLE 105.

Seront imprimés en placards tous les actes qui doivent être publiés et affichés; et ce, conformément au modèle que le ministre de la justice en fera dresser à l'Imprimerie nationale.

Ce modèle sera envoyé aux procureurs près les Cours et tribunaux.

Toutes impressions qui ne seront point conformes au modèle seront rejetées.

L'art. 36 du Code pénal ordonne l'impression par extrait des arrêts portant la peine de mort, les travaux forcés, la détention, la réclusion, la dégradation civique et le bannissement.

On peut faire imprimer en un seul placard tous les extraits d'arrêts rendus dans une même session de Cour d'assises (Instr. gén.).

ARTICLE 106.

Le nombre d'exemplaires des placards et autres impressions sera déterminé par les procureurs généraux, suivant les localités.

ARTICLE 107.

Les placards destinés à être affichés seront transmis aux maires, qui les feront apposer dans les lieux accoutumés.

Les frais d'affiches ne doivent, dans aucun cas, être imputés sur les fonds généraux des frais de justice, et restent à la charge des communes, conformément à l'arrêté du gouvernement, du 17 brumaire an VI et à l'art. 3, § 3 du présent règlement (Décis., 20 nov. 1826 ; — 25 fév. 1856).

La disposition de l'art. 107, d'après laquelle les placards destinés à être affichés doivent être transmis aux maires et apposés par leurs soins, ne s'applique pas à l'affichage du jugement de condamnation ordonné sur les poursuites de la partie civile ; cette dernière a la faculté d'employer le ministère des huissiers pour cet affichage, mais elle n'est pas autorisée néanmoins à remplir les formalités prescrites par le Code de procédure civile pour les ventes judiciaires. Dès lors, il n'y a pas lieu d'allouer aux huissiers employés par cette partie des frais de procès-verbaux d'affiches, non plus que d'autres émoluments et des droits de voyage réglés par le tarif civil. Il y a seulement lieu d'arbitrer équitablement la somme moyennant laquelle il a pu être pourvu à la disposition du jugement prescrivant l'affichage (Trib., Baume-les-Dames, 10 mai 1878. J. M. P. 1879, p. 17. — V. Dalloz, *Répert.*, *Affiche*, n° 108).

ARTICLE 108.

Les Cours d'appel et les tribunaux de première instance nommeront un imprimeur pour faire le service de la Cour et du tribunal.

Les procureurs généraux informeront le ministre de la justice du prix et des conditions des marchés qui seront faits avec les imprimeurs de la Cour d'appel et des tribunaux du ressort.

ARTICLE 109.

Les épreuves de toutes les impressions seront adressées par les imprimeurs aux procureurs près les Cours et tribunaux, et la correction en sera faite au parquet.

Elles seront communiquées au conseiller rapporteur et au président de chambre qui aura prononcé l'arrêt, lorsqu'ils le demanderont.

ARTICLE 110.

Il sera tenu note, au parquet, de toutes les impressions, à mesure qu'elles seront exécutées.

Deux exemplaires de chaque objet seront remis au parquet.

Deux seront adressés au ministère de la justice.

ARTICLE 111.

Tous les trois mois, les imprimeurs fourniront leurs mémoires aux procureurs, qui les feront vérifier. Ils joindront à chaque article un exemplaire de l'objet imprimé, comme pièce justificative.

Ces mémoires seront rendus exécutoires par ordonnance des présidents des Cours et tribunaux, sur les réquisitions du ministère public.

L'ordonnance contiendra l'indication des lois, des décrets ou des décisions du ministre de la justice, en vertu desquels l'impression aura été ordonnée.

ARTICLE 112.

Les frais d'impression qui seront à la charge d'un juré condamné pour avoir manqué à ses fonctions, dans les cas

prévus par les art. 396 et 398 du Code d'instruction crimi-
nelle, seront les mêmes que ceux du marché passé pour les
impressions de la Cour ou du tribunal.

Auxdits cas, les frais d'affiches seront payés au prix d'u-
sage dans chaque localité.

CHAPITRE XI

DES FRAIS D'EXÉCUTION DES ARRÊTS.

ARTICLE 113.

Il sera fait, par le ministre de la justice, un règlement qui déterminera les dépenses nécessaires pour l'exécution des arrêts criminels, et réglera le mode de leur paiement.

Ce règlement sera adressé aux procureurs près les Cours et tribunaux, et aux préfets, pour le faire exécuter, chacun en ce qui le concerne.

Des règlements ont été publiés les 3 octobre 1811 et 31 juillet 1832.

Cette matière est aujourd'hui réglée par un décret en date du 25 nov. 1870, qui a introduit d'importantes modifications.

ART. 1. A partir du 1er janvier 1871, les exécuteurs en chef et adjoints en exercice sur le territoire continental français seront relevés de leurs fonctions individuellement. Chacun d'eux cessera de toucher ses gages un mois après la notification qui lui aura été faite par le préfet du département de sa résidence, sur avis transmis par notre directeur des affaires criminelles.

2. Il ne sera maintenu qu'un exécuteur en chef et cinq exécuteurs adjoints en fonctions. Leur résidence sera fixée dans la capitale, sauf ordre contraire émané du ministre de la justice.

Ils recevront annuellement et par douzième, sans retenue, des gages fixés : pour l'exécuteur en chef à 6,000 fr. par an ; pour deux adjoints de 1re classe, à 4,000 fr. chacun ; et pour trois adjoints de 2e classe, à 3,000 fr. chacun.

Les nominations, révocations, privations disciplinaires de partie de gages, en un mot, tout ce qui concerne la police et la discipline des exécuteurs est placé dans les attributions du directeur des affaires criminelles, sous l'autorité du ministre.

3. Deux machines ou instruments, avec leurs accessoires de rechange, établies sur le modèle adopté en Algérie, seront construites et entretenues à Paris en état d'être immédiatement transportées partout où besoin sera. Il

pourra être passé un abonnement avec l'exécuteur en chef pour l'entretien de ses machines.

4. Toutes les fois qu'il y aura lieu de procéder en dehors de Paris, à l'exécution d'un condamné, l'exécuteur en chef sera tenu de se transporter au lieu indiqué avec l'un de ses adjoints. S'il y a plus d'un condamné, il prendra au quatrième bureau de la direction criminelle du ministère de la justice l'autorisation d'emmener le nombre d'adjoints jugés nécessaires.

Ils seront transportés, avec les instruments de justice, en chemin de fer par trains directs ou rapides. Les frais qui ne seraient pas prévus par les cahiers des charges des compagnies seront compris et mandatés dans les mémoires périodiquement présentés au ministère de la justice par les compagnies.

Chaque homme recevra une indemnité de 8 francs par jour, frais de transport non compris.

L'exécuteur en chef devra pourvoir aux fournitures nécessaires à l'exécution des arrêts criminels .

Les frais divers feront l'objet d'un mémoire mandaté par le directeur des affaires criminelles sur la proposition du chef du quatrième bureau.

5. Les magistrats des parquets, juges de paix, maires et autres officiers de police judiciaire seront tenus de pourvoir sur les lieux, par des ordres ou réquisitions aux transports, fournitures ou travaux de toute espèce néces - saires à l'exécution des arrêts criminels et au logement des exécuteurs et des instruments, sur la production de l'ordre reçu par l'exécuteur.

6. Dans le cas où les exécuteurs des arrêts criminels seront requis pour le service des ministères de la guerre ou de la marine, les frais de toute nature seront à la charge du budget du ministère requérant.

7. Il n'est rien modifié à l'organisation du service en Corse et en Algérie.

ARTICLE 114.

La loi du 22 germinal an IV, relative à la réquisition des ouvriers pour les travaux nécessaires à l'exécution des jugements, continuera d'être exécutée.

Les dispositions de la même loi seront observées dans le cas où il y aurait lieu de faire fournir un logement aux exécuteurs.

Loi 22 germinal an IV. — « Art. 1er. Les Commissaires du Directoire exécutif près les tribunaux requerront es ouvriers, » chacun à leur tour, de faire les travaux nécessaires pour

» l'exécution des jugements, à la charge de leur en faire
» compter le prix ordinaire.

» 2. Tout ouvrier qui refuserait de déférer à la réquisition
» desdits (procureurs généraux ou procureurs de la République),
» sera condamné, la première fois, par voie de simple police, à
» un emprisonnement de trois jours ; en cas de récidive, il sera
» condamné, par voie de police correctionnelle, à un emprison-
» nement qui ne pourra être moindre de cinq jours, ni excéder
» trente jours (Voir C. P. art. 475, § 12 et art. 376. C. I. C.).

ARTICLE 115.

Les lois des 13 juin 1793, 3 frimaire et 22 floréal an II, relatives au nombre, au placement, aux gages et à la nomination des exécuteurs et de leurs aides, continueront d'être exécutées.

ARTICLE 116.

Le ministre de la justice est autorisé à disposer, sur les fonds généraux des frais de justice, d'une somme de 36 mille francs par année, pour l'employer à donner, sur l'avis des procureurs et des préfets, des secours alimentaires aux exécuteurs infirmes ou sans emploi, à leurs veuves et à leurs enfants orphelins, jusqu'à l'âge de douze ans.

Au moyen de la présente disposition, tous les règlements antérieurs sur les secours accordés aux exécuteurs et à leurs familles sont abrogés.

TITRE II

DES DÉPENSES ASSIMILÉES A CELLES DE L'INSTRUCTION DES PROCÈS CRIMINELS.

CHAPITRE PREMIER

DE L'INTERDICTION D'OFFICE.

ARTICLE 117.

Indépendamment des poursuites qui seront dirigées contre ceux qui laissent divaguer des fous et des furieux, pour faire prononcer contre les délinquants les peines portées par les articles 471 et 479 du Code pénal, le ministère public, lorsque l'interdiction ne sera pas provoquée par les parents, la poursuivra d'office non seulement dans le cas de fureur, mais aussi dans les cas d'imbécillité et de démence, si l'individu n'a ni époux, ni épouse, ni parents connus, conformément à l'article 491 du Code civil.

Lorsque des témoins sont entendus en vertu d'une commission rogatoire émanée d'un tribunal étranger, les actes de la procédure doivent être rédigés sur papier libre et enregistrés gratis. Les frais, qui devront être restreints autant que possible, seront assimilés à ceux faits d'office, conformément aux art. 117 et suivants du décret du 18 juin 1811 et l'état des frais sera visé par le ministère public (Décis. 12 mars 1858).

Dans le cas de fureur, si l'interdiction n'est provoquée ni par l'époux, ni par les parents, elle doit l'être par le procureur de la République qui, dans le cas d'imbécillité ou de démence, peut aussi la provoquer contre un individu qui n'a ni époux, ni épouse, ni parents connus (Art. 491 Code civil).

(Voir la loi du 30 juin 1838 sur les aliénés).

Le ministère public a incontestablement le droit de provoquer, en cas de fureur, l'interdiction d'un étranger résidant en France. Mais nous ne pensons pas que l'étranger résidant en France, qui est atteint d'imbécillité ou de démence, mais non de fureur, puisse être poursuivi en interdiction par le ministère public, même lorsqu'il n'a pas de parents (En sens contraire, voir arrêt de la Cour de Rouen du 25 juillet 1861).

La nomination d'un conseil judiciaire peut-elle être provoquée par le ministère public? Bon nombre d'auteurs soutiennent l'affirmative. Ils argumentent de l'art. 514 C. civ., qui ouvre ce droit à toutes les personnes ayant celui de provoquer l'interdiction, et l'on s'appuie, en outre, sur ce que les auteurs du Code n'ont pas tenu compte de la proposition qu'avait faite le tribunat, d'exclure le ministère public du nombre des personnes qui pourraient poursuivre la nomination d'un conseil judiciaire.

On répond avec raison que le ministère public ne doit agir que lorsque l'ordre public est gravement intéressé et qu'il n'en est pas ainsi dans les cas pouvant motiver la dation d'un conseil judiciaire.

Le ministère public doit, dans les cas de cette nature, agir avec une extrême prudence et seulement quand il y a nécessité absolue. Des poursuites inconsidérées dans une matière si délicate engageraient gravement sa responsabilité (Massabiau, t. 1er, p. 449).

ARTICLE 118.

Les frais de cette procédure seront avancés, par l'administration de l'enregistrement, sur le pied du tarif fixé par le présent décret ; et les actes auxquels cette procédure donnera lieu seront visés pour timbre et enregistrés en débet, conformément aux lois des 13 brumaire et 22 frimaire an VII.

L'administration de l'enregistrement doit, en général, faire l'avance des frais de poursuites en interdiction d'office, et, par exemple, des droits de timbre et d'enregistrement, des salaires des huissiers, etc., sans distinguer entre le cas de solvabilité et celui d'insolvabilité de l'interdit et de ses parents : mais les droits d'expédition et autres qui peuvent être dus aux greffiers en conséquence des dites poursuites ne doivent être avancés par l'administration de l'enregistrement dans aucun des cas prévus par le décret du 18 juin 1811 et par les règlements antérieurs ; les greffiers n'ont rien à réclamer, si l'interdit et ses parents sont insolvables : s'ils sont solvables, les greffiers doivent se pourvoir en paiement de leurs droits contre l'interdit, et, en cas d'insuffisance de ses biens, contre ses père, mère, époux ou épouse.

Dans le cas où l'interdiction d'un individu poursuivi d'office n'est pas prononcée, soit à cause de son renvoi des poursuites, soit à cause de son décès, ou par tout autre motif, l'État, et par conséquent les greffiers, n'ont ni frais, ni droits à réclamer contre cet individu ou contre ses parents, quand bien même ils seraient solvables (Inst. gén).

« Les juges, officiers du ministère public et greffiers qui, dans » les cas prévus par l'art. 496, se transportent *à plus de cinq* » *kilomètres* de leur résidence, ont droit aux indemnités détermi- » nées par les art. 88 et 89 du règlement du 18 juin 1811, sui- » vant les distinctions établies dans ces articles en ce qui con- » cerne les distances (Ord. 4 août 1824). »

L'ordonnance du 4 août est applicable dans tous les cas, que l'interdiction soit poursuivie par les parents ou par le ministère public. — Quand ce sont les parents qui demandent l'interdiction, l'indemnité de transport est avancée et payée au greffe (Art. 301, C. P. C.).

ARTICLE 119.

Si l'interdit est solvable, les frais de l'interdiction seront à sa charge, et le recouvrement en sera poursuivi, avec privilège et préférence, sur ses biens, et en cas d'insuffisance, sur ceux de ses père, mère, époux ou épouse.

Ce privilège s'exercera conformément aux règles prescrites par la loi du 5 septembre 1807.

La loi du 5 septembre 1807 est relative au privilège établi au profit du Trésor public pour le paiement des frais de justice en matière criminelle.

ARTICLE 120.

Si l'interdit et les parents désignés dans l'article précédent sont dans un état d'indigence dûment constaté par certificat du maire, visé et approuvé par le sous-préfet et par le préfet, il ne sera passé en taxe que les salaires des huissiers, et l'indemnité due aux témoins non parents ni alliés de l'interdit.

Ainsi qu'on l'a vu plus haut, les magistrats et greffiers touchent également une indemnité lorsque leur transport est nécessaire.

Si un juge de paix se transportait à plus de cinq kilomètres pour prendre l'avis du conseil de famille de la personne dont l'interdiction est provoquée d'office, il n'aurait droit à aucune indemnité, attendu que son transport est toujours facultatif et jamais indispensable et que l'ordonnance du 4 août 1824 ne peut recevoir d'application en pareil cas.

Si l'assistance d'un interprète était nécessaire pour l'audition des témoins et si un médecin était appelé à visiter l'individu dont l'interdiction est poursuivie, il y aurait lieu de leur allouer des indemnités (Dalmas, p. 323).

Lorsque l'interdit ou ses parents sont solvables, ils doivent acquitter tous les frais quelconques causés par la procédure ; mais si l'interdiction est poursuivie d'office, la taxe est faite d'après les dispositions du présent règlement.

Lors donc que les poursuites sont faites d'office, l'administration de l'enregistrement doit faire l'avance des salaires des huissiers et des indemnités des magistrats, des témoins, des interprètes et des médecins, sans distinguer entre les cas de solvabilité ou d'insolvabilité de l'interdit et de ceux de ses parents dont il est question dans l'art. 119 ; mais les autres frais, notamment ceux qui sont dus au greffier, sauf le droit de transport, doivent rester en suspens, pour que le remboursement en soit poursuivi, en cas de solvabilité seulement, contre les personnes qui doivent les acquitter (Dalmas, p. 327).

CHAPITRE II

DES POURSUITES D'OFFICE.

ARTICLE 121.

Les frais des actes et procédures faits sur la poursuite d'office du ministère public, dans les cas prévus par le Code civil, et notamment par les art. 50, 53, 81, 184, 191 et 192, relativement aux actes de l'état civil, seront payés, taxés et recouvrés ainsi qu'il est dit dans le chapitre précédent.

La vérification annuelle des registres de l'état civil prescrite par l'ordonnance du 26 novembre 1823, peut donner lieu à la constatation d'irrégularités. Le ministère public doit les dénoncer aux tribunaux et requérir contre les officiers de l'état civil des condamnations à l'amende pour contraventions aux art. 34, 35, 37, 38, 39, 40, 41, 42, 49, 192 et 193 du Code civil.

S'il s'agit d'une poursuite emportant une simple amende, elle doit être dirigée devant le tribunal civil, par assignation à jour fixe dans la forme des ajournements. S'il y avait crime ou délit, l'action devrait être dirigée au criminel.

Les magistrats du ministère public ne peuvent se transporter dans les communes pour opérer la vérification des registres de l'état civil que sur l'ordre ou avec l'autorisation préalable du procureur général (Ord. 10 mars 1825, art. 5 et 6).

Les frais auxquels donnent lieu les poursuites disciplinaires dirigées contre un magistrat, conformément à la loi du 20 avril 1810, doivent être acquittés sur les fonds généraux des frais de justice (Décis. 17 juin 1823).

On doit ranger dans la classe des frais autorisés par les art. 121 et 122 du tarif, les frais occasionnés par les informations faites en vertu de la loi du 16 juin 1824 pour constater l'état des magistrats qui, par suite d'infirmités graves, doivent être admis à la retraite (Décis. 5 mars 1825).

ARTICLE 122.

Il en sera de même lorsque le ministère public poursuivra d'office les rectifications des actes de l'état civil, en conformité de l'avis du conseil d'État du 12 brumaire an XI ; comme aussi au sujet des poursuites faites en conformité de la loi du 25 ventôse an XI, sur le notariat, et généralement dans tous les cas où le ministère public agit dans l'intérêt de la loi et pour assurer son exécution.

Les rectifications ne doivent être poursuivies d'office que lorsqu'elles intéressent l'ordre public (Avis Cons. d'État, 12 brumaire an XI).

L'ordre public est intéressé à la rectification ou au rétablissement des actes, dans les cas suivants :

1° Lorsque ces actes, par leur généralité, intéressent l'ordre public. Ainsi, dans le cas où les registres d'une ou de plusieurs communes ont été perdus ou incendiés ou s'ils n'ont pas été tenus ; enfin, lorsqu'il y a destruction dans des circonstances analogues et fortuites, ou des cas de force majeure, qui en ont entraîné la perte totale (Circ. 4 nov. 1814 ; — 18 oct. 1871).

Ou quand il y a eu omission d'un grand nombre d'actes sur les registres d'une commune (Décis. 2 mai 1834).

Il suffit même que plusieurs actes soient incomplets (Poitiers, 26 mai 1846).

2° Quand ils concernent des indigents (Loi du 25 mars 1817, art. 75. — Loi du 10 déc. 1850, art. 3).

3° Quand ils concernent des individus appelés par la loi au service militaire, et qui voudraient tenter de s'y soustraire par suite d'omissions sur les registres, ou d'erreurs commises dans les actes inscrits (Circ. 27 nov. 1821).

D'après une circulaire du 22 brumaire an XIV, le ministère public doit intervenir d'office pour requérir la rectification ou le rétablissement des actes de l'état civil dans les cas qui intéressent l'ordre public, notamment quand il s'agit de faire fixer l'âge des conscrits.

Certains auteurs ont prétendu que cette circulaire n'a plus d'effet, attendu qu'aux termes de la loi du 21 mars 1832, art. 7, dont les dispositions ont été reproduites dans l'article 11 de la loi du 27 juillet 1872, la notoriété suffit pour faire considérer comme ayant l'âge requis pour le tirage, les jeunes gens qui ne peuvent produire un extrait des registres de l'état civil.

Pour nous, nous pensons que l'ordre public est intéressé à ce que l'état civil de chaque soldat soit régulier ; sans doute, la notoriété publique suffit pour les faire inscrire sur les listes de tirage, mais l'absence ou l'irrégularité des actes est, non seulement pour les militaires, mais aussi pour l'administration de la guerre, une source de grandes difficultés et il est intéressant pour l'ordre public qu'elles soient évitées s.

Les dispositions de la circulaire du 22 brumaire an XIV n'ont jamais été rapportées ; elles doivent être encore actuellement suivies.

Chacun est intéressé à ce que les actes de l'état civil qui le concernent soient réguliers, mais la société n'y est-elle pas également intéressée ? Pourquoi refuser à une personne ce qui est admis pour une collectivité ? Combien faut-il d'omissions ou d'erreurs pour que l'ordre public soit considéré comme intéressé et pourquoi rendre responsables les citoyens lorsque aucune faute ne leur incombe ?

Il serait désirable que le ministère public pût intervenir d'office lorsqu'il y aurait lieu de rectifier un acte de l'état civil irrégulier ou de reparer une omission, toutes les fois que la partie intéressée serait indigente ou lorsque aucune faute ne lui serait imputable. Il suffirait pour cela de généraliser les dispositions si sages, si utiles de la loi du 10 décembre 1850, sur le mariage des indigents. Dans ce cas, en effet, comme pour tout ce qui touche aux actes de l'état civil, l'intérêt particulier et l'intérêt social sont confondus.

On doit ranger dans la classe des procédures dont l'administration acquitte les frais : 1° Les frais occasionnés par les informations qui ont lieu en vertu de la loi du 16 juin 1824, pour constater l'état des magistrats qui, par suite de leurs infirmités doivent être admis à la retraite ; — 2° Les frais de poursuites disciplinaires contre les membres de l'ordre judiciaire, magistrats, avocats, avoués, notaires, greffiers et huissiers ; — 3° Les frais faits par le ministère public dans les cas prévus par l'art. 302 C. C., quand il demande, aux termes de cette disposition, que tous ou quelques-uns des enfants des époux qui ont obtenu la séparation de corps soient confiés à l'un de ces époux ou à une tierce personne (Décis. 14 fév. 1824. — V. Dalmas, p. 333).

Toutes les fois que le ministère public agit comme partie principale dans un intérêt d'ordre public et lors même qu'il se serait trompé sur l'étendue de ses attributions et qu'il aurait succombé dans son action, l'État ne saurait encourir une condamnation aux dépens (Cass., 10 déc. 1878).

Ainsi, si le ministère public triomphe, l'état de frais présenté par le procureur de la République au magistrat qui a jugé, est taxé par ce magistrat, et, sur l'exécutoire délivré par le greffier, l'administration de l'enregistrement en poursuit le recouvrement si les parties sont solvables.

Si le ministère public succombe, les actes et dépenses ordonnés par lui sont acquittés par la même administration ; mais, dans ce cas, comme les jugements ne portent jamais de condamnation contre lui, alors la partie qui a gagné est obligée de payer ses propres dépens, c'est-à-dire son avoué, son avocat et enfin tous les frais qu'elle a faits, même le jugement, si elle en a besoin comme titre qu'elle veuille conserver (Dalloz, *Frais et dépens*, n° 59).

Il n'y a pas lieu d'allouer sur les fonds généraux des frais de justice les dépens faits dans une instance ayant pour objet de faire déclarer l'absence, ou de constater le décès d'un militaire dont la femme ou les héritiers sont dans l'indigence (Décis. 18 mai 1824).

En cas d'indigence des parties, il y aurait lieu aujourd'hui de recourir à la loi du 22 janv. 1851, sur l'assistance judiciaire (Décis. 24 juin 1875).

Toutefois, les extraits de jugements rendus en matière d'absence, et qui sont envoyés au ministère de la justice pour être rendus publics conformément à l'art. 118 C. C., étant levés et transmis en exécution de la loi, doivent être payés aux greffiers sur les fonds généraux des frais de justice, sauf le recouvrement contre qui de droit, s'il y a lieu (Décis. 2 mars 1825).

Les greffiers n'ont droit à aucun émolument sur les fonds du ministère de la justice pour les expéditions qu'ils délivrent en matière disciplinaire notariale et de rectifications d'actes de l'état civil.

ARTICLE 123.

Il n'est point dérogé, par les précédentes dispositions, à celles du décret du 12 juillet 1807, concernant les droits à percevoir par les officiers de l'état civil.

Les droits sont restés les mêmes, mais le prix du timbre a été augmenté.

Ils ont été fixés ainsi qu'il suit par la loi du 12 juillet 1807, concernant les droits à percevoir par les officiers publics de l'état civil :

1° Pour chaque expédition d'un acte de naissance, de décès ou de publication de mariage.......................... » fr. 30

Dans les villes de 50,000 habitants et au-dessus...... »   50

A Paris.. »   75

2° Pour expéditions des actes de mariage et d'adoption... »   60

Dans les villes de 50,000 habitants et au-dessus..... 1   »

A Paris... 1   50

Plus le prix du timbre.

CHAPITRE III

DES INSCRIPTIONS HYPOTHÉCAIRES REQUISES PAR LE MINISTÈRE PUBLIC.

ARTICLE 124.

Les frais d'inscription hypothécaire, lorsqu'elle sera requise par le ministère public, en conformité de l'art. 121 du Code d'instruction criminelle, seront avancés par l'administration de l'enregistrement, laquelle en sera remboursée sur les biens des condamnés, dans les cas et aux formes de droit.

Il s'agit ici du cas où le prévenu est admis à fournir caution pour obtenir sa mise en liberté provisoire.

ARTICLE 125.

Il en sera de même dans tous les cas où le ministère public est tenu, conformément à la loi et aux décrets, de prendre des inscriptions d'office, dans l'intérêt des femmes, des mineurs, du Trésor, etc., etc.

Le ministère public doit prendre d'office des inscriptions hypocaires :

1° Au profit des absents non représentés (Art. 114, 123 C. C.).

2° Au profit des mineurs ou interdits, sur les immeubles appartenant à leur tuteur, à raison de sa gestion et du jour de l'acceptation de la tutelle (Art. 2138 C. C. 692 C. proc.).

3° Au profit des femmes mariées (2135, 2138 C. C. — 692 C. proc.).

4° Au profit des aliénés non interdits, sur les immeubles de l'administrateur provisoire de leurs biens (Loi du 3 juin 1838, art. 34, § 3).

La loi du 24 mai 1858 a modifié les dispositions de l'art. 692

C. proc. et rendu obligatoire pour le ministère public l'inscription de l'hypothèque légale.

Quand il y a lieu de prendre inscription, le magistrat présente au conservateur des hypothèques deux bordereaux visés pour timbre en débet et contenant les énonciations prescrites par l'art. 2148 du Code civil.

CHAPITRE IV

DU RECOUVREMENT DES AMENDES ET CAUTIONNEMENTS.

ARTICLE 126.

Les frais des recouvrements des amendes prononcées dans les cas prévus par le Code d'instruction criminelle et par le Code pénal, seront taxés conformément au tarif réglé par les décrets du 16 février 1807, pour la procédure civile. — L'avance de ces frais ne sera point imputée, par l'administration de l'enregistrement, sur les fonds généraux des frais de justice criminelle; elle s'en remboursera, suivant les formes de droit, sur les parties condamnées. — En cas d'insolvabilité des condamnés, les frais de poursuites seront alloués à l'administration dans ses comptes, en conformité de l'art. 66 de la loi du 22 frimaire an VII.

La loi du 29 décembre 1873, art. 25, a substitué aux receveurs de l'enregistrement les percepteurs des contributions directes pour le recouvrement des amendes et condamnations pécuniaires proprement dites, et aussi pour les amendes forestières, celles de presse, les frais de réparations en matière de roulage, la valeur des armes, engins et autres objets confisqués en matière de délits de chasse et de pêche, les restitutions et dommages-intérêts, enfin les frais de justice.

L'art. 25 a, en outre, autorisé les porteurs de contraintes à remplacer les huissiers pour l'exercice des poursuites. Cette substitution n'est que facultative.

Les huissiers continuent à être remunérés conformément aux dispositions de l'art. 126. Les porteurs de contraintes n'ont droit qu'au tarif des frais alloués pour les poursuites en matière de contributions directes.

Les frais de translation à laquelle peut donner lieu l'exercice de la contrainte par corps sont supportés par le ministère des finances.

ARTICLE 127.

Il en sera de même pour le recouvrement des cautionne-
ments fournis à l'effet d'obtenir la liberté provisoire des pré-
venus, et dans les cas prévus par les articles 122 et 123 du
Code d'instruction criminelle.

La mise à exécution de l'article 124, § 1er, du Code d'instruction criminelle modifié par la loi du 14 juillet 1865, a soulevé
des difficultés entre l'administration des domaines et l'autorité
judiciaire.

Ce paragraphe est ainsi conçu : « Si le cautionnement consiste
en espèces, il sera versé entre les mains du receveur de l'enregistrement, et le ministère public, sur le vu du récépissé, fera exécuter l'ordonnance de mise en liberté. »

L'administration avait pensé qu'en cas de mise en liberté sous
caution, le receveur ne pouvait encaisser le cautionnement que
sur la production d'une expédition complète et régulière de l'ordonnance de mise en liberté.

L'autorité judiciaire pensait au contraire que, pour entrer dans
l'esprit de la loi, il fallait considérer comme suffisante toute justification officielle de l'existence et des considérations de la mise en
liberté, en tenant compte des circonstances de temps et de lieux
dans lesquelles a pu intervenir l'ordonnance.

Cette difficulté a été ainsi tranchée.

Le cautionnement, dont le versement effectif doit précéder la
libération, sera encaissé sur la production, soit d'une expédition
complète de l'ordonnance, si cette expédition a été requise par la
partie ; soit d'un simple extrait de l'ordonnance délivré par le
greffier dépositaire du dossier ; soit d'un certificat délivré par le
juge d'instruction ou le magistrat du parquet, en cas d'urgence et
constatant l'existence de l'ordonnance de mise en liberté, le chiffre du cautionnement et la somme affectée par le juge instructeur
ou par le tribunal compétent à chacune des parties du cautionnement.

Toutefois cet acte, quel qu'il soit, ne doit pas échapper à la formalité du timbre toujours obligatoire. Le plus souvent il sera

dressé sur papier timbré, puisque l'extrait du greffier sera le mode le plus ordinaire et le plus naturel de constatation.

Dans le cas où l'urgence aura obligé le magistrat lui-même à dresser le certificat, qui pourra alors être délivré sur papier libre, le receveur de l'enregistrement percevra, au moment du versement du cautionnement, le droit de timbre au comptant (Circ. du 15 janv. 1868).

ARTICLE 128.

La même disposition est applicable, quant à la taxe, aux poursuites faites par les cautions, à l'effet d'obtenir les restitutions, dans les cas de droit, des sommes déposées dans la caisse de l'administration de l'enregistrement, aux termes de l'article 117 du Code d'instruction criminelle.

Les articles 117, 122 et 123 du Code d'instruction criminelle, cités ci-dessus, ont été modifiés par la loi du 14 juillet 1865 relative à la liberté provisoire.

CHAPITRE V

DU TRANSPORT DES GREFFES.

ARTICLE 129.

Lorsqu'il y aura lieu au déplacement des registres, minutes et autres papiers d'un greffe, les frais d'emballage et de transport seront acquittés comme frais généraux de justice, avec les formalités prescrites par le présent décret.

ARTICLE 130.

Dans les cas prévus ci-dessus, il sera dressé sans frais, par le greffier, et à son défaut par le juge de paix, un bref état des registres et papiers à transporter. — La décharge du transport sera donnée au bas de cet état.

ARTICLE 131.

Le mode et les frais du transport seront réglés par le préfet ou le sous-préfet de l'arrondissement, et une copie du marché sera envoyée au ministre de la justice.

Ces marchés ne seront soumis à l'enregistrement que pour le droit fixe d'un franc.

Les honoraires dus aux personnes employées au triage et à l'inventaire des papiers, minutes et registres des juridictions supprimées, doivent être payés par vacations, en prenant pour base de la fixation les prix déterminés par l'article 22 du présent décret (Inst. gén.).

L'état des registres et papiers à transporter doit être dressé sans frais par le greffier et à son défaut par le juge de paix, mais seulement lorsqu'il s'agit de papiers et de registres appartenant exclusivement à l'administration de la justice. Lorsque dans le nombre il s'en trouve, comme il arrive dans les anciens greffes, qui appartiennent à l'administration proprement dite, il doit en être dressé un état séparé. Ce travail ne rentre pas dans les fonctions des greffiers à raison desquelles ils reçoivent un traitement de l'État et ils sont en droit de réclamer une indemnité pour leurs soins et dépenses. Cette indemnité doit être réglée par l'autorité administrative (Dalmas, p. 340).

Les minutes des anciennes justices de paix supprimées doivent être déposées aux greffes des tribunaux d'arrondissement dans le ressort desquelles ces justices se trouvent placées. Les frais de transport doivent être payés dans la forme usitée pour l'acquit des frais de justice, et ceux du classement au greffe du tribunal sont à la charge des greffiers (Décis. 23 déc. 1807).

TITRE III

DU PAIEMENT ET DU RECOUVREMENT DES FRAIS DE JUSTICE CRIMINELLE.

CHAPITRE PREMIER

DU MODE DE PAIEMENT.

ARTICLE 132.

Le mode de paiement diffère suivant leur nature et leur urgence ; il est réglé ainsi qu'il suit.

ARTICLE 133.

Les frais urgents seront acquittés sur simple taxe et mandat du juge, mis au bas des réquisitions, copies de convocations, ou de citations, états ou mémoires des parties.

On doit joindre à la procédure, ou un double des taxes, ou des notes indiquant la nature et le montant des dépenses, lorsque ces dépenses doivent être portées plus tard dans les états de liquidation (V. art. 163).

Le mot *juge* employé dans l'art. 133, ne doit pas être pris dans une acception rigoureuse. Il est reconnu que lorsque l'officier du ministère public agit pour constater un crime ou un délit flagrant, il remplit en quelque sorte les fonctions de juge d'instruction et rien ne s'oppose, dès lors, à ce qu'il fasse payer comme frais urgents, sous sa propre responsabilité et à la charge d'en faire connaître le motif, les indemnités réclamées par les personnes dont il a requis les services.

Il en est de même pour les officiers de police auxiliaires du procureur de la République.

Les juges de paix, officiers de gendarmerie, commissaires de police, maires et adjoints, ont les mêmes droits que le procureur de la République et peuvent même taxer les témoins qu'ils ont fait comparaître (Dalmas, p. 345).

ARTICLE 134.

Sont réputés frais urgents :

1° Les indemnités des témoins et des jurés ;

2° Toutes dépenses relatives à des fournitures ou opérations pour lesquelles les parties prenantes ne sont pas habituellement employées ;

3° Les frais d'extradition des prévenus, accusés ou condamnés.

Sont considérés comme frais urgents :

Les frais de chaussures nécessaires aux inculpés qui se rendent à pied d'un lieu à un autre et qui sont fournies sur la réquisition du ministère public adressée à l'autorité municipale. Le mémoire du cordonnier est taxé par le procureur de la République (Décis., 4 nov. 1820).

Les dépenses pour la conservation et le transport des pièces à conviction.

Les frais d'exhumation de cadavre.

Le prix des fournitures des experts et les salaires de leurs aides.

Les dépenses des animaux mis en fourrière, etc.

Les honoraires et les vacations des médecins et de tous individus qui ne sont pas employés habituellement par les tribunaux doivent être acquittés comme frais urgents, mais la taxe doit faire mention expresse que la partie prenante n'est pas habituellement employée aux opérations qui y ont donné lieu (Décis. 12 février 1849).

ARTICLE 135.

Lorsqu'un témoin se trouvera hors d'état de fournir aux frais de son déplacement, il lui sera délivré, par le président de la Cour ou du tribunal du lieu de sa résidence, et à son défaut, par le juge de paix, un mandat provisoire, à-compte de ce qui pourra lui revenir pour son indemnité.

Le receveur de l'enregistrement qui acquittera ce mandat fera mention de l'à-compte, en marge ou au bas de la copie de la citation.

La somme allouée à titre d'à-compte ne doit pas excéder le montant de l'indemnité qui est due pour aller.

L'indigence est établie par un certificat du maire de la commune du témoin ou toute autre pièce équivalente.

Le mot témoin n'est pas limitatif et le bénéfice de cette disposition pourrait être appliqué à un expert qui se trouverait dans le cas prévu (Dalmas, p. 347).

ARTICLE 136.

Dans le cas où l'instruction d'une procédure criminelle exigerait des dépenses extraordinaires et non prévues par le présent décret, elles ne pourront être faites qu'avec l'autorisation motivée des procureurs généraux, sous leur responsabilité personnelle, et à la charge par eux d'en informer, sans délai, le ministre de la justice.

Aucune dépense extraordinaire, par exemple, la levée d'un plan, la mise à sec d'une citerne, d'un canal ou d'un étang, l'exploration par les hommes du métier d'une mine, d'une carrière, d'une caverne ou des caves d'un édifice, la vidange d'un puits ou d'une fosse d'aisance, quand elle doit nécessiter des moyens extraordinaires et dispendieux, en un mot, aucune opération longue et coûteuse, en dehors de celles qui sont prévues par les décrets réglementaires, ne peut avoir lieu qu'avec une autorisation préalable (Décis. 31 janv. 1824).

Ce ne serait que dans le cas d'une extrême urgence et d'un péril évident pouvant résulter du moindre retard que le ministère public pourrait ordonner ces dépenses, mais sous sa responsabilité personnelle, et à charge de les supporter lui-même si elles n'étaient pas approuvées.

Il peut être nécessaire pour les procureurs près les Cours d'assises d'autoriser ou ordonner, au cours d'une session, des dépenses extraordinaires. Ils doivent en informer immédiatement le procureur général lequel en rend compte au ministre de la justice (Décis. 27 juill. 1822 ; — 27 déc. 1823).

L'article 136 ne vise que les dépenses extraordinaires qu'il peut être nécessaire d'engager au cours de l'instruction criminelle. Mais, lorsque l'instruction est terminée et la procédure close par l'arrêt de la chambre des mises en accusation, le dit article cesse d'être applicable.

Il ne lie donc pas le président des assises, qui tire des dispositions de l'art. 268 C. I. C. le pouvoir discrétionnaire de prescrire, seul et sans l'autorisation du procureur général, toutes les dépenses qu'il juge utiles à l'entière manifestation de la vérité (Décis. 31 mars 1879).

Lorsque le procureur général a autorisé une dépense extraordinaire, il doit, en rendant compte au ministre de la justice, faire connaître la somme à laquelle pourra s'élever la dépense (Décis. 4 mars 1826).

Il n'appartient qu'au procureur général d'ordonner la translation, aux frais de l'État, d'un témoin malade, et il peut seul régulariser cette dépense (Décis. 28 avril 1827).

Lorsque, dans une affaire, il y a un grand nombre d'accusés, on peut, par mesure d'économie, faire imprimer, pour les notifications, l'arrêt de renvoi et l'acte d'accusation. Cette impression, préalablement autorisée par le ministre de la justice, est faite par les soins du procureur général et aux frais du Trésor, sauf recouvrement. (Décis. 16 avril 1849).

L'internement d'un individu dans une maison d'aliénés, effectué par l'Administration en conformité de l'arrêt d'une Cour d'assises devant laquelle cet individu avait été traduit, et qui a jugé le dit internement nécessaire pour faire constater son état mental, ne constitue pas une simple mesure d'instruction criminelle. Par suite, les dépenses qui en sont résultées ne peuvent être considérées comme des frais de justice et ne sauraient, en aucun cas, être mises à la charge de l'État (Cass. 5 fév. 1879. D. P. 79. 1. 177).

Cette solution est trop absolue ; les frais nécessités par l'examen de l'état intellectuel, d'un accusé sont des frais d'instruction et doivent être payés comme tels.

Quand l'expédition d'un contrat est nécessaire pour l'instruction d'une affaire criminelle, il faut suivre le mode prescrit pour les dépenses extraordinaires (Décis. 7 avril 1827).

ARTICLES 137, 138, 139.

Abrogés par l'ordonnance du 28 novembre 1838.

ARTICLE 140.

Les formalités de la taxe de l'exécutoire seront remplies, sans frais, par les présidents, les juges d'instruction et les juges de paix, chacun en ce qui le concerne.

L'exécutoire sera décerné sur les réquisitions de l'officier du ministère public, lequel signera la minute de l'ordonnance.

Les officiers du parquet ne doivent requérir le paiement d'un mémoire de frais de justice criminelle qu'autant que les deux expéditions, l'une sur papier timbré si la dépense excède dix francs, l'autre sur papier libre, exigées par l'art. 2 de l'ordonnance du 28 novembre 1838, leur sont remises. Les juges de paix doivent en faire autant à l'égard des mémoires de frais en matière de simple police.

Lorsque les magistrats taxateurs ne sont pas d'accord, chacun d'eux doit indiquer les motifs de son opinion.

Il est recommandé aux rédacteurs des mémoires de mentionner les divers actes dans le même ordre sur les doubles fournis ; de les numéroter exactement ; de maintenir, en un mot, une concordance parfaite entre ces deux documents, afin de faciliter l'examen auquel il est procédé par la chancellerie (Circ. 14 août 1876, § 4, n° 5).

Les greffiers et huissiers doivent, pour les affaires à la requête des administrations publiques et des communes, présenter des mémoires particuliers.

ARTICLE 141.

Les juges qui auront décerné les mandats ou exécutoires, et les officiers du ministère public qui y auront apposé leur signature, seront responsables de tout abus ou exagération dans les taxes, solidairement avec les parties prenantes, et sauf leur recours contre elles.

Il est du devoir des magistrats de ne signer leurs réquisitoires qu'après un examen attentif.

Les juges taxateurs doivent tracer leurs signatures d'une manière très distincte, afin qu'on puisse savoir sans retard à qui incombe la responsabilité d'une erreur, d'un abus ou d'une exagération (Circ. 14 août 1876, n° 1).

ARTICLE 142.

Les présidents et les juges d'instruction ne pourront refuser de taxer et de rendre exécutoires, s'il y a lieu, des états ou mémoires de frais de justice criminelle, par la seule raison que ces frais n'auraient pas été faits par leur ordre direct, pourvu toutefois qu'ils aient été faits en vertu des ordres d'une autorité compétente, dans le ressort de la Cour ou du tribunal que ces juges président ou dont ils sont membres.

Le procureur de la République ne peut se dispenser de requérir exécutoires les mémoires de frais en matière forestière qui lui sont présentés après toutefois s'être soigneusement assuré qu'il n'existe ni exagération, ni abus dans le coût des actes et diligences qui y sont compris (Décis. 4 avril 1826).

Les états de frais de justice en matière de délits forestiers sont rédigés par les greffiers et huissiers sur des imprimés fournis par l'administration des forêts. Ils sont vérifiés par l'agent forestier chargé des poursuites, taxés par le président du tribunal sur la réquisition du ministère public, et joints à l'appui des mandats de paiement délivrés par le conservateur des forêts sur le crédit spécial mis à sa disposition (Règlement du 26 déc. 1866, § 306).

ARTICLE 143.

Abrogé par l'ordonnance 28 novembre 1838.

ARTICLE 144.

Les états ou mémoires seront dressés de manière que les officiers de justice et les préfets puissent y apposer leurs taxes, exécutoires, règlements et visa; autrement ils seront rejetés, ainsi que les mémoires des greffiers ou d'huissiers qui ne seraient point conformes aux modèles arrêtés par le ministre de la justice, comme il est dit dans l'article 82 ci-dessus.

Les mémoires ne sont plus soumis au visa du préfet.

ARTICLE 145.

Abrogé par l'ordonnance 28 novembre 1838.

ARTICLE 146.

Les états ou mémoires qui ne s'élèveront pas à plus de dix *francs, ne seront point sujets à la formalité du timbre.*

ARTICLE 147.

Aucun état ou mémoire fait au nom de deux ou plusieurs parties prenantes ne sera rendu exécutoire, s'il n'est signé de chacune d'elles ; le paiement ne pourra être fait que sur leur acquit individuel, ou sur celui de la personne qu'elles auront autorisée spécialement et par écrit à toucher le montant de l'état ou mémoire.

Cette autorisation et l'acquit seront mis au bas de l'état, et ne donneront lieu à la perception d'aucun droit.

Si les parties prenantes sont illettrées, la déclaration en est faite aux comptables chargés du paiement, qui la transcrivent sur la pièce à acquitter, la signent et la font signer par deux témoins présents au paiement pour toutes les sommes au-dessous de 150 francs. Il doit être exigé une quittance notariée pour les paiements de 150 francs et au-dessus. Les frais de cette quittance sont à la charge des parties prenantes (Ord. 31 mai 1838, art. 318).

Les greffiers sont dans l'usage de donner, sur les mémoires qu'ils établissent pour le paiement des frais d'extraits de jugements, le détail des titres de perception qu'ils ont transmis aux trésoriers généraux chargés de leur recouvrement. Ces mêmes indications se trouvant déjà reproduites sur les bordereaux qui accompagnent les envois d'extraits, il a été convenu entre la chan_cellerie et le ministère des finances qu'à l'avenir et en vue d'alléger le travail des greffiers, le mémoire produit pour le paiement des frais d'extraits présenterait seulement le nombre des extraits admis dans chaque envoi, et qu'il ne sera plus nécessaire d'en donner le détail comme par le passé.

Ces mémoires seront transmis directement à la trésorerie générale, par les greffiers, pour être rapprochés des bordereaux d'envois correspondants. Après avoir constaté le résultat de cette vérification, le trésorier général certifiera la conformité de ces mémoires et les transmettra au préfet chargé d'en arrêter le montant destiné au paiement des frais réclamés par les greffiers.

A l'avenir, ces mémoires ne seront plus revêtus de la taxe du juge, comme le prescrit l'art. 144 du tarif.

La liquidation des frais d'extraits ne peut, en effet, donner lieu à aucune difficulté et il est inutile de demander aux magistrats leur intervention pour le paiement des dépenses qui sont mandatées par les préfets et imputées sur les crédits du ministère des finances (Décis. sept. 1879).

ARTICLE 148.

Les états ou mémoires qui comprendraient des dépenses autres que celles qui, d'après le présent décret, doivent être payées sur les fonds généraux des frais de justice, seront rejetés de la taxe et du visa, *sauf aux parties réclamantes à diviser leurs mémoires par nature de dépenses, pour le montant en être acquitté par qui de droit.*

ARTICLE 149.

Abrogé par l'ordonnance du 28 nov. 1838, art. 7.

ARTICLE 150.

Les frais d'extradition des prévenus, accusés ou condamnés, seront acquittés sur simple mandat du préfet le plus voisin du lieu où se fera l'extradition, d'après les états de dépense dûment certifiés par les autorités compétentes. Ces états demeureront joints aux mandats des préfets.

D'après les traités actuellement en vigueur avec la plupart des pays étrangers, les frais occasionnés par l'arrestation, la garde, la nourriture des prévenus et le transport des objets saisis au lieu où la remise doit s'effectuer, sont supportés par celui des États sur le territoire duquel les extradés ont été saisis.

ARTICLES 151 ET 152.

Abrogés.

ARTICLE 153.

Le secrétaire général de l'administration de l'enregistrement à Paris, et les directeurs de cette administration dans les départements, ne pourront refuser leur visa *sur les mandats ou exécutoires qui auront été délivrés conformément aux dispositions du présent décret, si ce n'est dans les cas suivants :*

1° S'il existe des saisies ou oppositions au préjudice des parties prenantes, ainsi qu'il est dit dans le décret du 13 pluviôse an XIII ;

2° Si ces mandats ou exécutoires comprennent des dépenses autres que celles dont l'administration de l'enregistrement est chargée de faire l'avance sur les crédits ouverts au ministre de la justice.

Dans ces deux cas, le secrétaire général et les directeurs de l'administration feront mention, en marge ou au bas des mandats ou exécutoires, des motifs de leur refus de les viser.

ARTICLE 154.

Les mandats et exécutoires délivrés pour les causes et dans les formes déterminées par notre présent décret seront payables chez les receveurs établis près le tribunal de qui ils émaneront.

Un arrêté du 2 frimaire an VI obligeait les receveurs de l'enregistrement à acquitter les taxes de témoins à l'instant même de la présentation, sans distinction d'heures ni de jour. Ces dispositions ont été modifiées. Il a été décidé que pour ces paiements les bureaux ne seraient tenus d'être ouverts que depuis une heure avant le lever jusqu'à une heure après le coucher du soleil (Dalmas, p. 373).

Les receveurs de l'enregistrement dans les cantons ruraux sont autorisés, par dérogation à l'art. 154, à payer, à titre de virement, les mémoires des médécins ou experts employés dans les procédures criminelles, pour le compte de leurs collègues du chef-lieu de l'arrondissement (Circ. direction de la comptabilité générale des finances, 26 déc. 1860).

ARTICLE 155.

Les greffiers et les huissiers ne pourront réclamer directement des parties le paiement des droits qui leur sont attribués.

La règle posée par cet article n'est pas absolue. Les huissiers pouvent valablement recevoir leurs salaires des parties lorsque, par exemple, usant de la faculté réservée par l'art. 321 du Code d'instruction criminelle, elles font citer des témoins à décharge. De même, lorsque la partie plaignante fait citer le prévenu directement à l'audience conformément à l'art. 182 du Code précité.

Lorsque les greffiers délivrent aux intéressés des expéditions qu'elles sont en droit de lever à leurs frais et lorsque dans les cas prévus par l'art. 159 ci-après, le juge décerne exécutoire directement contre la partie civile, les greffiers, comme toutes les autres parties prenantes, peuvent recevoir leur paiement des mains mêmes de la partie.

CHAPITRE II

DE LA LIQUIDATION ET DU RECOUVREMENT DES FRAIS.

ARTICLE 156.

La condamnation aux frais sera prononcée, dans toutes les procédures, solidairement contre tous les auteurs et complices du même fait, et contre les personnes civilement responsables du délit.

Le prévenu de contravention, renvoyé en simple police par une ordonnance du juge d'instruction, doit être condamné à tous les frais de la procédure antérieure à l'ordonnance (Cass. 10 août 1867. B. 191).

Le prévenu poursuivi en même temps que d'autres individus, mais pour un fait distinct et non connexe, ne peut être condamné solidairement avec ses coprévenus pour des délits qui lui sont entièrement étrangers (Cass. 17 avril 1873. B. 102).

Plusieurs prévenus poursuivis par une seule et même instruction, condamnés par le même arrêt, peuvent être solidaires des frais, lorsqu'il y a connexité dans la poursuite, alors même qu'ils seraient reconnus coupables de faits différents (Cass. 30 janv. 1873. B. 29).

Quoiqu'un prévenu n'ait participé qu'à un seul chef de prévention sur trois, il peut être condamné solidairement à l'amende et aux frais, si les deux chefs n'ont entraîné, pour leur constatation, aucuns frais distincts (Cass. 11 août 1864. B. 211).

Le prévenu poursuivi pour deux faits distincts, acquitté sur l'un, condamné sur l'autre, peut n'être condamné qu'à la moitié des frais auxquels a donné lieu cette double prévention (Cass. 19 avril 1860. B. 103).

Lorsqu'il y a plusieurs condamnés pour délits non connexes, l'arrêt doit déterminer la quote-part des frais afférente à chaque partie, à raison de chaque chef de prévention (Cass. 15 juill. 1864. B. 186).

Lorsqu'une poursuite commune, pour un fait unique, est exercée contre trois accusés, dont deux ont été condamnés et le troisième acquitté, les frais peuvent être mis solidairement à la charge des deux condamnés. Quoiqu'il y ait une partie civile, cette dernière ne succombe pas dans son intervention, et, dès lors, elle ne peut être condamnée à la partie des frais afférente à l'accusé acquitté (Cass. 17 août 1861. B. 186).

L'enfant acquitté comme ayant agi sans discernement doit être condamné aux dépens, ainsi que son père, comme civilement responsable (Cass. 17 juin 1870. B. 127).

Les extraits des jugements et arrêts concernant des mineurs, des domestiques ou des ouvriers, doivent toujours mentionner si les parents, maîtres ou patrons ont été déclarés civilement responsables (Circ. 10 avril 1856).

Les tribunaux de police peuvent décider qu'un prévenu âgé de moins de seize ans a agi sans discernement, et ne prononcer aucune peine soit contre lui, soit contre son maître civilement responsable: mais ils n'en doivent pas moins les condamner aux frais conformément aux articles 161, 162 du Code d'instruction criminelle et 1384 du Code civil (Cass. 26 mars 1858. B. 108).

Les auteurs d'une contravention de simple police sont tenus solidairement des frais de la poursuite exercée contre eux. (Cass. 20 mars 1868).

La solidarité ne peut être prononcée contre des individus déclarés coupables de contraventions commises séparément par chacun d'eux, bien que de même nature (Cass. 26 déc. 1857. D. P. 58, 1. 143).

D'après les dispositions de l'art. 55 du Code pénal, « tous les individus condamnés pour un même crime ou pour un même délit, sont tenus *solidairement* des amendes, des restitutions, des dommages-intérêts et des frais ». D'où il résulte que les personnes civilement responsables étant condamnées pour le même crime ou pour le même délit que l'auteur de ce crime ou de ce délit, elles répondent solidairement des condamnations pouvant être prononcées contre elles par les tribunaux criminels, c'est-à-dire dans tous les cas, des condamnations aux restitutions, aux dommages-intérêts et aux frais et dans certains cas aux amendes (Paris, 5 mai 1845. D. P. 45. 4. 293. — Cass. 20 avril 1866. D. P. 69, 1. 364).

Les personnes civilement responsables ne peuvent être tenues au paiement de l'amende prononcée contre le délinquant lorsque la loi n'a pas dit en termes formels qu'elles en seraient responsables ou lorsqu'elle n'a pas considéré l'amende comme faisant partie des réparations civiles.

L'amende, en effet, est une peine et ne peut dès lors frapper que le délinquant lorsqu'il s'agit de faits réprimés par le Code pénal. Quelques lois spéciales ont dérogé à ce principe, mais, pour que la responsabilité civile s'étende à l'amende, il faut que la loi le déclare.

Ainsi, en matière de douanes, la responsabilité civile s'étend même aux amendes qui sont alors considérées plutôt comme une indemnité due à l'État que comme une peine.

En matière forestière la responsabilité ne s'étend pas aux amendes (C. forest., art. 206, § 2).

En matière de chasse, elle ne s'étend ni à l'amende, ni à la onfiscation des armes ou au paiement de leur valeur.

ARTICLE 157.

Ceux qui se seront constitués parties civiles, soit qu'ils succombent ou non, seront personnellement tenus des frais d'instruction, expédition et signification des jugements, sauf leur recours contre les prévenus ou accusés qui seront condamnés, et contre les personnes civilement responsables du délit.

Ordonnance

Relative aux Sommes consignées par les Parties civiles pour Frais de procédure.

(28 juin 1832.)

Art. 1er. Il sera tenu, sous la surveillance de nos procureurs près les Cours et tribunaux et des juges de paix, par les greffiers, un registre dans lequel sera ouvert pour chaque affaire un compte particulier aux parties civiles qui auront consigné le montant présumé des frais de la procédure.

2. Sur ce registre, qui sera coté et paraphé par nos procureurs et par les juges de paix, les greffiers porteront exactement les sommes reçues et payées.

3. Dans tous les cas, les sommes non employées et qui seront restées entre les mains du greffier seront remises par lui, sur simple récépissé, à la partie civile, lorsque l'affaire sera terminée par une décision qui, à l'égard de cette partie civile, aura force de chose jugée.

4. Quant aux sommes qui auront servi à solder les frais dans les affaires soumises au jury, la partie civile qui n'aura pas succombé fournira, pour en obtenir le remboursement, un mémoire en triple expédition, revêtu des formalités prescrites par les art. 138, 139, 140, 145, 152 et 153 du règlement du 18 juin 1811. Ce mémoire sera payé, comme les autres frais de justice criminelle, par les receveurs de l'enregistrement et des domaines.

5. A l'expiration de chaque année, les greffiers adresseront, par l'intermédiaire de nos procureurs près les Cours et tribunaux, à notre ministre de la justice un compte sommaire tant des sommes consignées entre leurs mains que de celles qu'ils auront employées, ou qui auront été restituées aux parties civiles.

L'art. 368 du Code d'instruction criminelle était primitivement ainsi conçu:

« L'accusé ou la partie civile qui succombera, sera condamné » aux frais envers l'État et envers l'autre partie. »

Cette disposition a été modifiée par la loi du 28 avril 1832.

Art. 368. C. I. C. *L'accusé ou la partie civile qui succombera, sera condamné aux frais envers l'État et envers l'autre partie.*

Dans les affaires soumises au jury, la partie civile qui n'aura pas succombé, ne sera jamais tenue des frais.

Dans le cas où elle en aura consigné, en exécution du décret du 18 juin 1811, ils lui seront restitués.

La partie civile, soit qu'elle triomphe, soit qu'elle succombe, doit être condamnée aux frais, sauf son recours contre le prévenu, lorsqu'il s'agit de poursuites devant les tribunaux correctionnels ou de simple police.

Devant la Cour d'assises la partie civile n'est tenue des frais que lorsqu'elle succombe.

Toutefois la Cour d'assises peut condamner aux frais un accusé acquitté, lorsqu'elle les alloue à la partie civile à titre de dommages-intérêts, mais elle doit le déclarer explicitement ; elle viole l'art. 368 C. I. C. si elle condamne la partie civile aux dépens, sauf son recours contre l'accusé acquitté (Cass. 8 déc. 1861. B. 265).

A la différence des Cours d'assises, les tribunaux correctionnels ne doivent prononcer contre le prévenu acquitté ni dommages-intérêts, ni restitutions.

Les frais des actes faits à la requête des parties civiles devant le tribunal correctionnel doivent être taxés d'après les dispositions du décret du 18 juin 1811. Il n'y a pas à se préoccuper de cette circonstance que la partie civile réclamant des dommages-intérêts, la contestation prend en quelque sorte un caractère civil et entraîne pour la fixation des frais l'application du tarif civil du 16 février 1807. Les principes sont certains, et par cela seul que le différend est soumis à la juridiction correctionnelle, le tarif déterminé par la procédure devant cette juridiction doit être suivi (Circ. proc. gén. Paris, 20 août 1857).

ARTICLE 158.

Sont assimilés aux parties civiles :

1° Toute régie ou administration publique, relativement aux procès suivis soit à sa requête, soit même d'office et dans son intérêt ;

2° Les communes et les établissements publics, dans les procès instruits, ou à leur requête, ou même d'office, pour crimes ou délits commis contre leurs propriétés.

En principe, sont assimilés aux parties civiles, toutes les administrations et tous les établissements publics qui possèdent des biens particuliers ou qui perçoivent des droits ou des revenus distincts de ceux de l'État et affectés à des dépenses spéciales.

Seule, l'administration des mines fait exception ; elle n'a pas de caisse particulière.

La répression des crimes intéresse essentiellement l'ordre public ; les administrations et les établissements publics ne sont point tenus des frais de poursuites dans les affaires qui peuvent donner lieu à des peines *afflictives et infamantes.*

L'article 158 ne s'applique qu'au seul cas où la poursuite intentée dans *l'intérêt d'une administration publique* en vertu d'une loi spéciale, peut amener *une recette à son profit,* et les frais de justice doivent être supportés par cette administration. Ils demeurent à la charge du Trésor, quand les administrations publiques n'ont qu'un *intérêt moral* à la répression d'un délit commun. Si, au cours d'une action intentée pour un délit commun, en vertu d'une loi ordinaire, une administration publique intervient spontanément pour faire prononcer des amendes à son profit, elle ne doit que les frais de son intervention (Circ. 27 juin 1835 ; — 19 juill. 1852).

L'instruction générale du 30 septembre 1826 est beaucoup plus absolue.

» Les termes du règlement sont généraux ; ils s'appliquent à
» tous les procès suivis à la requête et sur la plainte des admi
» nistrations ou établissements publics, et même d'office et sans
» leur participation, par cela seul qu'il s'agit de leur propriété,
» et qu'ils sont intéressés d'une manière quelconque aux pour
» suites. Par une conséquence de ce principe, les administrations
» et établissements publics sont aussi tenus de supporter les
» frais de poursuites auxquelles donnent lieu les rébellions, me
» naces, injures, outrages et voies de fait contre leurs préposés
» et les délits commis par ceux-ci. Il en est de même des com
» munes à l'égard des préposés des octrois (Instr. gén., § 131). »

En matière correctionnelle et de simple police, les administrations et les établissements publics doivent supporter exclusivement tous les frais qui seraient à la charge des parties civiles ordinaires. Cette obligation s'étend évidemment à tous les frais, tant de première instance que d'appel, de quelque nature qu'ils soient, tels que voyages des magistrats, droits et indemnités des greffiers, salaires des huissiers, indemnités des témoins, honoraires des médecins, experts ou interprètes, etc. Toutes distinctions entre les diverses instances ou entre les diverses espèces de frais, ou entre les poursuites d'office et celles qui sont faites par les intéressés, blesseraient également l'esprit et la lettre du règlement (Cass. 28 mars 1879. B. 76).

On doit considérer comme parties civiles dans le sens de l'art. 158 :

1° La direction générale des contributions indirectes, pour toutes les contraventions à la perception des droits qu'elle est chargée de recouvrer, tant en vertu des lois de son institution, qu'en vertu des attributions qui lui ont été conférées postérieurement à son institution, par exemple les contraventions sur la garantie des matières d'or et d'argent, sur les poudres et salpêtres, etc.

Les frais de poursuite, en matière de fraude sur les allumettes, sont imputables sur le budget de l'administration des contributions indirectes, et non sur les frais généraux de justice criminelle. La taxe de ces frais doit être délivrée directement contre les préposés de l'administration des contributions indirectes, et les receveurs de l'enregistrement ne sont pas tenus d'en faire l'avance (Décis., 25 sept. 1876. — Circ., 12 déc. 1879).

2° L'administration des douanes.

3° L'administration de l'enregistrement, des domaines et du timbre.

4° L'administration des eaux et forêts, pour tous les délits commis en matière forestière et même pour les autres délits commis dans un bois soumis au régime forestier, et de nature à porter atteinte aux droits qu'elle est chargée de défendre (Cass., 4 juin 1855).

5° L'administration des ponts et chaussées, pour les délits de pêche fluviale.

Les frais faits par les huissiers et le coût des expéditions ou extraits de jugements, sont payés directement par le budget des travaux publics, au moyen de mandats personnels délivrés par l'ingénieur en chef sur la présentation de mémoires particuliers dûment taxés (Circ. 6 mars ; — 28 juil. ; — 9 sept. 1863).

6° L'administration des postes et télégraphes, pour les poursuites contre ceux qui s'immiscent dans le transport des dépêches, ou pour insertion de valeurs dans les lettres sans déclaration préalable, etc., et généralement pour toutes les contraventions prévues et punies par l'arrêté du 27 prairial an IX et la loi du 4 juin 1859.

Les frais de poursuites pour usage de timbres-poste ayant déjà servi sont seuls acquittés comme frais de justice criminelle.

Les ministres de la justice et des finances ont considéré la loi du 16 octobre 1849, relative aux timbres-poste, comme ayant un caractère essentiellement pénal et exclusif du droit de transaction attribué à l'administration des postes par l'ordonnance du 18 février 1843, dans les affaires contentieuses intéressant son service. En conséquence, ils ont decidé que les frais de poursuite, dans cette matière, seraient imputés sur les fonds généraux du ministère de la justice et que le recouvrement de ces frais, ainsi que des amendes prononcées par les tribunaux, aurait lieu par les soins de l'administration de l'enregistrement (Inst. de l'administration des postes).

7° Les départements, lorsqu'il s'agit de délits commis contre leurs propriétés, par exemple, pour un délit de mutilation d'arbres sur une route départementale (Décis. 29 déc. 1876).

8° Les communes, toutes les fois qu'il s'agit de délits commis dans les propriétés communales, ou de dégradations, anticipations ou usurpations commises sur les chemins vicinaux, ou de contraventions aux lois, ordonnances et règlements concernant les octrois municipaux.

D'après M. Dalloz (*Frais et dépens*, n° 1005) il y a une différence essentielle en droit, entre les communes et les administrations de l'État. Les communes, dit-il, ne sont, d'après l'art. 158, réputées parties civiles, que dans les procès instruits à leur requête ou même d'office, pour crimes ou délits commis contre leurs propriétés. Il faut que le fait soit de nature à entraver la perception de quelques-uns de leurs revenus et à affecter le recouvrement de leurs ressources municipales.

Cette distinction est juste, mais ne paraît pas avoir été adoptée par le chancellerie qui applique strictement les termes absolus de l'art. 158. Elle refuse d'imputer sur les fonds généraux de la justice criminelle les frais de poursuite pour bris de clôture et dégradations commis dans des édifices communaux. Ces délits n'affectent en rien la perception des revenus et les frais d'une poursuite intentée d'office par le ministère public peuvent être très onéreux. N'est-il pas étrange qu'une commune puisse être, à son insu, responsable des frais d'une action qu'elle n'a pas provoquée? La décision citée plus haut (Départements, 7°) qui met à la charge du département les frais de poursuite pour mutilation d'arbres, démontre que, d'après la jurisprudence adoptée, toute administration ayant une caisse est réputée partie civile, alors même qu'elle n'a qu'un intérêt moral aux poursuites.

9° Les hospices.

10° Les fabriques d'églises (Décis. 2 sept. 1879).

Le ministère public ne peut poursuivre d'office les contraven_tions en matière d'octroi (Cass., 25 août 1827).

L'administration des contributions indirectes fait exclusivement l'avance des frais des procédures instruites dans son intérêt ; les mandats et exécutoires sont délivrés par ses préposés (Circ. 6 oct. 1812).

Les autres administrations, les communes et établissements publics, quoique assimilés aux parties civiles sous les autres rapports, sont dispensés de payer les frais de poursuites pendant la durée de l'instruction, et, à plus forte raison, d'en consigner le montant. La direction de l'enregistrement en fait l'avance pour leur propre compte, de sorte que les parties prenantes sont payées dans ces sortes d'affaires, de la même manière et sans plus de difficultés que pour les autres poursuites d'office.

Ce n'est pas pour le compte du ministère de la justice que la direction de l'enregistrement fait les avances ; elle les fait pour les administrations intéressées ; elle tient avec elles un compte courant pour s'en faire rembourser lorsque le procès est terminé (Circ. 12 déc. 1879).

Il est donc très important que ces sortes de dépenses ne soient jamais confondues avec celles qui sont à la charge du ministère de la justice. Tous les réquisitoires, tous les mandements, toutes les ordonnances délivrées, pour quelque acte d'instruction, doivent énoncer clairement que les poursuites se font dans l'intérêt de telle commune, de telle administration, de tel établissement public, afin que les parties prenantes sachent qu'elles doivent dresser, pour leurs droits ou salaires, des mémoires particuliers au nom des parties intéressées.

Les exécutoires et les taxes doivent contenir la même mention, pour ne pas exposer la direction générale de l'enregistrement à les imputer sur le ministère de la justice (Inst. gén.).

Si le même individu était poursuivi pour plusieurs faits intéressant à la fois une administration et la vindicte publique et que la distinction des frais à la charge de l'Etat ou de l'administration fût impossible, la totalité de ces frais doit être allouée sur les fonds du département de la justice (Décis. 22 mars 1826).

Remarquons que les frais de poursuites pour contraventions à la police des chemins de fer restent à la charge du ministère de la justice. Cependant les compagnies possèdent des caisses spéciales et la plupart des poursuites pour contraventions aux lois et règlements ont pour but de protéger leurs recettes et perceptions, bien plus que l'intérêt social.

ARTICLE 159.

Toutes les fois qu'il y aura partie civile en cause, et qu'elle n'aura pas justifié de son indigence dans la forme prescrite par l'article 420 du Code d'instruction criminelle, les exécutoires pour les frais d'instruction, expédition et signification des jugements, pourront être décernés directement contre elle.

D'après l'art. 420 C. I. C. les personnes qui veulent justifier de leur état d'indigence doivent produire :

1° Un extrait du rôle des contributions, constatant qu'elles paient moins de six francs, ou un certificat du percepteur de leur commune, portant qu'elles ne sont pas imposées ;

2° Un certificat d'indigence à elles délivré par le maire de la commune de leur domicile ou par son adjoint, visé par le sous-préfet et approuvé par le préfet du département.

Au moyen de ces productions, les frais des poursuites faites à la requête de la partie civile sont avancés sur les crédits du département de la justice ; et, d'après une décision concertée en 1817 entre ce département et celui des finances, les actes de procédure doivent alors être visés pour timbre et enregistrés en *débet*, comme si le ministère public poursuivait seul et d'office. Mais il ne s'ensuit pas que la partie civile soit déchargée de la responsabilité que le Code d'instruction criminelle et le présent règlement font peser sur elle ; si elle succombe et qu'elle devienne plus tard solvable, la régie de l'enregistrement peut exercer son recours contre elle pour lui faire rembourser les sommes dont elle est débitrice envers l'État (Dalmas, p. 427).

La loi du 22 janvier 1851 sur l'assistance judiciaire n'est applicable que devant les tribunaux civils ; elle ne peut être invoquée par la partie civile devant les tribunaux de répression.

ARTICLE 160.

En matière de police simple ou correctionnelle, la partie civile qui n'aura pas justifié de son indigence sera tenue, avant toutes poursuites, de déposer au greffe, ou entre les mains du receveur de l'enregistrement, la somme présumée nécessaire pour les frais de la procédure. Il ne sera exigée aucune rétribution pour la garde de ce dépôt, à peine de concussion.

Les versements doivent être opérés au greffe, et non plus entre les mains des receveurs de l'enregistrement (Voir ordonnance du 28 juin 1832).

La consignation n'est pas exigée en matière criminelle. La partie peut se constituer même après la déclaration du jury et bien qu'elle ait été entendue comme témoin (Cass., 17 nov. 1840 ; — 23 fév. 1843).

L'étranger qui se constitue partie civile dans un procès correctionnel est tenu de fournir la caution *judicatum solvi*, soit qu'il agisse par voie de plainte, de citation directe ou d'intervention (Cass., 3 fév. 1814 ; — 12 fév. 1846).

La partie civile n'est tenue de consigner le montant présumé des frais du procès, qu'autant qu'elle agit comme partie jointe, lorsqu'elle a déposé une plainte au parquet et que, sur cette plainte, le ministère public exerce des poursuites et se livre lui-même aux actes de procédure (Cass., 3 mai 1838).

Lorsque la partie civile introduit elle-même l'action, comme l'art. 182 du Code d'instruction criminelle lui en donne le droit, elle n'a pas besoin de faire la consignation, parce que, dans ce cas, elle fait personnellement le déboursé de tous les frais et que, dès lors, l'administration de l'enregistrement n'a aucun recouvrement à opérer (Cass., 12 août 1831. — *Contrà*, Cour d'Alger, 20 mars 1879. — Circ. 3 mai 1825 ; — 18 juil. 1832).

Lorsqu'une instruction a eu lieu à la requête du ministère

public, la personne lésée peut, à l'audience à laquelle la cause doit être jugée, se porter partie civile, sans consigner une somme suffisante pour les frais (Cass., 14 juill. 1831 ; — 3 mai 1838. — Circ. 4 janv. 1832).

C'est le ministère public qui détermine la somme à consigner d'après le montant présumé de la totalité des frais dont la partie civile est responsable. S'il s'élève un débat sur ce point entre la partie et le magistrat du parquet, il faut en référer au tribunal pour qu'il fixe la somme qui doit être consignée (Circ. 18 juill. 1832).

Après l'épuisement du montant de la première consignation, on peut en exiger une seconde.

Par dérogation à l'art. 74 de la loi du 25 mars 1817, le ministre des finances a décidé que, lors même qu'il y aurait partie civile en cause et si les fonds consignés par elle sont épuisés, les exploits, jugements et arrêts pourront recevoir, au début, la double formalité du timbre et de l'enregistrement, *sur la production d'une réquisition écrite du ministère public*. Mais les greffiers ne doivent délivrer aux parties civiles non indigentes aucune expédition des jugements ou arrêts enregistrés en débet sur les réquisitions du ministère public avant l'acquittement des droits de timbre et d'enregistrement (Circ. 5 nov. 1861).

Quand il y a consignation, toutes les taxes, tous les exécutoires pour le paiement des frais, doivent être décernés directement contre la partie civile, et payés en son nom par le greffier, sur les sommes déposées. Ainsi les témoins, les experts, et autres parties prenantes qui ont à réclamer des frais réputés urgents, doivent être payés par le greffier pour le compte de la partie civile, et les taxes doivent en faire mention expresse.

A l'égard des huissiers, des greffiers et de tous ceux qui sont payés ordinairement sur des états ou mémoires, les expéditions, les extraits, les opérations et les actes de toute espèce qu'ils feront dans ces sortes d'affaires, doivent être portés dans des mémoires particuliers, payables comme il vient d'être dit, et non dans les mémoires ordinaires dont ils se font payer le montant sur les fonds du ministère de la justice.

Pour prévenir toute méprise sur ce point, il est nécessaire que les réquisitoires du ministère public, les mandements et les ordonnances du juge d'instruction, fassent expressément mention qu'il y a partie civile (Instr. gén.).

Les greffiers doivent tenir, pour chaque affaire, un compte spécial sur lequel ils portent exactement les sommes reçues et payées ; ils gardent les pièces sur lesquelles les paiements ont été faits, jusqu'à ce qu'ils aient obtenu de la partie une décharge définitive.

C'est à tort que des greffiers de cours d'assises ont contracté l'habitude de déduire de l'état des frais taxés, sur les extraits de la Cour, les sommes avancées par les parties civiles. Cette pratique vicieuse occasionne des pertes au Trésor. Les greffiers doivent comprendre dans la liquidation des dépens la totalité des frais, sans s'occuper du point de savoir si c'est le Trésor ou la partie civile qui en a fait l'avance ; il appartient aux parties civiles de justifier de leurs débours devant l'agent chargé du recouvrement pour n'être pas contraintes de payer deux fois les mêmes frais (Circ. oct. 1879).

ARTICLE 161.

Dans les exécutoires décernés sur les caisses de l'administration de l'enregistrement pour des frais qui ne sont pas à la charge de l'État, il sera fait mention qu'il n'y a pas de partie civile en cause, ou que la partie a justifié de son indigence.

ARTICLE 162.

Sont déclarés, dans tous les cas, à la charge de l'État, et sans recours envers les condamnés :

1° Les frais de voyage des conseillers de Cours d'appel qui seront délégués aux Cours d'assises ou spéciales ;

2° L'indemnité des jurés pour leur déplacement ;

3° Toutes les dépenses pour l'exécution des arrêts criminels.

ARTICLE 163.

*Il sera dressé, pour chaque affaire criminelle, correction-
nelle ou de simple police, un état de liquidation des frais
autres que ceux qui sont mentionnés dans l'article précédent ; et lorsque cette liquidation n'aura pu être insérée, soit
dans l'ordonnance de mise en liberté, soit dans l'arrêt ou le
jugement de condamnation, d'absolution ou d'acquittement,
le juge compétent décernera exécutoire contre qui de droit,
au bas dudit état de liquidation.*

En l'absence d'un texte spécial, les dispositions de l'art. 6 du
décret du 16 février 1807, en matière de taxe de frais et d'opposition à l'exécutoire de dépens, sont communes à la juridiction
correctionnelle et à la juridiction civile, ainsi que les délais, les
règles de compétence et les déchéances fixées par cet article
(Cass., 22 nov. 1878. B. 222).

Ainsi, c'est le juge correctionnel, en chambre du conseil et non
en audience publique, ni en chambre civile du conseil, qui est
compétent pour statuer sur une difficulté relative à la taxe des
frais réclamés dans un procès correctionnel (Cass., 22 déc. 1860.
B. 298).

Lorsque les jugements contiennent la liquidation des dépens,
les greffiers doivent indiquer séparément, sur les extraits qu'ils
délivrent aux préposés de l'enregistrement, le montant principal
des droits de timbre et d'enregistrement en débet compris dans
les dépens ; et comme ce détail fait partie intégrante des extraits
délivrés, aucun salaire supplémentaire ne doit lui être alloué à
ce sujet (Circ. 16 sept. 1820).

Il n'y a lieu de délivrer copie de l'état de liquidation que lorsqu'on n'a pas déjà délivré extrait de l'ordonnance, de l'arrêt ou
du jugement.

Pour faciliter cette liquidation, les juges de paix et les autres
officiers de police judiciaire, les juges d'instruction et les présidents des tribunaux correctionnels, aussitôt qu'ils ont terminé
leurs fonctions relativement à chaque affaire, doivent joindre aux

pièces *l'état, signé d'eux, des frais et déboursés* dont la liquidation pourra avoir lieu lorsqu'il y aura condamnation exécutoire.

Au moyen de cette sage précaution, le greffier trouvera toujours dans la procédure les renseignements nécessaires pour dresser l'état de liquidation dont il est chargé.

Cet état doit contenir *toutes les dépenses* qui ont été faites pour l'instruction des affaires, et qui sont de nature à être recouvrées sur les condamnés. On y omet souvent les indemnités des magistrats lorsqu'ils se sont transportés sur les lieux, celles des experts, des médecins et de quelques autres parties prenantes, parce qu'il n'en reste pas trace dans les procédures.

Pour éviter ces omissions, il est indispensable de joindre à chaque procédure des notes exactes de toutes les taxes qui sont accordées, lorsque ces taxes ne peuvent pas être mises au bas de la pièce qui y a donné lieu.

Les états de liquidation doivent être rédigés de manière à fixer exactement le montant des frais, et à faciliter la vérification des taxes lorsque les procédures passent sous les yeux des magistrats (Instr. gén.).

Parfois, les greffiers négligent de porter dans les états de liquidation les frais de translation des prévenus et le droit de quinze centimes alloué aux greffiers, tant pour la confection du casier administratif électoral, que pour les duplicata des bulletins n° 1 à transmettre aux commandants des dépôts de recrutement de chaque département.

Lorsque tous les frais ne peuvent être liquidés dans le jugement et qu'ils se rapportent notamment à son exécution, le greffier doit, après l'expiration des délais, consigner tous ces dépens dans un second état de liquidation, qui est joint à la procédure, et en vertu duquel un exécutoire supplémentaire est délivré par le président sur les réquisitions du parquet, puis remis à l'administration chargée du recouvrement. Toutefois, le greffier devra comprendre dans l'état de liquidation joint à l'extrait du jugement tous les frais exposés jusqu'à la délivrance de l'exécutoire, en ayant soin de grouper séparément : 1° les frais liquidés dans le jugement ; 2° ceux exposés depuis la condamnation (Circ. 14 août 1876).

Dans quelques sièges on a l'habitude de comprendre sur l'état de frais du tribunal de première instance les dépens exposés depuis le jugement et avant l'envoi du dossier au procureur général, tels que l'expédition du jugement, l'acte d'appel, l'expédition de cet acte, etc. Dans d'autres sièges, on les comprend dans l'état des frais faits devant la Cour. Parfois, et à raison de l'incertitude qui règne à cet égard, il sont omis des deux côtés.

Il ne faut porter à la liquidation de première instance que les dépens exposés jusques et y compris le jugement. Quant à ceux faits depuis, ils doivent être compris dans les états de la Cour.

Il convient aussi de prendre des mesures pour assurer le recouvrement des frais occasionnés par les pourvois en cassation. A cet effet, le greffier qui aura reçu la déclaration de pourvoi adressera au trésorier général un exécutoire supplémentaire comprenant *tous* les frais occasionnés par le pourvoi, jusqu'au moment de son envoi à la Cour suprême, y compris même les frais d'enregistrement qui sont actuellement portés sur l'extrait de la Cour de cassation, tandis que le greffier de cette Cour n'inscrira sur son extrait que les frais faits à Paris. Les obligations de chaque greffier seront ainsi parfaitement définies, et aucune confusion ne sera possible (Circ. 14 août 1876).

La nécessité de dresser des exécutoires supplémentaires est toujours fâcheuse; il est à craindre que, malgré la surveillance des magistrats du parquet, ils soient fréquemment omis, ce qui ne se produirait pas si la marche à suivre était la même pour les pourvois et pour les appels.

Les frais d'insertion auxquels un individu a été condamné pour diffamation font partie des condamnations dont l'exécution doit être réglée par le juge qui les a prononcées. Il en résulte que c'est au président de la chambre des appels de police correctionnelle, qui a eu à statuer sur l'appel, qu'il appartient de délivrer l'exécutoire relatif à ces frais. Il en résulte encore que le juge d'appel peut déterminer la quotité de ces frais sans violer la règle du double degré de juridiction (Cass., 7 déc. 1878. B. 236).

ARTICLE **164.**

Le greffier remettra, dans le plus court délai, au préposé de l'administration de l'enregistrement chargé du recouvre-

ment, un extrait de l'ordonnance, arrêt ou jugement, pour ce qui concerne la liquidation et la condamnation au remboursement des frais, ou une copie de l'état de liquidation rendu exécutoire, ainsi qu'il est dit dans l'article précédent.

Il en transmettra un double au ministre de la justice, pour servir à la vérification de l'état de trimestre dont il sera parlé ci-après.

Les extraits d'arrêts et de condamnation, délivrés aux préposés de l'administration des finances pour le recouvrement de l'amende, des frais, etc. et les copies des actes de liquidation, ou autres actes semblables, sont à la charge de cette administration.

Lorsque les jugements contiennent la liquidation des dépens, les greffiers, au moyen de cette indemnité de 25 centimes, doivent indiquer séparément, sur des extraits délivrés, le montant principal des droits de timbre et d'enregistrement en débet compris dans les dépens, sans pouvoir prétendre à une augmentation de salaire (Décis. 9 avril 1813. — Circ. 16 sept. 1820).

Les extraits fournis à l'administration des finances pour le recouvrement des amendes doivent être soumis à *l'examen* et au *visa* des chefs de parquet, qui s'assureront que l'article de loi appliqué y est exactement indiqué (Circ. 7 mars 1861).

Les greffiers doivent insérer dans les extraits, outre les indications très exactes du nom, du domicile et des motifs de la condamnation, tous les éléments financiers qui s'y rapportent, y compris le calcul des décimes ajoutés par les lois fiscales au principal de l'amende. Les greffiers doivent de plus, et sans exiger aucun droit en sus, totaliser ces divers éléments, sous leur responsabilité (Circ. 21 déc. 1874).

Aux termes de la circulaire du 14 août 1876, § 6, les états de liquidation de dépens doivent comprendre tous les frais exposés jusqu'à la délivrance de l'exécutoire, en ayant soin de grouper séparément : 1° les frais liquidés dans le jugement ; 2° ceux exposés depuis la condamnation. On s'est demandé si le greffier a le droit de réclamer, outre la somme de 25 centimes pour l'extrait, celle de 5 centimes par chaque article de dépens exposés depuis la condamnation ; ces dépens pouvant rigoureusement donner lieu à la rédaction d'un état supplémentaire.

La distinction entre les frais liquidés dans le jugement et ceux exposés postérieurement n'a été recommandée que dans le but de prévenir toute confusion entre ces deux catégories de dépens ; mais il ne saurait en résulter pour les greffiers le droit de percevoir, à raison de la délivrance d'un état nécessaire dans toutes les causes, ce qui n'est dû que dans des circonstances particulières. Si, après le délai normal qui s'écoule entre la condamnation et la remise de l'exécutoire, d'autres frais, conséquence nécessaire de la sentence pénale, sont exposés (insertion dans les journaux, droit de capture, etc.), il y a lieu de dresser alors un véritable état supplémentaire, rendu nécessaire par des circonstances spéciales, et, dans ce cas, le greffier a qualité pour percevoir l'indemnité à laquelle il a droit.

Mais, toutes les fois que le greffier n'a qu'à énoncer, dans l'exécutoire ordinaire, et les frais liquidés au jugement, et les dépens toujours exposés après la condamnation, il n'a pas à toucher, quant à ces derniers dépens, l'indemnité de 5 centimes par article, il n'a droit qu'au coût de l'extrait (Décis. 23 oct. 1876).

Les extraits des jugements rendus pour contraventions en matières postales doivent être adressés aux directeurs de cette administration, exclusivement chargée du recouvrement des frais et amendes mis à la charge des contrevenants (Circ. 19 mars 1856 ; — 26 juin 1877).

Les frais de poursuites pour usage de timbres-poste ayant déjà servi sont recouvrés par les percepteurs, ce délit rentrant dans le droit commun (Inst. de l'adm. des postes).

Le mode de recouvrement des condamnations pécuniaires organisé par la circulaire du 15 décembre 1833 est abandonné *(Voir ci-après, 2° partie, circulaire de la Chancellerie du 22 décembre 1879 et Instructions de la direction de la comptabilité publique, même date).*

Les agents du Trésor se plaignaient de ne pouvoir s'assurer si les greffiers délivraient exactement les extraits de tous les jugements rendus. Pour parer à cet inconvénient dont la gravité n'avait pas apparu jusqu'à ce jour, une commission composée de onze membres a été nommée et, après quatre mois de délibérations, elle a proposé l'adoption d'un système ingénieux, mais un peu compliqué, au moyen duquel les condamnations criminelles devront devenir une excellente matière fiscale.

Le nouveau système repose sur une double base :

1° Tous les jugements d'un même tribunal recevront un numéro d'ordre appartenant à une série non interrompue, recommencée chaque année.

Ce numéro sera reproduit sur les extraits de jugements ou d'arrêts, les états de liquidation et les exécutoires supplémentaires.

2° Les extraits seront classés dans un bordereau d'envoi, sur lequel les greffiers reproduiront les numéros des jugements et tous les renseignements énoncés sur lesdits extraits. Le bordereau d'envoi résumera, de plus, tous les faits qui se seront produits pendant l'opération du recouvrement.

« Il est alloué aux greffiers établis près les Cours et tribunaux
» correctionnels et de simple police une rétribution de 5 centimes
» par article du bordereau d'envoi contenant les énonciations des
» extraits de tous les jugements portant condamnation. » (Décr.
21 avril 1880).

Cette allocation de 5 centimes sera comprise dans les états de liquidation des dépens à recouvrer sur les condamnés comme frais de justice prévus par l'art. 2, § 12, du décret du 18 juin 1811 (Circ. 5 mai 1880).

I. — TRIBUNAUX DE SIMPLE POLICE. — Les greffiers délivreront, aux lieu et place des relevés sommaires établis par la circulaire du 15 déc. 1833, des extraits de tous les jugements portant condamnation et ils les adresseront aux receveurs des finances de l'arrondissement.

Si les jugements sont susceptibles d'appel ou d'opposition, les extraits seront *provisoires* et le mot *provisoire* sera inscrit en caractères très apparents sur lesdits extraits.

Si les jugements sont *définitifs* les extraits porteront la mention que le jugement est définitif.

Chaque extrait sera payé au greffier à raison de 25 centimes.

Extraits provisoires. — Les greffiers transmettront au receveur des finances les extraits provisoires dans un délai de huit jours; celui-ci les transmettra aux percepteurs pour être mis en recouvrement.

Un avertissement officieux d'avoir à payer sera envoyé immédiatement aux parties. Lorsque la partie paiera volontairement, l'extrait provisoire tiendra lieu d'extrait définitif.

En cas d'abstention, et dans le délai d'un mois, le receveur des finances adressera l'état des retardataires, avec les extraits correspondants, au magistrat auquel incombe le soin de faire signifier les jugements non exécutés. Cet état devra contenir des renseignements très complets sur la solvabilité des débiteurs.

Lorsque le jugement aura été signifié et qu'il sera devenu définitif à défaut d'opposition ou d'appel, le greffier dressera gratuitement un nouvel extrait portant le même numéro que l'extrait provisoire et contenant l'indication des frais de signification.

Mais il sera alloué un droit de 25 centimes au greffier pour l'extrait du jugement devenu définitif sur l'opposition ou l'appel.

Il est difficile de comprendre pourquoi les extraits définitifs sont payés aux greffiers lorsqu'il y a eu opposition ou appel et doivent être délivrés gratuitement lorsque le jugement devient définitif à défaut d'opposition, ce qui est le cas le plus fréquent. Il est impossible de justifier ces distinctions et exceptions arbitraires qui se rencontrent trop fréquemment dans les circulaires ministérielles relatives aux frais de justice.

Dans le délai de huit jours, *à partir du moment où le jugement signifié sera devenu définitif*, le magistrat indiquera sur la feuille des retardataires la suite donnée à chaque jugement par les mots *signifié* ou *non signifié*, il renverra l'état au receveur particulier qui pourra le soumettre à l'examen du parquet.

L'état des retardataires ainsi annoté sera annexé au bordereau d'envoi correspondant et servira de titre d'annulation des articles non recouvrés.

La circulaire du 22 décembre 1879 ne dit rien de l'exercice de la contrainte par corps. Il eût été bon cependant, de rappeler aux agents des finances que l'impunité ne doit pas être acquise aux condamnés qui ne peuvent payer les sommes dont ils sont débiteurs envers l'État. Il est à craindre que ce silence n'autorise les agents du Trésor à croire que leur mission est terminée dès lors que l'impossibilité d'opérer un recouvrement est régulièrement établie et qu'ils oublient qu'une satisfaction est due à la vindicte publique.

Extraits définitifs. — L'envoi sera fait par les greffiers au receveur des finances dans le délai de cinq jours, et, par le receveur, le lendemain de la réception des extraits.

Le recouvrement sera poursuivi conformément aux instructions actuellement en vigueur.

II. — Tribunaux de police correctionnelle. Cours d'appel. Cours d'assises. Cour de cassation. — Tous les jugements, même ceux qui auront été suivis d'un acquittement ou qui concerneront le service des forêts et celui des régies financières, ainsi que tous les arrêts prononcés dans le cours d'une même année, recevront un numéro d'ordre, spécial par juridictions, affecté aux relations des greffiers avec les agents du Trésor.

Les seuls jugements à comprendre sur le bordereau d'envoi sont ceux qui auront donné lieu à la délivrance d'extraits ; les extraits devront y être joints et classés dans leur ordre numérique.

Les autres jugements, notamment ceux portant acquittement, ne doivent pas figurer sur le bordereau d'envoi. Par suite, l'ordre des numéros présentera des lacunes qui seront l'objet d'une vérification par les agents de l'enregistrement.

Les extraits de jugements et d'arrêts définitifs devront être délivrés au plus tard dans les vingt-cinq jours de la date du jugement ou de l'arrêt.

Les extraits supplémentaires et les extraits complémentaires formés à la suite de la vérification des agents de l'enregistrement seront également inscrits et totalisés sur le bordereau.

Des règles spéciales, longuement exposées dans les circulaires du 22 décembre 1879, ont été établies pour le service de Paris et de certaines grandes villes ; ce sont encore de nouvelles exceptions.

Le mode adopté nécessitera de nombreuses instructions et ne produira peut-être pas les résultats attendus.

Les articles 466 et 472 C. I. C. prescrivent au procureur général ou à son substitut, d'adresser au directeur des domaines du domicile du contumax l'ordonnance portant injonction de se présenter et l'extrait de l'arrêt de condamnation. Dans ce cas, l'extrait ou expédition de l'ordonnance et, de même, l'extrait de l'arrêt doivent être adressés par le parquet au directeur des domaines du lieu de naissance du contumax ; et, à défaut seulement de lieu de naissance connu et situé en France, au directeur du département dans lequel les poursuites criminelles sont exercées.

L'extrait ou l'expédition de l'ordonnance de se représenter doit indiquer la date à laquelle cette ordonnance a été publiée, cette publication formant le point de départ du délai de dix jours à partir duquel commence l'administration confiée au domaine.

De même, il importe que l'extrait de l'arrêt de condamnation mentionne la date de l'exécution par voie d'affiches, cette date devant, aux termes de l'article 471, fixer l'époque à partir de laquelle la gestion du domaine s'exerce selon le mode établi pour l'administration des biens des absents.

ARTICLE 165.

Les préfets inscriront sur un registre particulier, sommairement et par ordre de dates et de numéros, les mandats qu'ils délivreront en vertu du présent décret, ainsi que les visas qu'ils apposeront sur les états ou mémoires, avec indication du nombre et de la nature des pièces produites au soutien.

Ils porteront le numéro de l'inscription, tant sur leurs mandats que sur les trois expéditions desdits états ou mémoires, et sur chacune des pièces produites à l'appui ; ces pièces seront, en outre, cotées par première et dernière.

ARTICLE 166.

*Abrogé par l'ordonnance du **28 novembre 1838**.*

ARTICLE 167.

Dans la première quinzaine du second mois de chaque trimestre, les directeurs de l'administration de l'enregistrement adresseront au directeur général de cette administration un état conforme au modèle arrêté par le ministre de la jus-

tice, avec les mandats et exécutoires que les receveurs de leur arrondissement auront acquittés pendant le trimestre précédent.

Ces mandats et exécutoires seront accompagnés des originaux des pièces justificatives.

ARTICLE 168.

Le directeur général de l'administration de l'enregistrement fera parvenir au ministre de la justice, dans les trois mois, au plus tard, après l'expiration de chaque trimestre, un état général conforme au modèle arrêté par ce ministre, auquel état seront joints les états particuliers des directeurs, ainsi que les mandats et exécutoires accompagnés des originaux des pièces justificatives.

ARTICLE 169.

Le ministre de la justice fera procéder à la vérification de l'état général qui lui aura été adressé.

Il l'arrêtera à la somme totale des paiements qui lui paraîtront avoir été régulièrement faits.

Il délivrera du montant une ordonnance au profit de l'administration de l'enregistrement, le tout sans préjudice des restitutions qu'il pourrait y avoir lieu d'ordonner ultérieurement.

ARTICLE 170.

Cette ordonnance sera remise, avec l'état général ci-dessus mentionné et les pièces à l'appui, par l'administration de l'enregistrement, au ministre des finances, lequel délivrera, en échange, un récépissé admissible dans les comptes de cette administration.

ARTICLE 171.

Le ministre de la justice pourra, lorsqu'il le croira convenable, envoyer des inspecteurs pour visiter les greffes *et y faire toutes vérifications relatives aux frais de justice.*

ARTICLE 172.

Toutes les fois que le ministre de la justice reconnaîtra que des sommes ont été indûment allouées à titre de frais de justice criminelle, il en fera dresser des rôles de restitution, lesquels seront par lui déclarés exécutoires contre qui de droit, lors même que ces sommes se trouveraient comprises dans des états déjà ordonnancés par lui, pourvu néanmoins qu'il ne se soit pas écoulé plus de deux ans depuis la date de ces ordonnances.

Lorsque la vérification qui se fait au ministère de la justice donne lieu de croire que des taxes ou exécutoires sont abusifs ou exagérés, on dresse un projet de rôle de restitution, soit contre les parties prenantes, soit contre les magistrats qui ont requis ou délivré ces taxes ou exécutoires, et qui, aux termes de l'art. 141 ci-dessus, sont responsables des abus ou des exagérations qu'ils peuvent contenir, solidairement avec ceux qui en ont profité, et sauf leur recours contre eux.

Ce projet est communiqué aux personnes qu'il concerne, afin qu'elles fournissent les explications qu'elles croient propres à justifier la légitimité de la dépense. Si ces explications sont reconnues suffisantes, il n'est pas donné d'autre suite au projet; mais s'il en est autrement, le rôle de restitution est rendu exécutoire. En pareil cas, les parties n'ont d'autre moyen d'attaquer la décision du ministre que celui du pourvoi au conseil d'État, fait dans le délai et dans les formes prescrits par les décrets des 11 juin et 22 juillet 1806 et l'ordonnance du 23 août 1815.

Lorsqu'une restitution est prescrite par la chancellerie, le procureur de la République invite la partie prenante à rendre la somme en trop perçue et adresse au receveur des finances un ordre de versement qui indique le nom de la partie débitrice, la somme qu'elle doit remettre, le nom du condamné auquel cette somme doit profiter, ainsi que la date et le numéro de l'extrait de jugement de condamnation auquel elle se rapporte. Après réception du récépissé de versement, le parquet fait parvenir au condamné un avis énonçant, s'il n'a pas encore payé les frais dus au Trésor, que la somme reversée sera déduite de celle dont il est redevable, ou, s'il est entièrement libéré, qu'il peut se présenter à la recette des finances pour toucher la somme.

Si la condamnation n'a pas été acquittée ou si le condamné, s'étant partiellement libéré, est encore redevable d'une somme supérieure au versement, le receveur des finances fait recette au compte du Trésor du montant de la somme versée, et il l'émarge à l'article du sommier consacré au condamné, de telle sorte que cette somme soit déduite du montant de sa dette.

Si le condamné a payé l'intégralité des condamnations inscrites sur l'extrait du jugement, le Trésor étant désintéressé, le montant du versement est porté en recette à un compte de la trésorerie intitulé : *Reversement de frais de justice à restituer aux condamnés*, et le remboursement en sera fait aux ayants droit par le receveur des finances (Circ. 14 août 1876, § 2. — Voir 2ᵉ partie, modèle d'ordre de versement).

Aux termes de l'art. 1ᵉʳ de la loi du 24 avril 1833 et de l'art. 76 du règlement du 28 décembre 1838 sur la comptabilité du ministère de la justice, le versement de fonds provenant de restitution pour cause de trop payé à des créanciers de l'État, doit être effectué exclusivement à la caisse centrale du Trésor public à Paris, et à celle des receveurs généraux ou particuliers des finances dans les départements. L'article 25 de la loi du 29 décembre 1873 n'a apporté aucune modification à ce principe ; cet article n'a trait qu'aux amendes et condamnations pécuniaires dont le recouvrement est attribué aux percepteurs des contributions directes (Décis. 18 nov. 1876).

ARTICLE 173.

Abrogé par l'ordonnance du 28 novembre 1838.

ARTICLE 174.

Le recouvrement des frais de justice avancés par l'administration de l'enregistrement, conformément aux dispositions du présent décret, et qui ne sont point à la charge de l'État, ainsi que les restitutions ordonnées par le ministre de la justice, en exécution des deux articles précédents, seront poursuivis par toutes voies de droit, et même par celle de la contrainte par corps, à la diligence des préposés de ladite administration, en vertu des exécutoires mentionnés aux articles ci-dessus.

Voir la loi du 22 juillet 1867 sur la contrainte par corps.

ARTICLE 175.

Pour l'exécution de la contrainte par corps dans les cas ci-dessus prévus, il suffira de donner copie au débiteur, en tête du commandement à lui signifié : — 1° du rôle ou des articles du rôle sur lesquels sera intervenue l'ordonnance de recouvrement ; — 2° de l'ordonnance du ministre de la justice, portant restitution de la somme à recouvrer en ce qui concernera le débiteur contraint.

ARTICLE 176.

Les huissiers préposés pour les actes relatifs au recouvrement, pourront recevoir les sommes dont les parties offriront de se libérer dans leurs mains, à la charge par eux d'en faire mention sur leurs répertoires, et de les verser immédiatement dans la caisse du receveur de l'enregistrement, à peine d'être poursuivis et punis conformément aux articles 169, 171 et 172 du Code pénal, s'ils sont en retard de plus de trois jours.

Les huissiers sont autorisés par cet article à recevoir des parties les sommes pour le recouvrement desquelles ils sont chargés d'instrumenter. Mais cette disposition exceptionnelle ne peut être étendue ; ainsi, les paiements faits entre les mains des porteurs de contraintes ne libéreront pas les débiteurs (Inst. gén. min. des finances, 20 sept. 1875, art. 289).

ARTICLE 177.

L'administration de l'enregistrement rendra compte des recouvrements effectués, de la même manière que de ses autres recettes. — En cas d'insolvabilité des parties contre lesquelles seront décernés les exécutoires, les receveurs seront déchargés des recouvrements qui concerneront ces parties, en justifiant de leurs diligences, et en rapportant des certificats d'indigence légalement délivrés, sans préjudice toutefois des poursuites qui pourront être exercées dans le cas où lesdites parties deviendraient solvables.

L'insolvabilité est constatée par : 1° la production d'un extrait du rôle des contributions établissant que le condamné paie moins de 6 fr. ou d'un certificat du percepteur de sa commune déclarant qu'il n'est pas imposé ; 2° un certificat d'indigence délivré par le maire et sous sa responsabilité. Cette pièce est légalisée par le préfet ou sous-préfet (Inst. min. int. 23 août 1802 et 17 novembre 1835).

En matière forestière, les états d'insolvables sont dressés de concert entre le percepteur et l'agent forestier. Sont seuls admis à se libérer par des prestations en nature, les délinquants forestiers portés sur l'état des insolvables (Inst. gén. 20 sept. 1875, art. 100).

ARTICLE 178.

Abrogé par l'ordonnance du 3 novembre 1819.

ARTICLE 179.

Le ministre de la justice présentera, chaque année, un bordereau général, tant dès ordonnances qu'il aura délivrées pour frais de justice, que des sommes qui auront été recouvrées par l'administration de l'enregistrement sur le montant de ces ordonnances.

TITRE IV

DES FRAIS DE JUSTICE DEVANT LA HAUTE COUR, LES COURS PRÉVOTALES ET LES TRIBUNAUX ORDINAIRES DES DOUANES.

ARTICLES 180 *à* 188.

Abrogés.

DISPOSITIONS GÉNÉRALES.

ARTICLE 189.

Tous règlements relatifs au tarif et au mode de paiement et recouvrement des frais de justice en matière criminelle, notamment l'arrêté du Gouvernement du 6 messidor an VI et le décret du 24 février 1806, sont abrogés.

LOI

Relative au recouvrement des frais de justice en matière criminelle.

PRIVILÈGE DU TRÉSOR.

(Loi du 5 septembre 1807.)

ART. Ier. *En conséquence de l'art. 2098 du Code civil, le privilège du Trésor public est réglé de la manière suivante, en ce qui concerne le remboursement des frais dont la condamnation est prononcée à son profit, en matière criminelle, correctionnelle et de police.*

II. *Le privilège du Trésor public sur les meubles et effets mobiliers des condamnés ne s'exercera qu'après les autres privilèges et droits ci-après mentionnés, savoir :*

1° Les privilèges désignés aux articles 2101 et 2102 du Code civil ;

2° Les sommes dues pour la défense personnelle du condamné, lesquelles, en cas de contestation de la part de l'administration des domaines, seront réglées d'après la nature de l'affaire par le tribunal qui aura prononcé la condamnation.

III. *Le privilège du Trésor public sur les biens immeubles des condamnés n'aura lieu qu'à la charge de l'inscription dans les deux mois, à dater du jour du jugement de condamnation ; passé lequel délai, les droits du Trésor public ne pourront s'exercer qu'en conformité de l'article 2113 du Code civil.*

IV. *Le privilège mentionné dans l'article 3 ci-dessus ne s'exercera qu'après les autres privilèges et droits suivants :*

1° Les privilèges désignés en l'article 2101 du Code civil, dans le cas prévu par l'article 2105 ;

2° Les privilèges désignés en l'article 2103 du Code civil, pourvu que les conditions prescrites pour leur conservation aient été accomplies ;

3° *Les hypothèques légales existantes indépendamment de l'inscription, pourvu toutefois qu'elles soient antérieures au mandat d'arrêt, dans le cas où il aurait été décerné contre le condamné ; et dans les autres cas, au jugement de condamnation ;*

4° *Les autres hypothèques, pourvu que les créances aient été inscrites au bureau des hypothèques avant le privilège du Trésor public, et qu'elles résultent d'actes qui aient une date certaine antérieure auxdits mandat d'arrêt ou jugement de condamnation ;*

5° *Les sommes dues pour la défense personnelle du condamné, sauf le règlement, ainsi qu'il est dit en l'article 2 ci-dessus.*

Le Trésor a privilège en ce qui concerne les frais de justice sur les meubles et immeubles du condamné.

Il n'a pas de privilège proprement dit pour le recouvrement des amendes, mais le jugement emporte hypothèque judiciaire et grève, non seulement les biens présents du condamné, mais encore les biens qu'il viendrait à acquérir, ainsi qu'il résulte de l'article 2123 du Code civil.

En cas de concurrence de l'amende ou de la confiscation avec les restitutions et les dommages-intérêts, sur les biens insuffisants du condamné, ces dernières condamnations obtiennent la préférence. Pour l'amende, le Trésor ne vient donc qu'après la partie lésée (Art. 54 et 468 C. pén.).

En outre, le privilège du Trésor ne s'exerce qu'après tous les privilèges des articles 2101 et 2102.

Les décisions des conseils de préfecture en matière de grande voirie emportent hypothèque judiciaire pour sûreté des condamnations.

En prenant inscription sur les biens des condamnés, les percepteurs doivent faire élection de domicile dans l'arrondissement du bureau des hypothèques, conformément aux dispositions de l'art. 2148 C. C.

Les juges commissaires chargés des ordres doivent adresser les lettres de convocation en vue d'un règlement amiable, directement au receveur des finances de chaque arrondissement, et, pour Paris, Sceaux, Saint-Denis, au receveur central de la Seine.

Ces fonctionnaires se présentent, munis des titres de créance, devant les juges commissaires (Circ. 2 janv. 1875).

DÉCRET

Qui modifie quelques dispositions de celui de 1811.

(7 avril 1813).

ART. Ier. — *Il ne sera plus accordé de double taxe aux témoins dans le cas prévu par l'article 29 du règlement du 18 juin 1811.*

II. — *Les témoins qui ne seront pas domiciliés à plus d'un myriamètre du lieu où ils seront entendus, n'auront droit à aucune indemnité de voyage : il ne pourra leur être alloué que la taxe fixée par les articles 27 et 28 du règlement. — Ceux domiciliés à plus d'un myriamètre recevront, pour indemnité de voyage, s'ils ne sortent point de leur arrondissement, un franc par myriamètre parcouru en allant, et autant pour le retour. — S'ils sont appelés hors de leur arrondissement, cette indemnité sera d'un franc cinquante centimes. — Dans les deux derniers cas, la taxe fixée par les articles 27 et 28 sus-énoncés, ne sera point allouée, sans néanmoins rien innover à l'article 30 dudit règlement, relatif aux frais de séjour* [1].

III. — *Il n'est dû aucuns frais de voyage aux gardes champêtres ou forestiers, tant pour la remise qu'ils sont tenus de faire de leurs procès-verbaux, conformément aux articles 18 et 20 du Code d'instruction criminelle, que pour la conduite des personnes par eux arrêtées, devant l'autorité compétente. — Mais lorsque ces gardes seront appelés en justice, soit*

---

[1]. Voir art. 91 du décret du 18 juin 1811.

pour être entendus comme témoins, lorsqu'ils n'auront point dressé de procès-verbaux, soit pour donner des explications sur les faits contenus dans les procès-verbaux qu'ils auront dressés, ils auront droit aux mêmes taxes que les témoins ordinaires. — Il en sera de même des gendarmes [1].

IV. — *L'augmentation de taxe accordée par l'article 94, pour frais de voyage pendant les mois de novembre, décembre, janvier et février, est également supprimée, tant pour les témoins, que pour les autres parties prenantes désignées dans l'article* 91.

V. — *Lorsqu'un mandat d'amener sera suivi d'un mandat de dépôt, et que l'un et l'autre auront été exécutés dans les vingt-quatre heures par le même huissier, il ne sera alloué à l'huissier, pour l'exécution de ces deux mandats, que le droit fixé par l'article* 73 *du règlement, quand bien même les deux mandats n'auraient pas été décernés dans les mêmes vingt-quatre heures, ni par le même magistrat* [2].

VI. — *Le droit à allouer aux huissiers, gendarmes, gardes champêtres ou forestiers, ou agents de police, suivant le mode et dans les cas prévus par les articles* 71, *n°* 5, *et* 77 *du règlement, demeure fixé de la manière suivante, savoir :*

1° *Pour capture ou saisie de la personne, en exécution d'un jugement de simple police, sans qu'il puisse être alloué aucun droit de perquisition :*

A Paris...	5 fr.	»
Villes de 40,000 habitants et plus............	4	»
Ailleurs.......................	3	»

2° *Pour capture en exécution d'un mandat d'arrêt, ou d'un jugement ou arrêt en matière correctionnelle emportant peine d'emprisonnement :*

A Paris....................................	18 fr.	»
Villes de 40,000 habitants et plus...........	15	»

---

1. Voir art. 91 du décret du 18 juin 1811.
2. Voir art. 73 même décret.

Ailleurs.. **12** fr. »

3° *Pour capture en exécution d'une ordonnance de prise de corps, ou arrêt portant la peine de réclusion :*

A Paris.. **21** fr. »

Villes de 40,000 habitants et plus........... **18** »

Ailleurs...................................... **15** »

4° *Pour capture en exécution d'un arrêt de condamnation aux travaux forcés ou à une peine plus forte :*

A Paris.. **30** fr. »

Villes de 40,000 habitants et plus........... **25** »

Ailleurs...................................... **20** »

VII. — *Conformément à l'article 50 du règlement, les extraits de jugements ou d'arrêts en matière criminelle ou correctionnelle continueront d'être payés aux greffiers, à raison de soixante centimes ; et, en matière de délits forestiers, à raison de vingt-cinq centimes seulement. — A l'avenir, il ne sera payé que vingt-cinq centimes pour les extraits de jugements en matière de police simple, et généralement pour tous extraits délivrés aux receveurs ou préposés des régies, pour le recouvrement des condamnations pécuniaires, sans préjudice de la disposition de l'article 62 du règlement, en ce qui concerne les expéditions ou extraits qui auraient été délivrés au ministère public* [1].

VIII. — *Notre dit règlement du 18 juin 1811 continuera d'être exécuté dans toutes les dispositions auxquelles il n'est pas dérogé par le présent décret.*

1. Voir art. 50, même décret.

ORDONNANCE

Relative à la liquidation et au paiement des frais de justice criminelle.

(28 novembre 1838.)

Vu les articles 137, 138, 139, 143, 145, 149, 152, 166 et 173 du décret du 18 juin 1811 ; — notre conseil d'État entendu, — nous avons ordonné et ordonnons ce qui suit :

ART. 1ᵉʳ. Les états ou mémoires des frais de justice non réputés urgents, et les états récapitulatifs des frais urgents, ne seront plus soumis au visa des préfets.

2. Il ne sera plus fait que deux expéditions de chaque état ou mémoire de frais de justice non réputés urgents, l'une sur papier timbré, l'autre sur papier libre. — Chacune de ces expéditions sera revêtue de la taxe et de l'exécutoire du juge. — La première sera remise au receveur de l'enregistrement avec les pièces au soutien des articles susceptibles d'être ainsi justifiés. — La seconde sera transmise à notre ministre de la justice avec le bordereau mensuel dont il sera parlé ci-après. — Le prix du timbre, tant du mémoire que des pièces à l'appui, est à la charge de la partie prenante.

3. Les frais non réputés urgents continueront à être payés sur les états ou mémoires des parties prenantes ; ils seront taxés article par article, soit par les présidents et juges des cours et tribunaux, soit par les juges de paix, et ils seront payables aussitôt qu'ils auront été revêtus de l'ordonnance du magistrat taxateur. — Cette ordonnance sera toujours décernée sur le réquisitoire de l'officier du ministère public, qui devra préalablement procéder à la vérification des mémoires. — La taxe de chaque article rappellera la disposition législative ou réglementaire sur laquelle elle sera fondée.

4. *Au commencement de chaque mois, les receveurs de l'enregistrement réuniront en un seul état, dressé en double expédition, tous les frais urgents qu'ils auront acquittés sur simples taxes ou mandats du juge pendant le mois précédent. — Cet état ne sera plus soumis à la formalité de la taxe et de l'exécutoire. — Les receveurs de l'enregistrement en adresseront une expédition, à l'expiration de chaque mois, au directeur de l'enregistrement dans chaque département, avec les taxes à l'appui. — La seconde expédition de cet état sera par eux envoyée, soit à nos procureurs généraux, soit à nos procureurs près des tribunaux, pour être transmise à notre ministre de la justice.*

5. *Les mémoires qui n'auront pas été présentés à la taxe du juge dans le délai d'une année à partir de l'époque à laquelle les frais auront été faits, ou dont le paiement n'aura pas été réclamé dans les six mois de leur date, ne pourront, conformément à l'art. 149 du décret du 18 juin 1811, être acquittés qu'autant qu'il sera justifié que les retards ne sont point imputables à la partie dénommée dans l'exécutoire. — Cette justification ne pourra être admise que par notre ministre de la justice, après avoir pris avis de nos procureurs généraux, s'il y a lieu.*

6. *Au commencement de chaque mois, nos procureurs généraux près des Cours d'appel et nos procureurs près des Cours d'assises et des tribunaux de première instance, réuniront dans un bordereau qui sera dressé dans la forme indiquée par notre ministre de la justice, tous les doubles des états ou mémoires des frais taxés et mandatés dans leur ressort pendant le mois précédent. — Ce bordereau et les pièces à l'appui seront adressés à notre ministre de la justice dans la première quinzaine de chaque mois.*

7. *Les articles 137, 138, 139, 143, 145, 149, 152, 166 et 173 ci-dessus visés sont rapportés.*

———————

CONTRAINTE PAR CORPS

(Loi du 22 juillet 1867.)

ARTICLE 1er.

La contrainte par corps est supprimée en matière civile, commerciale et contre les étrangers.

La loi du 17 avril 1832 a été abrogée par la loi du 22 juillet 1867 qui supprime la contrainte par corps en matière civile et commerciale d'une manière absolue, même à l'égard des étrangers.

ARTICLE 2.

Elle est maintenue en matière criminelle, correctionnelle et de simple police.

EXTRAIT DE L'EXPOSÉ DES MOTIFS DE LA LOI, PAR M. LE CONSEILLER D'ÉTAT BAYLE-MOUILLARD.

Caractères et nécessité de la contrainte par corps en matière criminelle, correctionnelle et de simple police.

« Ici, porte ce document, l'emprisonnement prend un autre caractère (que celui en matière civile et commerciale), et nous sommes en présence de principes tout différents. C'est un tribunal de répression qui l'applique. Il prononce, non pas sur un soupçon de mauvaise foi, mais sur une preuve de culpabilité ; non pas contre un débiteur qui avait été peut-être imprudent, ou qu'un malheur imprévu a mis malgré lui dans l'impossibilité d'acquitter sa dette, mais contre un homme qui a volontairement contrevenu à la loi pénale. Il a encouru une punition. Si, pour l'obliger à la subir entièrement, il est nécessaire de revenir à l'emprisonnement, n'est-il pas légitime, n'est-il pas juste qu'une condamnation complémentaire l'oblige par corps à payer toute la dette qu'il a contractée envers la société ?

» Souvent la législation répressive, pour toute peine, prononce une amende

Il en est ainsi pour des délits de pêche, des délits forestiers, des délits en matière de douane, pour les infractions les plus fréquentes peut-être, pour celles qui sont commises surtout par de pauvres gens. Leur chétif mobilier est sans valeur, leur petit pécule est facilement caché. S'ils ne veulent pas payer l'amende, ils le peuvent. La condamnation restera inexécutée. La pauvreté, causée trop souvent par l'inconduite ordinaire des déprédateurs de toute sorte, sera un moyen d'impunité. En ce cas, la contrainte par corps est le seul moyen de donner force à la justice. Contre ceux qui peuvent payer, elle est un moyen légitime de contrainte mis à la disposition de la société. A l'égard des condamnés insolvables, elle est, sous quelques rapports, la substitution d'une peine à une autre. Sans doute cette coercition douloureuse doit être appliquée avec modération : la sévérité serait injustice et un sage rapport doit être maintenu entre la peine principale et la peine subsidiaire. Mais, si elle est employée avec mesure pour assurer la répression, la contrainte par corps est à l'abri de tout reproche.

» Ce que nous avons dit de l'amende, il faut le dire aussi des frais de justice, qui, sous ce rapport, sont les accessoires de la peine.

» Enfin, il en doit être de même pour les restitutions, pour les dommages-intérêts, accordés par suite d'une condamnation pénale, et, sans qu'il y ait à faire, au point de vue qui nous occupe, aucune distinction entre les restitutions et les indemnités attribuées à l'État ou allouées à un individu. Bien que ces condamnations soient connues sous le nom de *réparations civiles*, elle ont quelque chose de pénal. En sa qualité de rapporteur, M. Parent le disait en 1832, à la Chambre des députés. « Ce n'est plus une dette purement civile du moment qu'elle dérive d'un crime ou d'un délit. »

» Il ne s'agit plus là seulement de l'exécution d'un contrat. En matière civile quelquefois, en matière commerciale presque toujours, le créancier a accepté son débiteur. On lui doit, parce qu'il a voulu prêter. S'il eût été assez clairvoyant, il n'aurait pas besoin de l'emprisonnement pour dette. En matière pénale, au contraire, il ne s'agit plus de contrat, mais de réparation.

» Le plaignant n'est créancier que parce qu'il a été victime. La société tout entière est intéressée à l'acquittement de ce genre de dette. Ce n'est pas assez pour elle que la peine ordinaire ait été subie. Pour que la conscience publique soit satisfaite, il faut encore que le préjudice ait été réparé, et que le condamné ait complètement subi sa sentence en accomplissant la restitution, et en payant les dommages-intérêts, qui sont tout à la fois une indemnité et une espèce de peine prononcée au profit de la partie lésée. Lorsque le coupable a d'avance réparé sa faute autant qu'il était en lui, lorsque avant le jugement il a restitué la chose soustraite ou indemnisé la victime de ses méfaits, le tribunal lui en tient compte et il adoucit la peine. Pourquoi n'aurait-il pas le droit de l'aggraver pour le cas où, après sa condamnation, le coupable persisterait à ne pas réparer sa faute !

» Envisagée sous cet aspect, la contrainte par corps en matière criminelle est une sorte de peine éventuelle et complémentaire, prononcée par anticipation, pour le cas où le condamné ne voudrait pas ou ne pourrait pas satisfaire à la peine pécuniaire qui lui a été infligée au profit de la partie civile. Ainsi conservée, la contrainte par corps protège de grands intérêts. Elle permet à l'État d'atteindre avec une pleine efficacité les comptables infidèles. Elle donne les moyens de faire réparer les fraudes les plus graves, qui sont atteintes par la loi pénale : les abus de confiance, les violations de dépôt, le détournement des deniers pupillaires, la banqueroute et même le stellionat, qui, lorsqu'il est frauduleux, constitue souvent une véritable escroquerie. Elle corrige enfin tout ce qu'aurait sans cela d'excessif l'entière abolition de la contrainte par corps en matière civile et en matière commerciale. »

Les condamnations à l'amende en matière de douanes, et notamment pour trouble causé aux préposés de la régie dans l'exercice de leur fonctions, peuvent être poursuivies par la voie de la contrainte par corps, alors même qu'elles sont prononcées par le juge de paix, sauf appel devant le tribunal civil. La nature pénale de l'amende ressort clairement des textes de la loi des 6-22 août 1791, tit. 13, art. 14, et du 4 germ. an II, tit. 4, art. 2 (Cass., ch. civ., 22 juill. 1874. D. P. 75. 1. 168 ; — Amiens, 16 mai 1868. D. P. 68, 2, 99. — En sens contraire, Trib. de Vervins, 8 nov. 1867. D. P. 67, 3. 104 et 7 fév. 1868. D. P. 68. 3. 24).

Les condamnations prononcées par les conseils de préfecture pour contraventions à la grande voirie ne peuvent pas donner lieu à l'exercice de la contrainte par corps, bien que ces condamnations aient un caractère pénal (Décis. 6 août 1847).

ARTICLE 3.

Les arrêts, jugements et exécutoires portant condamnation au profit de l'État, à des amendes, restitutions et dommages-intérêts en matière criminelle, correctionnelle et de police, ne peuvent être exécutés par la voie de la contrainte par corps que cinq jours après le commandement qui est fait aux condamnés, à la requête du receveur de l'enregistrement et des domaines.

La contrainte par corps n'aura jamais lieu pour le paie-

*ment des frais au profit de l'État (Abrogé par la loi du
19 décembre 1871 [1]).*

*Dans le cas où le jugement de condamnation n'a pas été
précédemment signifié au débiteur, le commandement porte
en tête un extrait de ce jugement, lequel contient le nom des
parties et le dispositif.*

*Sur le vu du commandement et sur la demande du rece-
veur de l'enregistrement et des domaines, le procureur de la
République adresse les réquisitions nécessaires aux agents
de la force publique et aux autres fonctionnaires chargés de
l'exécution des mandements de justice.*

*Si le débiteur est détenu, la recommandation peut être
ordonnée immédiatement après la notification du commandement.*

I. — Formalités antérieures à l'exercice de la contrainte par corps. —
Les percepteurs sont devenus, en vertu de la loi du 29 décembre
1873, les agents de recouvrement des amendes et frais résultant
des condamnations en matière criminelle, correctionnelle ou de
simple police.

La contrainte par corps ne peut s'exercer qu'au cas de condamnation personnelle pour crime, délit ou contravention. Elle n'atteint pas la partie civile condamnée aux frais, ni la partie déclarée civilement responsable.

D'après l'Instruction du 20 septembre 1875 émanant de la
direction de la comptabilité, l'art. 46 du Code forestier qui rend
les cautions des adjudicataires contraignables par corps, serait
toujours en vigueur.

Cette opinion nous paraît erronée. En effet, d'après l'art. 18 de
la loi du 22 juillet 1867, le titre XIII du Code forestier est seul

---

1. LOI DU 19 DÉCEMBRE 1871. — Art. 1er. Est abrogé l'article 3, paragraphe 3, de la loi du 22 juillet 1867, qui a interdit l'exercice de la contrainte
par corps pour le recouvrement des frais dus à l'État en vertu des condamnations prévues par l'art. 2 de la même loi.

Art. 2. Sont, en conséquence, remises en vigueur les dispositions légales
abrogées par l'article 18, paragraphe 1er de la loi du 22 juillet 1867.

maintenu ; donc l'art. 46, titre III est abrogé. Les dispositions de cet article sont d'ailleurs en opposition avec l'économie de la loi ; le législateur n'a pu vouloir maintenir exceptionnellement la contrainte pour une dette dont le caractère est avant tout commercial.

Les extraits des arrêts et jugements devenus définitifs sont envoyés par les greffiers aux trésoriers généraux qui doivent en faire opérer le recouvrement par leurs agents.

Toutefois, lorsqu'un avis de recours en grâce a été donné au percepteur par l'autorité compétente, celui-ci doit surseoir au recouvrement des amendes jusqu'à ce qu'une décision soit intervenue.

Le percepteur du chef-lieu d'arrondissement dans lequel le jugement ou arrêt a été prononcé prend en charge les sommes à recouvrer ; les extraits sont ensuite transmis au percepteur du domicile du condamné.

Immédiatement après la réception de l'extrait de jugement provisoire ou définitif, le percepteur est tenu de faire parvenir au condamné un avertissement lui donnant avis de l'amende prononcée et des frais à sa charge et lui enjoignant de les payer. — Les avertissements sont imprimés et distribués aux frais des percepteurs (Règlement, art. 6).

Lorsque les débiteurs n'ont pas obtempéré aux avertissements qui leur ont été envoyés par les comptables, les poursuites ont lieu par voie de *commandement*, puis de *saisie et de vente* et enfin de *contrainte par corps.*

Il n'existe pas de degré intermédiaire entre l'avertissement et le commandement.

Le commandement doit être fait à la requête du percepteur et au nom du procureur de la République.

Le privilège du Trésor public sur les biens immeubles des condamnés n'a lieu qu'à la charge de l'inscription dans les deux mois à dater du jour du jugement de condamnation (Loi 5 sept. 1807, art. 3).

Le percepteur ne peut commencer les poursuites avec frais qu'après avoir prévenu le débiteur par un avertissement sans frais.

Cet avertissement est donné au domicile du débiteur, à lui-même, à la personne qui le représente ou au maire. Il doit être remis huit jours au moins avant le premier acte des poursuites qui donne lieu à des frais (Inst. Minis. des Finances 20 sept. 1875, art. 152).

La date de la remise de l'avertissement gratis doit être constatée sur le carnet de prise en charge.

Le percepteur dresse en double expédition un état des condamnés retardataires contre lesquels il demande à faire exécuter les poursuites par voie de commandement et subsidiairement par voie de saisie.

Cet état est transmis au receveur des finances de l'arrondissement, qui le vise pour contrainte et le remet au préfet ou au sous-préfet pour être rendu exécutoire. Des états distincts sont formés pour les condamnés à poursuivre par ministère d'huissier ou par le porteur de contrainte (Inst. Minis. des Finances, 20 sept. 1875, art. 155).

La contrainte comprend l'ordre de procéder à la saisie si le débiteur ne se libère pas dans le délai de trois jours, ou à la contrainte par corps s'il ne le fait dans le délai de cinq jours.

Les percepteurs demandent au receveur des finances qu'il soit décerné des contraintes toutes les fois qu'ils le jugent utile pour l'exactitude du recouvrement. Néanmoins, les receveurs des finances peuvent d'office décerner ces contraintes en se conformant aux règles établies.

Les poursuites peuvent être exercées par les porteurs de contraintes et par les huissiers. Les porteurs de contraintes peuvent remplir les fonctions d'huissiers pour le recouvrement des amendes, et, en cette qualité, ils font les commandements, saisies et ventes, à moins qu'il n'existe des commissaires-priseurs dans le lieu où ils exercent leurs poursuites.

Les émoluments des huissiers sont fixés d'après leur tarif. — Les porteurs de contraintes n'ont droit qu'au tarif des frais alloués pour les poursuites en matière de contributions directes. — Les gendarmes et les autres agents de la force publique chargés de l'exercice de la contrainte par corps ont droit à une indemnité fixée par l'ordonnance du 19 janvier 1846.

L'original du commandement donné par le porteur de contraintes peut être collectif ou individuel (Inst. 10 sept. 1875, article 165).

II. — Exercice de la contrainte par corps. — La première formalité à remplir pour provoquer une incarcération est la signification d'un commandement au condamné solvable ou insolvable, et qu'il s'agisse d'un délit ordinaire ou d'un délit forestier.

Le commandement est une formalité substantielle en l'absence de laquelle la contrainte par corps ne peut être exercée. Ainsi, bien que l'article 225 de la loi du 28 avril 1816 ordonne la détention du condamné jusqu'à ce qu'il ait acquitté le montant des condamnations encourues pour contrebande de tabacs, l'arrêt qui ordonne le maintien en prison après l'expiration de la peine corporelle, doit être subordonné à l'accomplissement préalable des formalités indiquées dans l'art. 3 de la loi du 22 juillet 1867 (Cass. 21 nov. 1878, B. 220).

Lorsque le commandement porte en tête un extrait de jugement, il convient d'y indiquer la durée de l'incarcération fixée par ledit jugement, ainsi que le détail des frais qui n'auraient pas été liquidés et qui seraient cependant compris dans la condamnation.

Quand le jugement a été signifié antérieurement, on peut se borner à rappeler la date de cette signification dans l'exploit de commandement.

L'initiative de l'emprisonnement appartenant au ministère public, le percepteur lui demande de donner les ordres nécessaires pour que l'incarcération soit opérée. Cette demande doit énoncer les nom et prénoms du condamné, son domicile, la date du jugement en vertu duquel l'incarcération est demandée, la date du commandement et enfin celle de l'autorisation.

Le commandement doit être joint à la réquisition. Lorsque le commandement a été collectif et qu'il y a lieu de recourir à l'incarcération d'un ou de plusieurs des débiteurs poursuivis, l'original est également remis au procureur de la République, mais le receveur des finances doit avoir soin d'en conserver une copie exacte et d'y indiquer la direction donnée à l'original.

Le ministère public, régulièrement mis en demeure par l'agent du Trésor, requiert l'incarcération du débiteur et adresse à cet effet des ordres à la gendarmerie.

Il arrive fréquemment que des condamnés contre lesquels la

contrainte par corps a été pratiquée, demandent, étant déjà sous la main des gendarmes, à se libérer du montant des amendes et frais dont ils sont débiteurs, afin d'éviter l'incarcération.

Dans ce cas, ils sont conduits au bureau du percepteur chargé du recouvrement, qui perçoit, en sus du montant des condamna‾ tions, l'indemnité due aux gendarmes pour la capture des débiteurs.

Il convient de rappeler les dispositions des articles 781 et 786 du Code de procédure civile applicables en cette matière.

Art. 781. — Les débiteurs ne pourront être arrêtés: 1° Avant le lever et après le coucher du soleil ; 2° les jours de fête légale.

Art. 786. — Si le débiteur requiert qu'il en soit référé, il sera conduit sur le champ devant le président du tribunal du lieu où l'arrestation aura été faite, lequel statuera en état de référé ; si l'arrestation est faite hors des heures d'audience, le débiteur sera conduit chez le président.

III. — Recommandation. — Les comptables chargés de recouvrer les condamnations pécuniaires dues par un individu détenu pour une autre cause, peuvent s'opposer à ce qu'il soit élargi tant qu'il n'aura pas subi, en sus de sa détention actuelle, la contrainte par corps que comportent les dites condamnations. Cet acte s'appelle *recommandation*.

La recommandation a son effet à l'expiration de la détention ; elle doit être précédée d'un commandement, mais elle peut être ordonnée immédiatement après la notification du commandement.

Les renseignements nécessaires sur les détenus prochainement libérables sont soumis par les directeurs de prison aux trésoriers généraux qui les complètent.

Dans le cas ou les condamnés libérés n'ont d'autre ressource que le solde de leur pécule, dont ils ne touchent le montant qu'à leur nouvelle résidence, les comptables des maisons centrales et des établissements assimilés sont autorisés à retenir sur le pécule des détenus, avant leur sortie, mais de leur consentement, les sommes pour l'acquittement desquelles ils ont été recommandés (Instr. du minis. de l'intérieur, 26 janv. 1875).

Lorsqu'une recommandation a été faite au greffe d'une maison centrale ou maison de détention, contre un individu passible de la contrainte par corps, le détenu est, à l'expiration de sa peine, placé dans une cellule d'isolement, pour y être maintenu pendant 48 heures au plus. Si, à l'expiration de ce délai, l'administration intéressée ne se l'est pas fait remettre pour le conduire dans une maison d'arrêt, il est rendu à la liberté (Circ. min. int., 17 juin 1874. — Avis du Conseil d'État, 15 nov. 1832).

Lorsqu'une demande est adressée au parquet, deux jours avant l'expiration de la peine, soit par le trésorier général, soit par un particulier en vue de faire ordonner la recommandation d'un individu dans une maison centrale, le procureur de la République peut formuler, dès ce moment, les réquisitions nécessaires pour faire extraire, à jour et à heure fixes, le contraignable par corps ; dans ce cas, aucune occasion d'erreur ou d'oubli ne peut se présenter. Mais il arrive fréquemment que la recommandation est faite longtemps avant le terme de la peine en cours d'exécution ou que le moment de la libération se trouve avancé par l'effet d'une décision gracieuse ; dans ces deux cas, il peut advenir que, par suite d'un oubli du parquet, le condamné, quoique recommandé, soit élargi quarante-huit heures après l'expiration de sa peine.

Afin de parer à cet inconvénient, les chefs de parquet qui ordonnent la recommandation d'individus détenus dans une maison centrale, doivent en donner immédiatement avis au procureur de la République de l'arrondissement dans lequel se trouve situé cet établissement ; ils doivent, en outre, informer leur collègue des décisions gracieuses concernant les individus recommandés à leur requête, aussitôt que l'avis de ces décisions leur sera parvenu.

Il sera tenu, par chacun des parquets dans lesquels une centralisation de cette nature devra avoir lieu, un registre ou état des individus recommandés ; on ne manquera pas d'y mentionner, le cas échéant, à côté de la date normale de la libération, les modifications apportées à cette date par suite de la grâce (Circ. 15 juin 1877).

ARTICLE 4.

Les arrêts et jugements contenant des condamnations en faveur des particuliers pour réparation de crimes, délits ou contraventions commis à leur préjudice sont, à leur diligence, signifiés et exécutés suivant les mêmes formes et voies de contrainte que les jugements portant des condamnations au profit de l'État.

L'exécution de la [contrainte par corps en matière criminelle est régie, non par le Code de procédure civile, mais par la loi du 22 janvier 1867, art. 3 et 4. --

Lors donc que les particuliers au profit desquels ont été prononcées des condamnations pour réparation de crimes, délits ou contraventions, ont rempli les formalités préalables exigées par la loi de 1867, le débiteur incarcéré ne saurait être fondé à demander la nullité de son arrestation, sous le prétexte que les règles établies par le Code de procédure civile pour l'exercice de la contrainte par corps n'ont pas été observées. Les particuliers sont tenus seulement de déposer au parquet de la Cour ou du tribunal qui a rendu la décision, l'original du commandement par eux signifié à leur débiteur et leur demande à fin d'emprisonnement. C'est au ministère public seul qu'il appartient d'adresser les réquisitions nécessaires aux agents de la force publique et aux autres fonctionnaires chargés de l'exécution des mandements de justice (Trib. civ. de la Seine, 5 juillet 1878. J. M. P. 1878 p. 211).

La contrainte par corps n'ayant été maintenue que pour les dommages-intérêts accordés à titre de réparation des crimes, délits et contraventions, ne peut être appliquée aux condamnations pécuniaires prononcées par la Cour d'assises contre un accusé acquitté, à raison du dommage qu'il a pu causer à la partie demanderesse. L'arrêt qui l'a prononcée doit être cassé par voie de retranchement (Cass. 8 nov. 1878. B. 208. — D. P. 79. 1. 387).

ARTICLE 5.

Les dispositions des articles qui précèdent s'étendent au cas où les condamnations ont été prononcées par les tribunaux civils au profit d'une partie lésée, pour réparation d'un crime, d'un délit ou d'une contravention reconnus par la juridiction criminelle.

Sous l'empire de l'art. 52 du Code pénal, on a débattu la question de savoir s'il y a lieu à contrainte par corps lorsque, postérieurement à la condamnation prononcée par la Cour d'assises ou le tribunal correctionnel, la partie lésée qui n'avait point participé à la procédure criminelle a obtenu d'un tribunal civil une condamnation et des dommages-intérêts? Dans ce cas la condamnation civile est la conséquence de la condamnation pénale préexistante et la Cour de cassation, par un arrêt rendu en 1817, a admis la contrainte par corps. Cette décision n'a pas fait cesser complètement la controverse entre les jurisconsultes. La loi nouvelle pourrait la raviver. Il a paru sage de ne laisser à cet égard aucune incertitude et l'article 5 a pour but de donner force de loi à l'équitable jurisprudence de la Cour de cassation.

Mais cette décision suppose une condamnation première prononcée par la juridiction criminelle. On ne pourrait, désertant le tribunal compétent, aller demander au tribunal civil de décider qu'il y a crime ou délit, et que, par suite, il est dû des dommages-intérêts. Le jury seul peut déclarer qu'il y a crime. Le tribunal correctionnel seul peut déclarer qu'il y a délit. Le tribunal civil qui ferait de pareilles déclarations changerait ses attributions, enlèverait aux parties les garanties que la loi leur donne et flétrirait sans droit l'honneur des citoyens. La jurisprudence de la Cour de cassation a proclamé cette distinction protectrice (arr. du 18 nov. 1834., Ch. civ.); cette jurisprudence est vivement approuvée par les jurisconsultes, et la rédaction proposée la consacre (*Exposé des motifs*).

La condamnation à des dommages-intérêts, pour réparation du préjudice résultant d'un fait qualifié par la loi pénale de crime ou de délit, n'entraîne de plein droit la contrainte par corps, qu'autant que cette condamnation a été prononcée par le tribunal de répression. En conséquence, si elle émane d'un tribunal civil, saisi par voie d'action civile, après condamnation intervenue sur l'action publique, la contrainte par corps ne peut être exercée qu'autant qu'elle a été autorisée par une disposition expresse du jugement (Cass. 8 mars 1858. D. P. 58. 1. 103).

ARTICLE 6.

Lorsque la contrainte a lieu à la requête et dans l'intérêt des particuliers, ils sont obligés de pourvoir aux aliments des détenus; faute de provision, le condamné est mis en liberté. — La consignation d'aliments doit être effectuée d'avance pour trente jours au moins; elle ne vaut que pour des périodes entières de trente jours. — Elle est pour chaque période, de quarante-cinq francs à Paris, de quarante francs dans les villes de cent mille âmes et de trente-cinq francs dans les autres villes.

La consignation des aliments est faite entre les mains du gardien-chef de la maison d'arrêt.

Conformément aux articles 158 et 181 du règlement du 4 août 1864 sur la comptabilité des maisons centrales, c'est au greffe de ces derniers établissements, et non pas à la maison d'arrêt où le débiteur subira la contrainte, que la consignation des aliments doit être faite lorsque la recommandation s'applique à un condamné détenu dans une maison centrale (Circ. 15 juin 1877).

ARTICLE 7.

Lorsqu'il y a lieu à élargissement faute de consignation d'aliments, il suffit que la requête présentée au président du tribunal civil soit signée par le débiteur détenu et par le gardien de la maison d'arrêt pour dettes, ou même certifiée véritable par le gardien si le détenu ne sait pas signer. — Cette requête est présentée en duplicata : l'ordonnance du président, aussi rendue par duplicata, est exécutée sur l'une des minutes qui reste entre les mains du gardien ; l'autre minute est déposée au greffe du tribunal et enregistrée gratis.

Lorsque le détenu est transféré dans un hospice, la consignation pour aliments est valablement faite aux mains de l'économe ; par suite, le débiteur est mal fondé, dans un pareil cas, à demander son élargissement pour défaut de consignation entre les mains du concierge de la prison (Trib. du Havre, 22 juin 1859. D. P. 59. 3. 79).

Lorsqu'un détenu pour dettes est transféré sous la prévention d'un délit dans une autre prison, où il est nourri aux frais de l'État, les aliments consignés cessent, durant sa détention préventive, d'être affectés à la subsistance du débiteur (Paris, 21 oct. 1846. D. P. 46. 2. 202).

On ne peut considérer comme une consignation d'aliments faite par anticipation les sommes disponibles provenant d'un excédant de consignations mensuelles déposé par erreur, comme si, par exemple, au lieu de 25 fr., le créancier a déposé 30 fr. pendant plusieurs mois consécutifs (Paris 26 fév. 1845. D. P. 45. 4. 108).

ARTICLE 8.

Le débiteur élargi faute de consignation d'aliments ne peut plus être incarcéré pour la même dette.

ARTICLE 9.

La durée de la contrainte par corps est réglée ainsi qu'il suit : De deux jours à vingt jours, lorsque l'amende et les autres condamnations n'excèdent pas cinquante francs ; — de vingt jours à quarante jours, lorsqu'elles sont supérieures à cinquante francs et qu'elles n'excèdent pas cent francs ; — de quarante jours à soixante jours, lorsqu'elles sont supérieures à cent francs et qu'elles n'excèdent pas deux cents francs ; — de deux mois à quatre mois, lorsqu'elles sont supérieures à deux cents francs et qu'elles n'excèdent pas cinq cents francs ; — de quatre mois à huit mois, lorsqu'elles sont supérieures à cinq cents francs et qu'elles n'excèdent pas deux mille francs ; — d'un an à deux ans, lorsqu'elles s'élèvent à plus de deux mille francs. — En matière de simple police, la durée de la contrainte par corps ne pourra excéder cinq jours.

Lorsqu'un arrêt qui prononce la contrainte par corps pour frais a omis d'en fixer la durée, le minimum est de droit, et les condamnés ne sont pas recevables, faute d'intérêt, à se faire de cette omission un moyen de cassation (Cass. 31 mai 1872. B. 131 ; — D. P. 73. 5. 68).

Un arrêt postérieur a décidé par un motif contraire que le

condamné n'est pas recevable à se faire un moyen de cassation de ce que la durée de la contrainte par corps n'est pas indiquée dans le jugement, l'emploi de ce mode d'exécution ne pouvant avoir lieu contre lui qu'après détermination de la durée par une décision ultérieure (Cass. 31 janv. 1873. B. 31 ; — D. P. 73. 1. 44).

L'omission de la fixation de la durée de la contrainte par corps pour le recouvrement des frais au profit de l'État peut être réparée par une décision ultérieure du tribunal ou de la Cour qui a primitivement statué (Bastia 28 fév. 1873. D. P. 74. 2. 94).

La durée de la contrainte par corps doit être calculée à la fois sur le montant de l'amende et des frais (Cass. 26 juill. 1872. B. 192).

Lorsque le jugement prononce des allocations au profit de la partie civile, la durée de la contrainte doit être déterminée par l'ensemble des condamnations à l'amende, aux dommages-intérêts et aux frais (Paris. 15 mai 1868. D. P. 68. 2. 233).

Les frais postérieurs à la condamnation, tels que les frais de signification, de commandement et de capture ne sont pas réunis au montant des condamnations pour régler la durée de la prison.

La confiscation n'étant pas assimilée à une amende ni à une peine, on ne doit pas recourir à la contrainte par corps pour le recouvrement de la valeur des armes et autres objets confisqués (Cass. 14 déc. 1832; — 4 oct. 1839).

Lorsque deux individus ont été condamnés solidairement aux amendes prononcées contre chacun d'eux, la durée de la contrainte par corps à exercer pour l'acquittement de ces amendes doit être calculée sur le montant des deux amendes cumulées (Angers 16 mars 1868. D. P. 68. 2. 160).

Quoique perçus à titre de subvention de guerre, le décime et le double décime font partie intégrante de l'amende et il doit en être tenu compte pour fixer la durée de la contrainte par corps (Cass. 16 nov. 1871. B. 151. — Nombreux arrêts).

Il en est de même en cas de condamnation en matière fiscale et spécialement en matière de douanes (Cass. 8 sept. 1870. B. 169. — 16 janv. 1872. B. 11 ; — D. P. 72. 1. 329).

L'estimation du tabac saisi en contrebande, dont la valeur sert à fixer l'amende encourue, et, par suite, à déterminer la durée de la

contrainte par corps, doit être faite par les tribunaux correctionnels, d'après les documents administratifs qui sont produits devant eux au nom du gouvernement à qui seul il appartient de régler le prix du tabac étranger importé en France (Metz 2 avril
1868. D. P. 68. 2. 91).

En matière de contributions indirectes, lorsque la contravention est suffisamment établie par l'instruction, la nullité du procès-verbal ne saurait affranchir le contrevenant de la confiscation
et de la condamnation aux dépens. Dès lors, la condamnation aux
frais prononcée accessoirement à la confiscation, ayant un caractère pénal, son exécution peut être poursuivie par la voie de la
contrainte par corps (Cass. 4 juin 1875. D. P. 77. 1. 240).

L'arrêt qui, en cas de condamnation à une peine perpétuelle,
fixe la durée de la contrainte par corps, doit être cassé *parte in qua*
et par voie de retranchement (Cass. 11 avr. 1872. B. 85; — 9 juin
1877. D. P. 77. 1. 406).

Le tribunal correctionnel qui condamne le prévenu à payer des
dommages-intérêts à fournir par état peut surseoir à statuer sur
la durée de la contrainte par corps jusqu'à la liquidation de ces
dommages-intérêts (Cass. 28 déc. 1872. B. 334.—D. P. 73. 5. 137).

L'arrêt qui répartit les frais du procès dans différentes propor-
tions entre tous les condamnés divisés en plusieurs groupes, et
n'établit la solidarité qu'entre les condamnés compris dans le
même groupe, doit, à peine de nullité, *parte in qua*, fixer la durée de la contrainte par corps, à l'égard de chaque condamné, suivant la quotité de frais mis à la charge du groupe auquel il appartient, et non d'après la condamnation totale aux frais (Cass. 19 sept
1872. B. 242).

L'arrêt qui, après avoir liquidé le montant des frais, détermine
la part solidairement mise à la charge de chaque accusé et fixe au
minimum la durée de la contrainte par corps, fait suffisamment
connaître quelle doit être la durée de la contrainte (Cass. 21 nov.
1872. B. 279).

La durée de la contrainte par corps, applicable en cas de condamnation pour fraude au monopole des allumettes chimiques,
doit être fixée conformément à la loi du 22 juill. 1867, qui, sous
ce rapport, a abrogé l'art. 225 de la loi du 28 avril 1816. Elle a
pour point de départ la date de l'arrestation antérieure au juge-

ment de condamnation (Dijon. 31 janv. 1877. D. P. 77. 2. 102).

Le maximum de la contrainte par corps ne peut jamais excéder deux ans ; par suite, doit être réformé l'arrêt qui, après avoir prononcé séparément des condamnations à raison de plusieurs délits, prononce séparément, pour l'amende afférente à chacun de ces délits et pour les restitutions dues à l'État, le maximum de la durée de la contrainte par corps (Cass. 2 avril 1874. D. P. 75. 1. 141).

Doit être annulé *parte in qua* l'arrêt de la Cour d'assises qui, pour une condamnation aux frais inférieure à 500 francs, a fixé la durée de la contrainte par corps à plus de quatre mois (Cass. 22 juin 1872. B. 149).

On ne peut prétendre que la Cour a aggravé le sort des prévenus sur leur seul appel, en augmentant la durée de la contrainte par corps, si cette augmentation n'est basée que sur celle même des condamnations pécuniaires résultant de ce que la Cour, en rejetant l'appel des prévenus, a dû en mettre les frais à leur charge (Cass. 4 août 1876. B. 184).

La durée de la contrainte par corps pour le recouvrement des amendes prononcées par le juge de paix, en matière de douanes, et dépassant le taux des amendes de simple police, doit être fixée conformément à l'art. 9 de la loi du 22 juillet 1867, et non pas comme pour ces dernières amendes (Amiens, 16 mai 1868. D. P. 68. 2. 99).

En matière de simple police, le minimum de la durée de la contrainte par corps est de deux jours (Cass. 17 avril 1874. D. P. 75. 1. 238).

Il arrive fréquemment que, par application de certaines lois, comme celle relative à la répression de l'ivresse, ou des règlements concernant les cochers, le même individu subit, dans le même mois, plusieurs condamnations. Dans le cas où plusieurs jugements portant condamnation à l'amende contre un même individu ne peuvent être suivis de recouvrement, les jours de contrainte par corps prononcés par chaque jugement doivent être additionnés ainsi que les amendes et les frais. Si, en effet, les jours de contrainte par corps n'étaient pas cumulés, la détention d'un récidiviste qui a encouru plusieurs condamnations ne durerait pas plus que celle d'un individu qui n'aurait subi qu'un jugement ; on ne

saurait prêter au législateur l'intention d'avoir voulu consacrer
une pareille injustice qui favorise l'impunité et entrave le recouvrement des condamnations pécuniaires. En conséquence, lorsque,
par suite d'un commandement se rapportant à plusieurs jugements
et demeuré sans effet, le receveur des finances adresse une réquisition d'incarcération, la durée de la détention doit être égale à
la somme des jours portés dans les divers jugements que vise le
commandement (Inst. 20 sept. 1875, n° 83. — Cass. 30 juin 1851).

ARTICLE 10.

*Les condamnés qui justifient de leur insolvabilité, suivant
l'article 420 du Code d'instruction criminelle, sont mis en
liberté après avoir subi la contrainte pendant la moitié de la
durée fixée par le jugement.*

Les justifications exigées par l'art. 420 du Code d'instruction
criminelle sont : 1° un extrait du rôle des contributions constatant
que les personnes condamnées paient moins de six francs, ou un
certificat du percepteur de leur commune, portant qu'elles ne sont
pas imposées ; 2° un certificat d'indigence à elles délivré par le
maire de la commune de leur domicile ou par son adjoint, visé
par le sous-préfet et approuvé par le préfet de leur département.

En ce qui concerne les délinquants reconnus insolvables, la
contrainte par corps perd son caractère de coercition et n'est
plus qu'une action intentée dans l'intérêt et au nom de la vindicte
publique à titre de répression.

L'initiative de l'emprisonnement appartient au ministère public ;
l'administration a rempli tous ses devoirs lorsqu'elle l'a mis à portée d'agir, en lui transmettant les relevés trimestriels ; elle n'a pas
à insister s'il n'y donne pas suite. De même, lorsque le ministère
public a désigné des insolvables pour la contrainte par corps, les
comptables doivent les faire emprisonner, sans se préoccuper du
point de savoir si l'incarcération amènera ou non le paiement (Inst.
20 sept. 1875, art. 209).

Les individus en état de faillite étant dessaisis de l'administration de leurs biens, aucune action ne peut être exercée contre eux ;

par conséquent il n'y a pas lieu de requérir à leur égard la contrainte par corps. Il n'en est pas de même pour les faillis concordataires remis en possession de l'universalité de leurs biens, les effets du concordat ne s'étendant pas aux amendes prononcées en matière criminelle (Montargis 13 déc. 1848. — Pont-l'Évêque 6 mai 1850).

Les relevés doivent être établis dans les mois de janvier, avril, juillet et octobre de chaque année ; ils comprennent les condamnés dont l'insolvabilité a été constatée pendant le trimestre précédent. On doit s'abstenir d'y porter : 1° la femme en même temps que le mari ; le père ou la mère en même temps que les enfants ; 2° les condamnés dont le domicile n'est pas connu, ni les condamnés à une peine corporelle pendant qu'ils la subissent ; 3° les mineurs âgés de moins de seize ans accomplis à l'époque du fait qui a motivé la poursuite ; 4° les débiteurs de condamnations ne s'élevant pas en totalité à dix francs, sauf le cas de récidive ; 5° les condamnés qui, en exécution de l'art. 17 de la loi du 22 juillet 1867, auront obtenu un sursis, tant qu'il ne sera pas expiré.

Le receveur des finances transmet les relevés au procureur de la République de son arrondissement, si les débiteurs y sont domiciliés. Le ministère public, au vu des relevés ou des extraits, désigne les condamnés qu'il juge utile de faire incarcérer, et le receveur des finances, d'après cette désignation, donne des ordres aux percepteurs pour l'incarcération (Inst. 20 sept. 1875, art. 208).

Ces états concernant les insolvables sont trop souvent irrégulièrement adressés aux parquets. Les agents du Trésor se préoccupent exclusivement des recouvrements et lorsque l'impossibilité de les opérer leur a été démontrée, ils considèrent leur mission terminée et oublient que la vindicte publique n'est pas satisfaite. Un trop grand nombre de délinquants échappent ainsi à toute répression.

A l'égard des délinquants forestiers insolvables, les mesures préliminaires à leur incarcération sont prises par les agents forestiers. L'état est communiqué au procureur de la République, et, après avoir recueilli son avis sur le nombre d'individus dont l'incarcération est possible, l'agent forestier chargé des poursuites signale les condamnés les plus audacieux et les plus incorrigibles.

L'objet de la communication faite par l'agent forestier au ministère public est uniquement de connaitre le nombre des condamnés forestiers dont on peut demander l'incarcération avec certitude de la voir effectuée, car le nombre des contraignables pourrait excéder de beaucoup les limites que la population habituelle des maisons d'arrêt et leur insuffisance ne permettent pas de dépasser (Circ. adm. fores. 16 mai 1834. — Circ. 21 juill. 1853).

L'initiative des poursuites appartient donc aux agents forestiers. Il est dressé de concert entre le percepteur et l'agent forestier chargé des poursuites, des états par commune de tous les condamnés pour délits forestiers qui sont reconnus insolvables. En cas de dissentiment, il est établi un état distinct des condamnés dont la solvabilité a été contestée, et il en est référé par la voie hiérarchique au préfet chargé de statuer (Inst. 20 sept. 1875, art. 100).

L'état des insolvables dont le procureur a reconnu l'incarcération possible est transmis par le conservateur des forêts au trésorier général qui adresse aux percepteurs les relevés des délinquants dont l'incarcération doit être demandée au ministère public (Inst. 20 sept. 1875, art. 103).

ARTICLE 11.

Les individus contre lesquels la contrainte a été prononcée peuvent en prévenir ou en faire cesser l'effet, en fournissant une caution reconnue bonne et valable. — La caution est admise, pour l'État, par le receveur des domaines ; pour les particuliers, par la partie intéressée ; en cas de contestation, elle est déclarée, s'il y a lieu, bonne et valable par le tribunal civil de l'arrondissement. — La caution doit s'exécuter dans le mois, à peine de poursuites.

Les poursuites à exercer contre la caution n'entraînent pas la contrainte par corps, mais elle doit s'obliger solidairement avec le débiteur. Il n'y a pas lieu à discussion préalable du débiteur.

Lorsque la caution a été admise pour prévenir ou arrêter l'effet de la contrainte par corps, ce fait vaut libération pour le condamné. Il en résulte que si la caution manque aux engagements contractés, la voie de la contrainte par corps ne peut être reprise à l'égard du condamné (Troplong).

Le receveur des finances chargé de la direction des poursuites a qualité pour discuter et admettre la caution ; le tribunal n'intervient qu'en cas de refus définitif de ce chef de service.

ARTICLE 12.

Les individus qui ont obtenu leur élargissement ne peuvent plus être détenus ou arrêtés pour condamnations pécuniaires antérieures, à moins que ces condamnations n'entraînent, par leur quotité, une contrainte plus longue que celle qu'ils ont subie et qui, dans ce dernier cas, leur est toujours comptée pour la durée de la nouvelle incarcération.

L'article 12 est emprunté à la loi de 1832, dont les rédacteurs avaient été inspirés en ce point par un arrêt de la Cour de Paris du 22 août 1806. — Pendant qu'un débiteur subit l'emprisonnement pour dettes à la requête de l'un de ses créanciers, tous ceux qui ont obtenu en même temps ou antérieurement contre lui des condamnations entraînant la contrainte par corps, ont le droit de le recommander et de concourir ainsi à l'épreuve de sa solvabilité. Mais s'ils n'usent pas de ce droit, ils le perdent, car cette dure épreuve n'est pas de nature à être répétée deux fois. — Fondé sur ces considérations, l'article 27 de la loi de 1832 dit « que le débiteur qui aura obtenu son élargissement par l'expiration des délais déterminés par la loi, ne pourra plus être arrêté pour dettes contractées avant son arrestation et échues au moment de l'élargissement, à moins qu'elles n'entraînent une contrainte plus longue que celle qui a été subie. » Cette disposition ne s'applique qu'à l'emprisonnement pour dettes civiles et commerciales. Elle est transportée dans la loi nouvelle et appliquée justement au cas où l'emprisonnement pour dettes est prononcé par un jugement de répression. En ce cas, elle se justifie par les mêmes raisons, et, de plus, elle acquiert une certaine analogie avec les règles du Code d'instruction criminelle, qui interdisent le cumul des peines. — Dans cette transposition le texte a été modifié. La rédaction très ample de l'article 12 s'applique à tous les cas d'élargissement, soit que le temps normal ait été complètement épuisé, soit qu'il ait été réduit à moitié par une constatation d'insolvabilité, soit que la mise en liberté résulte d'un défaut de consignation d'aliments ou qu'elle ait été obtenue en fournissant une caution. — Cette rédaction opère aussi l'abrogation de l'art. 36 de la loi de 1832. On pourrait justement induire cette abrogation de ce que cet article n'est pas reproduit dans le projet présenté à la suite du nouvel article 10, auquel il ferait exception. Mais à cette abrogation tacite, l'article 12 ajoute une abrogation expresse. Il est clair, en effet, que si, en cas d'insolvabilité constatée, le débiteur mis en liberté après l'expiration du temps légal ne peut plus être incarcéré à raison d'une condamnation antérieure et différente, à plus forte raison il ne peut plus l'être pour la même dette (*Exposé des motifs*).

La détention des condamnés même insolvables ne les libère pas du montant des condamnations encourues, sauf en ce qui concerne les condamnations en matière forestière et de pêche fluviale (Art. 213 C. fores.).

Le recouvrement des condamnations doit continuer d'être poursuivi, mais par d'autres voies que l'incarcération.

ARTICLE 13.

Les tribunaux ne peuvent prononcer la contrainte par corps contre les individus agés de moins de seize ans accomplis à l'époque des faits qui ont motivé la poursuite.

Sous l'empire de la loi de 1832, le mineur de 16 ans acquitté comme ayant agi sans discernement, mais condamné aux frais, n'était pas contraignable par corps (Cass. 12 août 1843). Il était soumis à l'exécution corporelle s'il avait été condamné comme ayant agi avec discernement. La loi du 13 décembre 1848, art. 9, rendit dans ce cas la contrainte facultative en décidant qu'elle ne peut être exercée que dans le cas où elle a été formellement prononcée par le jugement de condamnation. La loi de 1867 a accordé une immunité complète aux mineurs de seize ans.

En cas de délit de chasse commis par un mineur de seize ans, la contrainte par corps pour le paiement des frais ne peut être prononcée ni contre le délinquant, ni contre son père civilement responsable du délit. Dès lors, l'arrêt qui prononce la contrainte par corps, sans exprimer si c'est contre le père ou contre le fils qu'il admet ce mode d'exécution encourt la cassation (Cass. 9 avril 1875. D. P. 77. 1. 508).

ARTICLE 14.

Si le débiteur a commencé sa soixantième année, la contrainte par corps est réduite à la moitié de la durée fixée par le jugement, sans préjudice des dispositions de l'article 10.

Lorsque les deux hypothèses prévues par les art. 10 et 14 se trouvent en concours, c'est-à-dire lorsque, d'une part, le condamné justifie de son insolvabilité, et que, d'autre part, il a commencé sa soixantième année, la réduction de la contrainte à la moitié de la durée fixée par le jugement devant s'opérer deux fois, ainsi que la disposition finale de l'art. 14 ne permet pas d'en douter, il en résulte nécessairement que cette durée se trouve réduite à zéro ; d'où la conséquence que le condamné qui jouit du double bénéfice des dispositions précitées est totalement affranchi de la contrainte.

Certains auteurs prétendent que, par la combinaison des art. 10 et 14, le sexagénaire indigent n'est pas affranchi de la contrainte qui se trouve seulement réduite au quart du temps fixé par le jugement, la durée étant diminuée de moitié par l'article 10, la portion restante est aussi diminuée de moitié en vertu de l'article 14 et il reste un quart de la peine à subir. Ce système n'est pas admissible en présence des termes formels des deux articles qui prescrivent formellement, que dans l'un et l'autre cas, la contrainte sera réduite à la moitié de la durée fixée par le jugement. Ces deux réductions opérées, le condamné se trouve entièrement exonéré.

Pour avoir droit à cette immunité, le débiteur doit avoir commencé sa soixantième année au jour du jugement.

Si le prévenu n'a pas excipé de ce qu'il aurait commencé sa soixantième année, la fixation de la contrainte par corps au maximum légal n'est pas nulle, mais, dans l'exécution, cette durée est réduite de plein droit de moitié (Cass. 30 nov. 1867, B. 243).

Le sexagénaire condamné à la contrainte par corps, ayant le droit, au moment de la mise à exécution, de réclamer le bénéfice de l'art. 14, n'est pas fondé à demander la cassation de l'arrêt qui, en fixant la durée de la contrainte par corps, a omis de réduire cette durée de moitié (Cass. 21 nov. 1873, B. 284).

Comment la division par moitié devra-t-elle s'opérer dans les cas prévus par les art. 10 et 14, lorsque le nombre de jours auquel la durée de la contrainte aura été fixée se trouvera impair ? Cette difficulté paraît devoir être résolue d'après ces deux principes, que la durée de l'emprisonnement se détermine par jours entiers et non par fractions de jour, et que faveur est due à la liberté. Or, il découle de là que le jour qui rend impair le nombre auquel la durée de la contrainte a été fixée, doit, pour le calcul de la moitié de cette durée, non point être divisé lui-même en deux fractions égales, mais être retranché ; de telle sorte, par exemple, que si la durée de la contrainte a été fixée à quinze jours, la moitié à laquelle il y a lieu de la réduire doit être de sept jours, et non de sept jours et demi (Dutruc. *Mém. du ministère public*, p. 398).

<h2 style="text-align:center">ARTICLE 15.</h2>

Elle ne peut être prononcée ou exercée contre le débiteur au profit : 1° de son conjoint ; 2° de ses ascendants, descendants, frères ou sœurs ; 3° de son oncle ou de sa tante, de son grand-oncle ou de sa grand'tante, de son neveu ou de sa nièce, de son petit-neveu ou de sa petite-nièce, ni de ses alliés au même degré.

L'interdiction de la contrainte par corps pour dettes entre les parents s'applique à la parenté naturelle aussi bien qu'à la parenté légitime (Paris, 1er fév. 1864. D. P. 64. 2. 83).

La contrainte par corps ne peut être prononcée entre alliés au degré déterminé par la loi, même après que l'alliance a cessé par le décès sans enfants de l'époux qui produisait l'affinité (Montpellier 17 avr. 1863, D. P. 64. 2. 87).

Il y a lieu de casser par retranchement, sans renvoi, l'arrêt qui a soumis à la contrainte par corps la tante condamnée pour délit envers son neveu par alliance (Cass. 22 juill. 1865. B. 156).

<h2 style="text-align:center">ARTICLE 16.</h2>

La contrainte par corps ne peut être exercée simultanément contre le mari et la femme, même pour des dettes différentes.

ARTICLE 17.

Les tribunaux peuvent, dans l'intérêt des enfants mineurs du débiteur et par le jugement de condamnation, surseoir, pendant une année au plus, à l'exécution de la contrainte par corps.

Indépendamment des considérations d'humanité invoquées à l'égard des débiteurs ayant des enfants mineurs, il y a lieu d'appliquer les mêmes principes en ce qui concerne les condamnés qui soutiendraient de leur travail des ascendants ou même des collatéraux. C'est un devoir pour les comptables d'agir dans ce cas avec les plus grands ménagements.

Il peut arriver encore que les comptables soient amenés à requérir l'incarcération contre des débiteurs qui, sans avoir à leur charge des mineurs ou des ascendants, soient indispensables pour l'exécution de travaux intéressant la famille, et qui ne s'exécutent qu'à une époque déterminée, comme la vendange, la moisson. Dans ce cas, les agents du recouvrement doivent surseoir à l'exercice de la contrainte jusqu'après l'exécution complète de ces travaux (Durieu, *Traité des poursuites*, p. 138).

ARTICLE 18.

Les articles 120 et 355, paragraphe 1er, du Code d'Instruction criminelle, 174 et 175 du décret du 18 juin 1811 sur les frais de justice criminelle, sont abrogés en ce qui concerne la contrainte par corps. (Remis en vigueur par la loi du 10 décembre 1871.) *Sont également abrogées, en ce qu'elles ont de contraire à la présente loi, toutes les dispositions des lois antérieures ; néanmoins, il n'est pas dérogé aux articles 80, 157, 171, 189, 304, 355, paragraphes 2 et 3, 452, 454, 456 et 522 du Code d'Instruction criminelle. — Le titre XIII du Code forestier et le titre VII de la loi sur la pêche fluviale sont aussi maintenus et continuent d'être exécutés en ce qui n'est pas contraire à la présente loi. — En matière fo-*

restière et de pêche fluviale, lorsque le débiteur ne fait pas les justifications de l'article 420 du Code d'Instruction criminelle, la durée de la contrainte par corps est fixée par le jugement, dans les limites de huit jours à six mois.

D'après le paragraphe 4 de l'art. 18, lorsque, en matière forestière et de pêche fluviale, le débiteur ne justifie pas de son insolvabilité, la durée de la contrainte par corps doit être fixée dans les limites de huit jours à six mois. Le silence de ce paragraphe relativement au cas où le condamné justifie au contraire de son insolvabilité doit-il être interprété en ce sens que celui-ci est alors affranchi de la contrainte ? La négative est rendue évidente par le paragraphe 3 du même article qui maintient le titre XIII du Code forestier et le titre VII de la loi sur la pêche fluviale, en ce qui n'est pas contraire à la nouvelle loi. Comme la disposition de l'art. 213 du Code forestier et celle de l'art. 79 de la loi du 15 avril 1829, dépendant de ces titres, qui autorisent l'exercice de la contrainte par corps, en cas de justification de l'insolvabilité des condamnés, n'ont, dans leur principe, rien de contraire à la loi du 22 juillet 1867, laquelle se borne à limiter, dans le cas opposé, la durée de la contrainte, qui auparavant pouvait être exercée d'une manière indéfinie jusqu'au paiement des condamnations, il s'ensuit nécessairement que ces dispositions continuent aussi, quant à leur principe, à être en vigueur. Il y a seulement lieu de les combiner, en ce qui touche la durée de la contrainte, avec les art. 9 et 10 de la loi de 1867, qui réduisent d'une manière générale cette durée, et qui doivent recevoir leur application en matière forestière et de pêche fluviale comme dans les autres matières correctionnelles. S'il en était autrement, le condamné qui justifierait de son insolvabilité, pourrait être soumis à la contrainte par corps pendant un temps plus long que celui qui n'en justifierait pas, ce qui manifestement ne saurait être admis *(Journal du ministère public, 1868, p. 28).*

Dans le cas de condamnation pour contravention aux règlements de l'octroi, l'article 225 de la loi du 28 avril 1816 permet-il encore aux parquets, en l'état actuel de la législation, de maintenir en détention les condamnés, après l'expiration de la peine corporelle, pour les contraindre au paiement de l'amende et des frais, et ce, sans l'accomplissement des formalités préalables prescrites par l'art. 3 de la loi du 22 juillet 1867 ? — Aux termes de l'art. 225 de la loi de 1816, tout individu condamné pour contrebande de tabacs doit être détenu jusqu'à ce qu'il ait acquitté le montant des condamnations prononcées contre lui; cependant, le temps de la détention ne peut excéder six mois, sauf le cas de récidive, où le terme peut être d'un an. D'autre part, d'après l'art. 9 de la loi du 29 mars 1832, que la loi du 24 mai 1834 a rendu applicable à toutes les communes ayant un octroi, l'introduction ou la tentative d'introduction dans Paris d'objets soumis aux droits d'octroi, à l'aide d'ustensiles préparés ou de moyens disposés pour la fraude, donne lieu à l'application des art. 223, 224 et 225 de la loi du 28 avril 1816. Or, l'article 225 de la loi de 1816 n'a été abrogé ni par la loi du 27 avril 1832, ni par celle du 22 juillet 1867, relatives à la contrainte par corps; ces lois n'ont fait que modifier au point de vue de la détention le deuxième alinéa du dit article.

Sous l'empire de la loi du 22 juillet 1867, comme sous l'empire de la loi de 1832, la disposition exceptionnelle qui forme le premier alinéa de l'art. 225 de la loi de 1816 est restée en vigueur ; le deuxième alinéa du même article a seul été modifié successivement par les lois de 1832 et 1867, en ce sens que, actuellement, pour déterminer la durée maxima de la détention, c'est à l'article 9 de la loi de 1867 qu'il convient de se référer.

La règle à laquelle les parquets doivent se conformer en pareil cas a été posée d'une manière précise par une circulaire de la chancellerie, en date du 20 mars 1866. Les dispositions du droit commun reçoivent leur application ordinaire dans le cas où l'arrestation a eu pour but, comme en matière de douanes, la répression d'un délit passible d'une peine corporelle. Lors au contraire que le délit, en ces matières spéciales, est passible d'une simple amende, les magistrats doivent se référer exclusivement à la législation du 28 avril 1816, soit au point de vue de l'arrestation soit au point de vue du maintien de la détention après jugement. Or les articles 46 de la loi du 28 avril 1816, et 8 de la loi du 29 mars 1832, atteignent de simples amendes les infractions aux règlements d'octroi.

En résumé, la durée de la contrainte exercée en vertu de l'article 225 de la loi de 1816 doit être calculée : 1° conformément à l'article 9 de la loi du 22 juillet 1867 ; 2° à partir de la date de l'arrestation antérieure au jugement de condamnation (Lettre à M. le Procureur général à Lyon, 26 juin 1877. Bull. off., p. 76).

En matière de contributions indirectes, on est complètement en dehors du droit commun. L'arrestation et la détention présentent les caractères de l'exercice anticipé de la contrainte par corps (Circ. 20 mars 1866).

Toutefois, le maintien en prison du condamné après l'expiration de la peine corporelle doit être subordonné à l'accomplissement préalable des formalités indiquées dans l'art. 3 de la loi du 22 juillet 1867 ; un commandement doit toujours être signifié (Cass. 21 nov. 1878. B. 220).

L'art. 225 de la loi du 28 avril 1816, qui ordonne la détention du condamné jusqu'à ce qu'il ait acquitté le montant des condamnations prononcées contre lui, n'a statué qu'en matière de contrebande de tabacs et n'est pas applicable aux faits de fabrication et détention illicite d'allumettes chimiques (Même arrêt).

ARTICLE 19.

Les dispositions précédentes sont applicables à tous jugements et cas de contrainte par corps antérieurs à la présente loi.

Prescription.

Les dommages-intérêts et restitutions se prescrivent par cinq ans, à partir du jour où la décision est devenue définitive (art. 642 C. I. cr. — Art. 2262. C. C.).

Les amendes se prescrivent, savoir : en matière criminelle, par vingt ans, à partir de la date des arrêts ou jugements ; en matière correctionnelle, par cinq ans ; en matière de simple police, par deux ans ; en matière de roulage, par un an. Toutefois, en cas de fausse indication sur la plaque du contrevenant, ou de fausse déclaration de son nom ou de son domicile, la prescription n'est acquise qu'après un délai de cinq ans.

Le recouvrement des frais de justice et des frais de poursuites se prescrit par trente ans ; en effet ce ne sont pas des peines ; ils représentent de simples remboursements au Trésor et ont dès lors le caractère de condamnations civiles (Cass. 23 janv. 1828).

Les amendes étant des peines, leur prescription ne peut être interrompue que par une saisie ou par la contrainte par corps, et non pas seulement par une contrainte ou commandement. Comme les peines corporelles, elles sont soumises aux règles générales des prescriptions déterminées par les art. 635, 636 et 639 du Code d'Instruction criminelle. Or, en matière de peines corporelles, la prescription ne peut être interrompue par un acte de poursuite ou de procédure, autre qu'une exécution directe et effective, sur les biens du condamné par la voie de saisie, ou sur sa personne par la voie de la contrainte par corps. Les règles établies par le Code d'instruction criminelle sont seules applicables ; ne le seraient pas celles établies en matière civile par l'art 2244 du Code civil (Cass. 17 juin 1835).

DEUXIÈME PARTIE

TIMBRE ET ENREGISTREMENT

Des actes judiciaires en matières criminelle, correctionnelle et de simple police.

PHASES DIVERSES des procédures.	ACTES A TIMBRER ET A ENREGISTRER.	MODE de TIMBRE ET D'ENREGISTREMENT.
PROCÈS-VERBAUX.	1. Procès-verbaux des gardes champêtres des communes (Art. 12 de la loi du 13 brumaire an VII; art. 43, nº 16, de la loi du 28 avril 1816 et 74 de la loi du 25 mars 1817; art. 2 de la loi du 19 février 1874).	1. En débet.
	2. Procès-verbaux des gardes forestiers (Art. 170, 188 et 189 de la loi du 21 mai 1827).	2. En débet.
	3. Procès-verbaux des gardes-pêche (Art. 47 de la loi du 15 avril 1826).	3. En débet.
	4. Procès-verbaux des agents voyers et des employés des ponts et chaussées (Décis. du 16 frimaire an XI).	4. En débet.
	5. Procès-verbaux des vérificateurs des poids et mesures (Art. 42 de l'ordonnance du 17 avril 1839).	5. En débet.
	6. Procès-verbaux de tous les agents de l'autorité constatant des infractions aux règlements généraux d'imposition (Art. 74 de la loi du 25 mars 1817).	6. En débet, lorsqu'ils sont dressés à la requête du ministère public, au sujet d'infractions punies correctionnellement (art. 74 de la loi du 25 mars 1817) ; en matière de garantie des objets d'or et d'argent (déc. minist. des fin., instr. gén. nº 516), de timbres-poste ayant déjà servi (déc. minist. [justice et finances] des 3 et 7 février 1851 ; inst. gén. nº 1931), d'affiches peintes (instr. nº 1927), de timbres mobiles ayant déjà servi (instr. nº 2176). Au comptant et sur timbre, lorsqu'ils sont dressés à la requête d'une administration financière agissant dans

PHASES DIVERSES des procédures.	ACTES A TIMBRER ET A ENREGISTRER.	MODE de TIMBRE ET D'ENREGISTREMENT.
PROCÈS-VERBAUX.		son intérêt propre ou dans celui de ses agents (art. 74 de la loi du 25 mars 1817). (V. la note I)
	7. Procès-verbaux de la gendarmerie (sous-officiers, brigadiers et gendarmes, non des officiers), toutes les fois qu'ils sont de nature à donner lieu à des poursuites judiciaires (art. 491 du décret du 1er mars 1854) ; qu'ils constatent des faits intéressant l'Etat, les communes, des établissements publics ou les délits et contraventions commis dans les bois non soumis au régime forestier (art. 188 du Code forestier) ; lorsqu'ils sont rédigés pour mort violente et qu'ils contiennent l'inventaire des objets trouvés sur le décédé ou près de lui ; en matière de contraventions fiscales (Voir art. 492 du décret du 1er mars 1854 ; art 308 du même décret).	7. En débet. (Voir n° 6 ci-dessus et la note I ci-dessous.)
	8. Procès-verbaux des gardes champêtres, gardes-pêche et gardes forestiers des particuliers (Art. 12 de la loi du 13 brumaire an VII ; art. 188 modifié du Code forestier ; instruction générale de l'administration des finances, n°s 63 et 246).	8. Au comptant.
	9. Tous les procès-verbaux constatant des délits et contraventions à la police des chemins de fer (art. 24 de la loi du 15 juillet 1845), et ceux relatifs aux règlements sur les appareils et bateaux à vapeur (Loi du 21 juillet 1856, art. 22).	9. En débet.
	10. Tous les procès-verbaux constatant des délits et contraventions à la police des lignes télégraphiques (Art. 11 du décret du 27 décembre 1851).	10. En débet.
	11. Tous les procès-verbaux constatant des délits et contraventions à la police du roulage (art. 19 de la loi du 30 mai 1851 ; l'article 493 du décret du 1er mars 1854 est abrogé), et ceux	11. En débet.

I. Les droits de timbre et d'enregistrement des procès-verbaux et autres actes de procédure sont payés *comptant* et avancés par la partie poursuivante, sauf son recours contre le condamné, lorsque les procès-verbaux sont dressés et les poursuites dirigées à la requête d'une partie civile ou d'une administration financière, agissant dans son intérêt propre ou dans celui de ses agents (Loi du 22 frimaire an VII, art. 68, § 1er, n° 48 ; ordonnance du 22 mai 1816, — art. 1er et 4 ; — loi du 25 mars 1817, art. 74).

PHASES DIVERSES des procédures.	ACTES A TIMBRER ET A ENREGISTRER.	MODE de TIMBRE ET D'ENREGISTREMENT.
INSTRUCTION.	relatifs à la grande voirie (Décision des 11 frimaire et 4 germinal an XI ; décision du 20 décembre 1808 ; instructions de l'administration nᵒˢ 290, § 61, et 415, § 1ᵉʳ et 2).	
	12. Tous les procès-verbaux constatant des contraventions de simple police, de quelque agent qu'ils émanent (art. 74 de la loi du 25 mars 1817), et les rapports adressés, sous forme de lettres, aux commissaires de police par les agents subalternes relativement aux contraventions que ceux-ci ont constatées (Délibération du conseil d'administration de l'enregistrement du 6 novembre 1822 ; Journal de l'enregistrement, nᵒ 7344).	12. En débet.
	13. Tous les actes extérieurs d'instruction destinés à frapper soit les prévenus, soit les tiers, c'est-à-dire toutes les significations faites par les huissiers et les gendarmes : assignations aux témoins, notifications aux inculpés des divers mandats décernés par les juges d'instruction.	13. Gratis. (Art. 70, § 2, nᵒ 3 de la loi du 22 frimaire an VII (Voir la note II ci-dessous).
PROCÉDURE DEVANT LE TRIBUNAL CORRECTIONNEL.	14. Tous les actes de poursuite devant les juridictions correctionnelles, à partir de l'ordonnance du juge d'instruction inclusivement (lorsqu'il y a eu information régulière), citations de toutes sortes, etc. (Voir art. 4 de l'ordonnance du 22 mai 1816 et circulaire du Garde des sceaux du 24 septembre 1823, et loi du 25 mars 1817, art. 74).	14. En débet (art. 4 de l'ordonnance du 22 mai 1816), les actes signifiés à la requête du prévenu et pour les besoins de sa défense doivent être visés pour timbre et enregistrés à ses frais, au comptant. Toutefois, aux termes de l'art. 30 de la loi du 22 janv. 1851, les présidents des tribunaux correctionnels peuvent, lorsque les prévenus leur en font la demande et justifient de leur indigence, ordonner l'assignation d'office des témoins dont la dé-

II. Lorsqu'il existe pendant l'information une partie civile, tous les actes *spécialement* faits à la requête de cette partie doivent être sur timbre et enregistrés, s'il y a lieu, *au comptant.*

PHASES DIVERSES des procédures.	ACTES A TIMBRER ET A ENREGISTRER.	MODE de TIMBRE ET D'ENREGISTREMENT.
		position leur paraît utile à la manifestation de la vérité ; dans ce cas, ces témoins sont assignés à la requête du ministère public ; dès lors, les exploits sont en débet (Voir la note III ci-dessous).
PROCÉDURE DEVANT LE TRIBUNAL CORRECTIONNEL.	15. 1º Les jugements, leurs expéditions et significations (Loi du 22 frimaire an VII, art. 70, § 1er, nº 5 ; ordonnance du 22 mai 1816, art. 4).	15. 1º En débet.
	2º Les actes d'appel, les recours en cassation, ainsi que leurs extraits.	2º En débet. (Voir la note IV ci-dessous).
PROCÉDURE D'ASSISES.	16. Tous les exploits signifiés par les huissiers et gendarmes, savoir, notamment : la signification à l'accusé de l'arrêt et de l'acte d'accusation ; des ordonnances de jonction, s'il y a lieu ; de la liste des témoins ; de celle du jury, et, dans certains cas, des arrêts de la Cour de cassation (Art. 58, nº 8, de l'instruction générale du 30 septembre 1826).	16. Gratis. (Art. 16 de la loi du 13 brumaire an VII ; art. 70, § 2, nº 3, de la loi du 22 frimaire an VII ; ordonnance du 22 mai 1816 ; circulaires du Garde des sceaux du 24 sept. 1823 et du 14 janv. 1863. (V. la note V ci-dessous).
	17. Les actes faits à la requête du ministère public et ayant pour objet l'exécution de commissions rogatoires émanées de tribunaux étrangers et transmises par les voies diplomatiques.	17. Gratis. (Décision ministérielle des finances du 27 mars 1829 ; instruction nº 1274).

III. Lorsqu'il y a une partie civile en cause ou que l'affaire est poursuivie à la requête d'une administration agissant dans son intérêt propre ou celui de ses agents, tous les actes signifiés à la requête de cette partie et le jugement doivent être sur timbre et enregistrés *au comptant*.

IV. Toutefois, ces deux formalités ont lieu *au comptant*, lorsqu'il y a une partie civile, qu'en même temps le condamné est en liberté et que le ministère public ne remet pas au receveur une réquisition expresse pour que les formalités soient remplies *en débet*. (Décision ministérielle (justice et finances) des 11 et 15 février 1861 ; instruction nº 2189.)

V. Cette règle reçoit exception lorsqu'il y a une partie civile. Les actes spéciaux notifiés à sa requête et les arrêts criminels prononçant les condamnations civiles sont assujettis au timbre et à l'enregistrement *au comptant*. (Loi du 22 frimaire an VII, art. 68, § 1er, nº 48 ; ordonnance du 22 mai 1816, art. 2, loi du 25 mars 1817, art. 74, instruction de l'administration du 12 novembre 1823, nº 1102.)

N. B. Il importe de veiller à ce que les formules imprimées ne renferment point des mentions irrégulières ou inutiles de timbre ou d'enregistrement. Celles qui en présenteront devront être signalées au procureur général, en même temps qu'au directeur de l'enregistrement du département.

PHASES des PROCÉDURES.	ACTES DISPENSÉS DE TIMBRE ET D'ENREGISTREMENT.

PROCÈS-VERBAUX.

I. Procès-verbaux des procureurs de la République, de leurs substituts, des juges d'instruction, des juges de paix, des officiers de gendarmerie, des maires, des adjoints, des commissaires de police, lorsqu'ils n'y sont pas assujettis par la nature même des infractions constatées et par des lois spéciales portant timbre et enregistrement en débet (Voir notamment le décret du 28 mars 1852, art. 14; la loi du 18 juillet 1860, art. 11).

II. Procès-verbaux de la gendarmerie (sous-officiers, brigadiers et gendarmes), lorsqu'ils contiennent de simples renseignements (Art. 491 du décret du 1er mars 1854).

N. B. En matière de police de la chasse, les procès-verbaux ne sont soumis à la double formalité que lorsque la qualité de l'agent rédacteur l'exige, car la loi du 3 mai 1844 n'édicte à cet égard aucune prescription.

INSTRUCTION.

III. Tous les actes intérieurs d'instruction, savoir, notamment : les réquisitions du ministère public, les ordonnances des juges d'instruction, les procès-verbaux d'information, les cédules, les dépositions des témoins, les interrogatoires, les confrontations, les mandats de comparution, d'amener, de dépôt et d'arrêt, les rapports d'experts, les plans, documents de toute nature annexés aux procédures ; en cas de faux, les copies collationnées et le procès-verbal de vérification de ces copies dressées en exécution de l'article 455 du Code d'instruction criminelle (Voir l'instruction de l'enregistrement du 30 décembre 1844, n° 1723, § 1er).

IV. Les arrêts des chambres d'accusation (Art. 16 de la loi du 13 brumaire an VII et 70, 3o, n° 9, de la loi du 22 frimaire an VII).

PROCÉDURE CORRECTIONNELLE.

V. Les notes d'audience (Décision du 29 décembre 1852; instruction du 12 février 1853, n° 1953).

VI. Les certificats d'excuse des témoins empêchés (Décision du 7 nivôse an VIII et du 4 juillet 1820).

VII. Les décharges de pièces à conviction émanées des particuliers, lorsqu'il n'y a pas de partie civile en cause (Décision du 11 août 1820).

PROCÉDURE D'ASSISES.

VIII. En principe, tous les actes destinés à réprimer les crimes sont dispensés de timbre et d'enregistrement. Ainsi : les réquisitions du ministère public, lorsqu'il y a lieu (Art. 277 du Code d'instruction criminelle) ; les procès-verbaux d'audition des témoins, en cas de supplément d'information ordonnée par le président de la cour d'assises, en vertu de son pouvoir discrétionnaire (Art. 168 et 303 du Code d'instruction criminelle) ; les interrogatoires de l'accusé ; les recours en cassation du ministère public ou de l'accusé contre les arrêts de la chambre des mises en accusation (Circulaire du 9 frimaire an VIII et arrêté du Gouvernement du 21 pluviôse an XI ; instruction n° 124) ; les mandats décernés par le président, soit contre les témoins défaillants (art. 269), soit contre des témoins dont la déposition paraît fausse (art. 330) ; les

PHASES des PROCÉDURES.	ACTES DISPENSÉS DE TIMBRE ET D'ENREGISTREMENT.
PROCÉDURE D'ASSISES.	copies des pièces de la procédure (Art. 16 de la loi du 13 brumaire an VII) ; les procès-verbaux de tirage au sort des jurés, soit pour la composition de la liste générale de la session, soit pour la formation du jury spécial dans chaque affaire ; la signification de la première de ces listes aux jurés ; les ordonnances du président ; les verdicts du jury ; le procès-verbal d'audience ; les arrêts préparatoires, interlocutoires ou incidents ; les arrêts des cours d'assises rendus sans partie civile en cause, alors même qu'ils ne prononcent que des peines correctionnelles (Décision ministérielle [justice et finances] des 7 mai et 7 juillet 1869 ; instruction de l'administration, n° 2400, § 4) ; les recours en cassation contre ces arrêts (Voir circulaire du 9 frimaire an VII).

INSTRUCTION

Approuvée par M. le Ministre des finances
le 20 septembre 1875.

—

EXTRAIT.

—

DISPOSITIONS GÉNÉRALES.

Substitution des percepteurs aux receveurs de l'enregistrement, pour le recouvrement des amendes et condamnations pécuniaires.

N° 1. — Le recouvrement des amendes et condamnations pécuniaires, qui, jusqu'à la fin de 1873 inclusivement, a été confié à l'administration de l'enregistrement, est aujourd'hui opéré par les percepteurs des contributions directes, sous le contrôle et la responsabilité des receveurs des finances, conformément à l'article 25 de la loi du 29 décembre 1873, lequel est ainsi conçu :

« A partir du 1er janvier 1874, les percepteurs des contribu-
» tions directes seront substitués aux receveurs de l'enregistre-
» ment pour le recouvrement des amendes et condamnations pé-
» cuniaires autres que celles concernant les droits d'enregistre-
» ment, de timbre, de greffe, d'hypothèque, le notariat et la
» procédure civile.

» Sont maintenues toutes les dispositions des lois qui ne sont
» pas contraires au paragraphe précédent ; toutefois, les porteurs
» de contraintes pourront remplacer les huissiers pour l'exercice
» des poursuites.

» Un règlement d'administration publique déterminera, s'il y
» a lieu, les mesures nécessaires pour assurer l'exécution du pré-
» sent article. »

Attributions conservées par l'administration de l'enregistrement.

N° 2. — L'administration de l'enregistrement a d'ailleurs conservé, comme toutes les autres régies financières, le recouvrement des amendes afférentes aux contraventions relevées dans son propre service. Telles sont, notamment, les amendes concernant les droits d'enregistrement, de timbre, de greffe, d'hypothèque. Elle encaisse également les amendes relatives au notariat et à la procédure civile, les amendes de contravention aux lettres de voitures et connaissements, les cautionnements des personnes à représenter à justice [1], les sommes dues en vertu de la loi du 22 janvier 1851 sur l'assistance judiciaire, les amendes de non comparution en matière civile, les condamnations prononcées par application de l'article 4 de la loi du 7 août 1850, sur le timbre et l'enregistrement des actes concernant les conseils de prud'hommes, ainsi que les sommes comprises dans les ordonnances délivrées par les juges-commissaires aux faillites pour le recouvrement des frais avancés par le Trésor. Enfin, elle reste chargée d'acquitter les frais de justice.

Exécution du service des amendes par les trésoriers-payeurs d'Algérie et les receveurs des contributions diverses.

N° 3. — Un décret en date du 17 octobre 1874 a décidé en principe que le service des amendes en Algérie serait également retiré aux receveurs de l'enregistrement et confié aux receveurs des contributions diverses, et qu'il serait centralisé par les trésoriers payeurs d'Algérie, conformément au mode suivi en France par les trésoriers généraux à l'égard des opérations effectuées par les percepteurs. L'époque de la remise dudit service aura lieu le 1er janvier 1876 (arrêté ministériel du 16 août 1875), et les conditions en seront ultérieurement déterminées par le Ministre des finances [2].

---

1. Une circulaire de la direction générale de la comptabilité publique, en date du 22 décembre 1875, § 1er 5°, a tracé la marche à suivre pour appliquer au payement des condamnations les cautionnements de personnes à représenter à justice.

2. Ces conditions ont fait l'objet d'une instruction en date du 31 octobre 1875, que le Ministre des finances a adressée aux préfets et sous-préfets, trésoriers payeurs et directeurs des contributions diverses en Algérie.

AMENDES DE CONDAMNATION.

Nature des amendes de condamnation et désignation des services auxquels elles sont attribuées.

N° 4. — Les amendes à recouvrer par les percepteurs sont réunies sous le titre générique d'*amendes de condamnation,* par opposition aux autres amendes, qui, comme il est dit à l'article 2, restent dans les attributions des receveurs de l'enregistrement. Le détail par nature en est donné ci-après, avec indication des services auxquels elles sont attribuées en tout ou en partie.

AMENDES DE CONDAMNATION.	ATTRIBUTIONS.
1° Amendes de police rurale et municipale (Art. 353 et 354).	Exclusivement aux communes où les délits ont été constatés.
2° Amendes de police correctionnelle, sans attribution spéciale (Art. 350 à 357).	Au fonds commun.
3° Amendes concernant certaines fraudes dans la vente des marchandises (Art. 358 à 360).	Un tiers au fonds commun, deux tiers aux communes intéressées.
4° Amendes pour exercice illégal de la médecine et de la pharmacie. 5° Amendes relatives à la profession d'agent de change ou de courtier. 6° Amendes en matière de contrefaçon. 7° Amendes concernant les logements insalubres (Art. 361 à 364).	Au département, pour le payement des dépenses extérieures des enfants assistés (mois de nourrice et de pension).
8° Amendes de chasse (Art. 365 à 381).	Gratifications aux gendarmes ; le reste à la commune sur le territoire de laquelle le délit a été constaté.
9° Amendes de roulage (Art. 382 à 396).	Un tiers à l'agent ; les deux tiers soit à l'État, soit au département, soit aux communes.
10° Amendes de grande voirie (Art. 397 à 399).	Un tiers à l'agent, un tiers à la commune et un tiers à l'État.
11° Amendes concernant les affiches peintes (Art. 401 à 403).	Un quart à l'agent, trois quarts aux communes et hospices (Fonds commun).
12° Amendes relatives au service des huissiers (Art. 404).	Un quart à la bourse commune des huissiers, trois quarts à l'État.
13° Amendes et confiscations pour contraventions aux lois et règlements maritimes (Art. 405 à 408).	A la caisse des invalides de la marine, qui se charge du payement de la part réservée aux agents.
14° Amendes relatives à la pêche du hareng (*Idem*).	Les unes, à la caisse des invalides de la marine ; les autres : un tiers aux agents, un tiers à cette caisse, un tiers à l'État.
15° Amendes concernant la pêche fluviale (Art. 409 à 412).	Gratification fixée au tiers de l'amende, sans pouvoir excéder 50 fr., pour chaque contravention ; le reste à l'État.
16° Amendes relatives à la conservation d'animaux affectés de maladies contagieuses (Art. 413).	A l'État, qui peut accorder un tiers au dénonciateur.

17° Amendes prononcées en vertu du décret du 10 août 1853 sur le classement des places de guerre et sur les servitudes imposées à la propriété autour des fortifications, et en vertu de la loi du 22 juin 1854 sur les servitudes autour des magasins à poudre de la guerre et de la marine (Art. 414).

18° Amendes pour contraventions aux règlements sur les lignes télégraphiques (Art. 414).

19° Amendes en matière criminelle (*Idem*).

20° Amendes forestières (*Idem*).

21° Amendes pour délits de presse (Art. 414 et 415).

} A l'Etat.

22° Amendes prononcées par les articles 25 à 28 de la loi du 19 mai 1874 sur le travail des enfants et des jeunes filles employées dans l'industrie.

{ Au fonds de subvention affectée à l'enseignement primaire dans le budget de l'instruction publique (Circ. du département des finances, 1er mai 1876, § 1er, art. 29 de la loi).

Autorités qui prononcent les amendes.

N° 5. — Les autorités qui ont qualité pour prononcer les condamnations pécuniaires sont les suivantes :

Les juges de paix et les tribunaux de police, pour les contraventions de simple police ;

Les tribunaux correctionnels, pour les délits ;

Les cours d'assises, pour les crimes ;

Les cours d'appel et la Cour de cassation, lorsque les décisions antérieures sont révisées par ces juridictions ;

Les conseils de préfecture, pour les contraventions aux règlements sur la grande voirie et pour certaines infractious à la loi sur le roulage ;

Les conseils de guerre des armées de terre et de mer, pour les crimes ou délits militaires ou maritimes, et les tribunaux commerciaux maritimes, pour les délits de navigation [1].

N° 6 — Le recouvrement des condamnations pécuniaires ne peut être poursuivi qu'autant qu'elles sont devenues définitives et que les jugements ont acquis l'autorité de la chose jugée l'expiration des délais d'opposition ou d'appel. Les jugements par défaut bien que signifiés au parquet, sont susceptibles

[1]. La circulaire de la direction générale de la comptabilité publique du 22 décembre 1875, § 2, a complété cette énumération par l'indication des juges d'instruction pour les amendes infligées aux témoins défaillants.

d'opposition jusqu'à l'expiration du délai de prescription de la peine, mais on peut néanmoins en suivre le recouvrement, sauf à interrompre les poursuites si le débiteur fait opposition.

Toutefois, il est fait exception pour les jugements de simple police, ainsi qu'il est dit aux articles 16 et suivants (N° 8).

Titres en vertu desquels les amendes sont recouvrées.

N° 7. — Les titres en vertu desquels les amendes sont recouvrées consistent:

1° Dans les relevés sommaires et extraits de jugements délivrés par les greffiers des justices de paix et des tribunaux de police ;

2° Dans les extraits de jugements et d'arrêts délivrés par les greffiers des tribunaux et cours et par les secrétaires des conseils de guerre, tribunaux maritimes et conseils de préfecture.

Relevés sommaires.

N° 8. — *Disposition modifiée* (Voir circ. 22 déc. 1879).

N° 9. — En cas d'abstention du condamné, et dans le délai d'un mois à partir de la réception du relevé, le percepteur envoie au juge de paix ou au commissaire de police l'état des retardataires, afin que le magistrat apprécie l'opportunité d'une signification[1].

Cet envoi a lieu par l'entremise de la recette des finances. Il est formé un état distinct pour les retardataires compris dans un même relevé sommaire.

N° 10. — Si la signification a été jugée utile, le greffier adresse au trésorier général les pièces nécessaires au recouvrement de la condamnation. Elles consistent dans la signification et la grosse ou expédition du jugement, accompagnées, s'il y a lieu, d'un état de liquidation. Le percepteur en prend alors charge sur le carnet des extraits de jugements.

---

1. Les jugements pour ivresse (loi du 23 janvier 1873) qui ont été rendus par défaut ou qui sont susceptibles d'appel doivent toujours être signifiés, pour la constatation de la récidive (Voyez circulaire du 23 février 1874).

Extraits de jugements.

N° 11. — Les extraits de jugements définitifs et d'arrêts sont délivrés par les greffiers des tribunaux et cours, et les extraits des arrêts des conseils de préfecture par les secrétaires de ces conseils ; les extraits ou copies de jugements ou arrêts des conseils de guerre et tribunaux maritimes, signés par les greffiers, sont remis par les commissaires du Gouvernement. Ils doivent être adressés au trésorier général [1] dans un délai de quatre jours à partir de celui où la condamnation est devenue définitive (Circ. min. justice, 6 septembre 1875). Le trésorier général veille à ce que les extraits lui parviennent régulièrement. Au cas où les démarches qu'il est tenu de faire à cet égard auprès des autorités compétentes resteraient sans résultat, il devrait en référer à la direction générale de la comptabilité publique.

En ce qui concerne la cour d'appel de Paris et les tribunaux correctionnels ou de simple police du département de la Seine, le délai ci-dessus est élevé à vingt-cinq jours à dater du jugement (lettre du Garde des sceaux du 13 septembre 1875).

Soins qu'exige la rédaction des extraits de jugements.

N° 12. — Lorsque les agents de l'administration de l'enregistrement étaient chargés du recouvrement des amendes et condamnations pécuniaires, ils avaient le droit de demander communication des divers documents déposés aux greffes et d'y faire toutes les investigations commandées par l'intérêt du Trésor. En outre, les droits constatés et les recouvrements effectués par les receveurs de cette administration étaient presque journellement contrôlés par les inspecteurs et vérificateurs, et ce contrôle permanent permettait au directeur de l'enregistrement de dresser en fin d'exercice un état général et détaillé des produits recouvrés, lequel était produit à la Cour des comptes et formait l'unique pièce justifiant la réalité et la régularité des droits recouvrés. Il suit de là que, dans l'ancien ordre de choses, l'extrait de jugement délivré par le greffier constituait une pièce d'ordre intérieur, une sorte de mise

1. Voyez n° 8 (art. 16), note 2, relative aux bordereaux d'envoi.

en demeure pour le receveur de l'enregistrement d'avoir à constater le droit revenant au Trésor et à le recouvrer.

Au contraire, les receveurs des finances et les percepteurs ne sont que de simples agents de recouvrement. La constatation du droit à recouvrer leur échappe complètement, et, une fois ce droit établi par l'autorité compétente, ils reçoivent un titre de perception dont ils prennent charge et qu'ils doivent recouvrer, sauf l'admission des non-valeurs dûment justifiées.

En d'autres termes, les agents de l'enregistrement constataient le droit et en effectuaient le recouvrement, tandis que les receveurs des finances et les percepteurs se bornent à recouvrer, sous leur responsabilité, un titre établi par une administration distincte, et qu'il leur est interdit de modifier.

N° 13. — Dans le service des amendes, le titre de perception pour les comptables du Trésor est naturellement l'extrait de jugement ou d'arrêt délivré par le greffier ; c'est la pièce fondamentale sur laquelle, au point de vue du recouvrement, reposent le contrôle de l'administration des finances et celui de la Cour des comptes. Il est donc indispensable que cet extrait soit régulier en la forme et complet quant au fond, c'est-à-dire qu'on doit non seulement insérer, dans le corps de l'extrait, outre les indications très exactes du nom, du domicile, des motifs de la condamnation, tous les éléments financiers qui s'y rattachent, tels que le montant de l'amende, avec distinction du principal et des décimes ajoutés par les lois fiscales, ainsi que le détail des frais accessoires, mais encore totaliser ces divers éléments, de manière à constituer l'ensemble du droit à recouvrer par les agents du Trésor. Les extraits doivent aussi énoncer les ayants droit à une part d'attribution dans le produit de l'amende.

Les dispositions ci-dessus s'appliquent également aux extraits d'arrêts délivrés par le greffier de la Cour de cassation. Ils doivent, comme ceux émanant des autres tribunaux, être soumis au visa d'un membre du parquet de la Cour.

N° 14. — Les receveurs des finances doivent tenir la main à ce que les extraits de jugements contiennent tous les éléments qui leur sont nécessaires. Les extraits irréguliers ou incomplets devraient être communiqués aux chefs des parquets pour être redressés. En cas de dissentiment avec ces magistrats, les receveurs des finances auraient à en référer à la direction générale de la comptabilité publique.

Frais de justice.

N° 15. — Les frais de justice sont payés par les receveurs de l'enregistrement, et la dépense en est imputée sur les crédits du budget du ministère de la justice. Une partie de ces frais est supportée par l'État. Les autres frais sont à la charge de la partie qui succombe ou qui a été condamnée d'une manière quelconque.

N° 16. — Le recouvrement de ces derniers frais incombe aujourd'hui aux percepteurs et constitue un des produits du budget, au même titre que les amendes de condamnation. Le montant des frais de justice à recouvrer est d'ailleurs indiqué sur les extraits de jugements définitifs (art. 38, n° 13), et est conséquemment porté sur le carnet de prise en charge à tenir par les percepteurs et sur le sommier de l'arrondissement.

N° 17. — La restitution des frais de justice recouvrés sur les condamnés peut, dans des cas extrêmement rares, être ordonnée par le ministère de la justice ou par la Cour des comptes. Les trésoriers généraux devraient alors prendre les instructions de la direction générale de la comptabilité publique pour la constatation de cette restitution dans leurs écritures.

N° 18. — En ce qui concerne les confiscations, l'art. 16 de la loi du 3 mai 1844 sur la police de la chasse, porte que tout jugement de condamnation prononcera la confiscation des armes lorsque le délit aura été commis dans des conditions déterminées, et que, si elles n'ont pas été saisies, le condamné sera tenu de les représenter ou d'en payer la valeur, sans que cette valeur puisse être inférieure à 50 francs. Les percepteurs en inscrivent le montant au titre des produits budgétaires, dans la colonne 10 de leur carnet. Mais comme les condamnés ont la faculté de se libérer par le dépôt de leur fusil au greffe du tribunal qui a prononcé le le jugement, l'article pris en charge par le percepteur est, dans ce cas, admis en non-valeur à la fin de l'exercice.

Prix des ports de lettres et paquets compris dans les frais de justice.

N° 19. — Aux termes de l'article 18 de la loi du 5 mai 1855, portant fixation du budget de l'exercice 1856, le port des lettres et paquets compris, par le paragraphe 11 de l'article 2 du décret du 18 juin 1811, dans les frais de justice, est perçu après chaque jugement définitif suivant le tarif ci-après :

NATURE DES AFFAIRES.	TARIF des Frais de poste à percevoir.
Affaire de police — portée directement à l'audience........	0f 20c
jugée en appel........	1 00
portée en audience après instruction...	1 20
jugée sur appel................	2 60
jugée en cassation........	6 40
Affaire correctionnelle — portée directement à l'audience........	2 00
jugée en appel.....	4 40
portée à l'audience après instruction...	3 00
jugée sur appel................	5 20
jugée en cassation................	9 60
Affaire criminelle — devant la haute cour................	25 00
devant la cour d'assises............ .	
en cassation	16 00

Le recouvrement de ces frais est effectué pour le compte de l'administration des postes, à titre d'opérations de trésorerie, sous le titre de *Droits de poste recouvrés pour le compte du receveur principal*, et conformément aux règles suivantes.

N° 20 — Les trésoriers généraux veillent à ce que les frais de poste soient compris distinctement dans les états de liquidation ou extraits fournis par les greffiers (art. 38), et soient calculés conformément au tarif inséré dans l'article 18 du 5 mai 1855. S'ils remarquent des omissions, ils font les diligences nécessaires pour qu'elle soient rectifiées, dans le cas où la rectification est possible, et s'ils ne peuvent y parvenir, ils en informent la direction générale de la comptabilité publique, afin que l'attention du Ministre de la justice puisse être appelée sur cet objet (Art. 39, n° 14).

N° 21. — Les greffiers des tribunaux et les secrétaires des conseils de préfecture indiquent, dans les extraits de condamnations, les nom, qualité et domicile de l'agent rédacteur du procès-verbal, la route ou le chemin sur lequel le délit ou la contravention a été commis, la nature du délit ou de la contravention et l'article de la loi du 30 mai 1851 en vertu duquel les frais de réparation ont été prononcés. Ces renseignements sont indispensables ; les comptables doivent veiller à ce qu'ils leur soient donnés exactement (Art. 38 et 39, n°ˢ 13 et 14).

Contrôle des produits constatés et établissement des titres de perception.

N° 22. — Dans la première quinzaine de chaque trimestre, les receveurs des finances forment, d'après le sommier de leur arrondissement, des relevés, distincts par tribunal, des extraits de jugements qui leur sont parvenus pendant le trimestre précédent, et, après avoir pris charge de ces relevés par une mention au livre journal, ils les adressent à la trésorerie générale, pour lui permettre d'en prendre également charge et de suivre la rentrée des produits pour l'ensemble du département.

N° 23. — Les relevés trimestriels des sommiers sont ensuite communiqués par le trésorier général au directeur de l'enregistrement, qui les fait rapprocher, au greffe de chaque tribunal, des actes et pièces établissant l'exigibilité et la liquidation des produits, et les revêt d'un certificat constatant qu'ils ne contiennent aucune omission et qu'ils sont réguliers. Ce rapprochement ne pouvant être fait par les agents de l'enregistrement qu'à des époques indéterminées et suivant les convenances de leur propre service, aucune date ne leur est fixée pour le renvoi à la trésorerie générale des relevés vérifiés. Toutefois, le relevé du quatrième trimestre devra naturellement être remis au trésorier général au plus tard le 30 juin, date de la clôture de l'exercice.

N° 24. — En cas d'erreur reconnue, le directeur de l'enregistrement se concerte avec le trésorier général pour en faire opérer la régularisation.

Lorsque l'erreur provient des extraits de jugements, il n'est pas fait de changement à la consignation effectuée. S'il s'agit d'un supplément à recouvrer, il convient d'ouvrir à la date courante un nouvel article, avec référence à l'article erroné. Dans le cas contraire, il suffit d'une mention explicative en marge de l'article primitif, et l'admission en non-valeur est prononcée en fin d'exercice suivant la marche prescrite à l'article 443 ci-après. A l'égard des erreurs qui seraient reconnues après le recouvrement de l'amende, la restitution ne peut avoir lieu par voie d'annulation de recette que si la somme à rembourser a été versée pendant l'année courante ; quand elle appartient à une gestion close, il est délivré une ordonnance directe sur le crédit budgétaire des remboursements et restitutions. L'autorisation de la direction générale de la comptabilité publique est nécessaire dans ces deux cas.

AMENDES FORESTIÈRES.

Amendes et condamnations relatives au service des forêts.

N° 25. — Les amendes et condamnations pécuniaires en matière forestière, ainsi que les transactions sur délits forestiers, sont également recouvrées par les percepteurs. Les principes qui régissent ce service sont indiqués ci-après.

Droit conféré à l'administration forestière en ce qui concerne la poursuite des délits et contraventions.

N° 26. — L'administration des forêts est chargée, dans l'intérêt tant de l'État que des autres propriétaires de bois et forêts soumis au régime forestier, des poursuites en réparation des délits et contraventions commis dans ces bois et forêts (C. F., art. 159). Elle est également chargée de la poursuite en réparation des délits et contraventions spécifiés à l'article 219 du Code forestier (défrichement des bois des particuliers) ; à l'article 11 de la loi du 28 juillet 1860 (reboisement des montagnes) ; à l'article 2 de la loi du 8 juin 1864 (gazonnement) et à la loi du 3 mai 1844 (police de la chasse), si les délits ont été commis dans les bois soumis au régime forestier (Arr. du 28 vendémiaire an V).

Les actions et poursuites sont exercées par les agents forestiers au nom de l'administration forestière, sans préjudice du droit qui appartient au ministère public (C. F., art. 159).

N° 27. — Toutes les actions et poursuites exercées au nom de l'administration des forêts et à la requête de ses agents, en réparation de délits ou contraventions en matière forestière, sont portées devant les tribunaux correctionnels, lesquels sont seuls compétents pour en connaître (C. F., art. 171). Les délits et contraventions sont poursuivis par l'agent forestier chef du service de l'arrondissement.

N° 28. — Les actions en réparation de délits et contraventions en matière forestière se prescrivent par trois mois, à compter du jour où les délits et contraventions ont été constatés, lorsque les prévenus ont été désignés dans les procès-verbaux. Dans le cas contraire, le délai de prescription est de six mois à compter du même jour (C. F., art. 185).

Toute action relative aux délits de chasse prévus par la loi du 3 mai 1844 est prescrite par le laps de trois mois à compter du jour du délit (Art. 29 de la loi).

Pour les défrichements, les actions se prescrivent par deux ans à dater de l'époque où le défrichement aura été consommé (C. F., art. 225).

N° 29. — Tout jugement de condamnation rendu contre le prévenu et contre les personnes civilement responsables du délit, ou contre la partie civile, doit les condamner aux frais, même envers la partie publique [1]. Les frais sont liquidés par le même jugement (C. instr. crim., art. 194).

N° 30. — Aux termes de l'article 55 du Code pénal, tous les individus condamnés pour un même délit, sont tenus solidairement des amendes, des restitutions, des dommages-intérêts et des frais (Art. 286).

N° 31. — Les peines (prison, amende, confiscation) portées par les arrêts ou jugements en dernier ressort rendus en matière correctionnelle se prescrivent par cinq années révolues, à compter de la date de l'arrêt ou du jugement, et, à l'égard des peines prononcées par les tribunaux de première instance, à compter du jour où les jugements ne peuvent plus être attaqués par la voie de l'appel (C. instr. crim., art. 636 ; loi du 13 juin 1856). Les peines

---

1. Les honoraires des avoués et des conseils des parties ne peuvent jamais retomber à la charge de l'administration et ne doivent pas être compris dans la liquidation des dépens (Cassation, 12 avril 1821 ; 29 octobre 1824; 2 avril 1836).

portées par les jugements rendus pour contraventions de police sont prescrites après deux années révolues, savoir : pour les peines prononcées par arrêt ou jugement en dernier ressort, à compter du jour de l'arrêt ou du jugement, et, à l'égard des peines prononcées par les tribunaux de première instance, à compter du jour où ils ne pourront plus être attaqués par la voie de l'appel (C. instr. crim., art. 639).

N° 32. — Les condamnations civiles (dommages-intérêts, restitutions) portées par les arrêts ou par les jugements en matière correctionnelle et devenues irrévocables se prescrivent par trente ans (C. civ., art. 2262 ; C. instr. crim., art. 642).

N° 33. — Les frais de justice correctionnelle sont assimilés pour la prescription aux réparations civiles (Cass., 23 janvier 1828).

Signification et exécution des jugements.

N° 34. — Les jugements rendus à la requête de l'administration forestière ou sur la poursuite du ministère public sont signifiés par un simple extrait, contenant le nom des parties et le dispositif du jugement. Cette signification fait courir les délais de l'opposition et de l'appel des jugements par défaut (C. F., art. 209).

Jugements par défaut.

N° 35. — Les jugements par défaut sont ceux qui ont été rendus contre une partie qui n'a pas comparu à l'audience, ou qui n'a pas été valablement représentée, ou qui a refusé de se défendre au fond (C. instr. crim., art. 186 ; Cass., 13 mars 1824). La condamnation par défaut est considérée comme non avenue, si dans les cinq jours de la signification qui en aura été faite au prévenu ou à son domicile, outre un jour par cinq myriamètres, celui-ci forme opposition à l'exécution du jugement et notifie son opposition tant au ministère public qu'à la partie civile (C. inst. crim., art. 187).

N° 36. — Les extraits de jugements par défaut sont remis par les greffiers des cours et tribunaux aux agents forestiers dans les dix jours (Ord. du 19 octobre 1841) après celui où les jugements ont été prononcés. L'agent forestier supérieur, chef du service de l'arrondissement, les fait immédiatement signifier aux condamnés.

Jugements contradictoires.

N° 37. — Les jugements contradictoires sont ceux qui ont été rendus sur la défense des parties.

Lorsqu'après un jugement contradictoire il n'a été fait par les condamnés aucune déclaration d'appel, les greffiers en remettent directement l'extrait au trésorier général, qui, à son tour, l'adresse aux percepteurs pour en opérer le recouvrement.

N° 38. — L'extrait des arrêts rendus sur appel est remis, dans les mêmes conditions, au trésorier général, par les greffiers des cours d'appel, quatre jours après celui où l'arrêt a été prononcé, si le condamné ne s'est pas pourvu en cassation (Ord. du 1er août 1827, art. 189).

Remboursement des frais faits par l'administration forestière.

N° 39. — L'administration forestière paye aux greffiers les extraits de jugements. Elle rembourse également : toutes les avances faites par les trésoriers généraux pour le recouvrement des condamnations et qui tombent en non-valeur par suite de l'insolvabilité des condamnés (Art. 98 et 339) ; les frais faits pour parvenir à l'incarcération des délinquants ; les frais de séquestre des bois de délit ; les frais de nourriture et de vente des animaux mis en fourrière, de telle sorte que, en aucun cas et pour aucun objet, les frais ou dépenses ne peuvent être acquittés par prélèvement sur les recettes ou produits réalisés. En d'autres termes, le recouvrement de ces frais par les agents des finances doit être appliqué aux recettes du budget *Produit des amendes et condamnations pécuniaires*, et être porté, suivant le cas, dans la colonne des frais de justice ou dans celle des frais de poursuites.

N° 40. — Les états de frais de justice, en matière de délits forestiers, sont rédigés par les greffiers et huissiers sur des imprimés fournis par l'administration des forêts. Ils sont vérifiés par l'agent forestier chargé des poursuites, taxés par le président du tribunal et joints à l'appui des mandats de paiement délivrés par le conservateur des forêts sur le crédit spécial mis à sa disposition (Règl. fin. 26 décembre 1866, § 306).

N° 41. — Les indemnités allouées aux témoins en matière de délits forestiers, rentrant dans la dépense des frais de justice (n° 15), sont payées par les receveurs de l'enregistrement, à titre d'avances et comme dépenses d'urgence. Les pièces justificatives de ces paiements sont comprises dans les versements des receveurs de l'enregistrement à la recette des finances, et la trésorerie générale en fait dépense au compte *Divers, L/C de paiements à régulariser*. En fin de mois, le conservateur délivre au trésorier général, sur les crédits de l'administration des forêts, un mandat de régularisation (Déc. min. 26 juillet 1836).

Dispositions relatives aux insolvables.

N° 42. — Il est dressé, de concert entre le percepteur et l'agent forestier désigné par l'inspecteur, des états, par commune, de tous les condamnés pour délits forestiers qui sont reconnus insolvables. En cas de dissentiment entre le percepteur et l'agent forestier sur l'insolvabilité, ils forment un état distinct des condamnés dont la solvabilité aura été contestée, et ils le transmettent chacun à leur chef immédiat, pour en être référé au préfet, chargé de statuer. La formule imprimée nécessaire au percepteur lui est fournie par l'agent forestier. En attendant qu'il ait été prononcé à cet égard par le préfet, sur les observations du trésorier général et du conservateur, les individus portés sur ces états sont considérés comme insolvables (Déc. min. 12 avril 1834, article 2). Les états sont dressés en deux expéditions, destinées, l'une au percepteur, l'autre à l'agent forestier. Ils sont révisés et complétés pendant les mois de janvier et de juillet de chaque année (*idem*, art. 3 et 4).

N° 43. — L'agent forestier chargé de la poursuite des délits dresse, tous les trois mois, un état des individus insolvables contre lesquels il existe des condamnations susceptibles d'exécution. Il communique cet état au procureur de la République, et, après avoir recueilli son avis (consigné dans la colonne d'observations) sur le nombre d'individus dont l'incarcération est possible, il signale les condamnés les plus audacieux et les plus incorrigibles.

Il transmet une expédition de cet état au conservateur, qui envoie au trésorier général l'état des insolvables dont le procureur de la République a reconnu l'incarcération possible ; le trésorier général adresse immédiatement aux percepteurs, soit directement, soit par l'entremise de la recette particulière, un extrait de l'état des délinquants forestiers insolvables, et leur donne les ordres nécessaires pour provoquer les incarcérations.

N° 44. — Tous les trois mois, les percepteurs adressent à la trésorerie générale, par l'intermédiaire de la recette des finances, l'état (modèle n° 18) des poursuites contre les condamnés insolvables désignés pour être incarcérés. Si l'incarcération n'a pas eu lieu, ils en font connaître les motifs en énonçant les diligences faites. Ces états sont communiqués par le trésorier général au conservateur.

AMENDES DE PRESSE.

Amendes pour contraventions ou délits de presse.

N° 45. — L'article 5 de la loi du 6 juillet 1871, qui a rétabli le cautionnement pour les journaux et écrits périodiques, dispose que « tout journal ou écrit périodique qui aura encouru, dans la » personne de son gérant ou de celle de l'auteur de l'article incri- » miné, une condamnation à l'amende et à des réparations civiles » affectant son cautionnement, sera tenu de satisfaire à ces con- » damnations dans un délai de quinzaine à partir du jour où elles » seront définitives, ou de cesser sa publication ».

N° 46. — Le recouvrement des amendes et condamnations pécuniaires étant poursuivi par les agents des finances sous leur responsabilité personnelle, une certaine latitude leur est laissée au sujet des mesures à prendre pour amener la libération des condamnés qui, sans être insolvables et sans être animés de mauvaise volonté, ne peuvent immédiatement acquitter leur dette. Mais si des délais peuvent être accordés lorsqu'il s'agit de condamnations pour délits de droit commun, il ne saurait en être de même en matière de condamnations prononcées contre un journal ou écrit périodique, pour crimes, délits ou contraventions de presse, puisque le non-versement entraîne la suppression du journal.

N° 47. — Les trésoriers généraux doivent veiller à l'exécution rigoureuse des dispositions ci-dessus. Dans le cas où le journal condamné à l'amende ne serait pas libéré dans le délai légal, les receveurs des finances auraient à en informer les parquets.

Consignation des amendes et des frais.

N° 48. — Ainsi qu'il vient d'être dit, la loi du 6 juillet 1871 a accordé un délai de quinze jours pour le paiement des frais, dommages-intérêts et amendes pour contraventions ou délits de presse. Cependant le Ministre de la justice admet (lettre du 29 mai 1874) que, sous l'empire de cette loi, et bien qu'elle ne contienne pas de disposition explicite à cet égard, le pourvoi en cassation est suspensif, par application du droit commun, et que, dès lors, on ne saurait valablement poursuivre le recouvrement de condamnations de presse déférées à la Cour de cassation.

N° 49. — Or, comme les amendes payées sont acquises au Trésor et ne peuvent faire l'objet d'une remise gracieuse (Art. 252), et que, en exigeant, dans les quinze jours des jugements ou arrêts devenus définitifs, le montant des condamnations prononcées en matière de presse, on mettrait les gérants ou auteurs d'articles incriminés hors d'état d'obtenir, à titre de grâce, aucune atténuation des peines qu'ils ont encourues, il a été obvié à cet inconvénient par un décret du 5 janvier 1853, ainsi conçu :

« Art. 1er. Les amendes à acquitter en exécution du paragraphe » 1er de l'article 6 de la loi du 16 juillet 1850 et de l'article 29 du » décret du 17 février 1852 seront versées, à l'avenir, à la Caisse » des consignations à Paris, et à celle de ses préposés dans les » départements ; elles y resteront déposées pendant trois mois avec » leur affectation spéciale au profit du Trésor.

» Les sommes consignées, en cas de pourvoi en cassation, con-» formément au paragraphe 2 des articles ci-dessus mentionnés, » resteront également déposées pendant le même délai de trois » mois, à partir de la date, soit du désistement, soit de l'arrêt de » rejet, soit du jugement ou de l'arrêt définitif à intervenir.

» Art. 2. A l'expiration du délai de trois mois dans les deux cas » prévus en l'article précédent, si le droit de grâce n'a pas été » exercé, les sommes consignées seront irrévocablement acquises

» à l'État, et elles seront versées par la Caisse des consignations
» au bureau du receveur de l'enregistrement, chargé de la recette
» des amendes et frais de justice dans la ville où se publiait le
» journal. »

N° 50. — D'un autre côté, et pour assurer l'exécution de ce
décret, un arrêté ministériel du 19 juillet 1853 a déterminé le
mode de consignation et de retrait des amendes prononcées pour
délits de presse. Cet arrêté porte :

« Art. 1er. Les amendes qui, en exécution des articles 29 et 30
» du décret organique sur la presse, du 17 février 1852, doivent
» être acquittées ou consignées entre les mains du receveur des
» domaines, seront déposées, à l'avenir, par ce préposé, à la Caisse
» des dépôts et consignations à Paris, et à celle de ses préposés
» dans les départements, conformément au décret du 5 janvier
» 1853.

» Chaque dépôt à la Caisse des consignations sera constaté par
» un récépissé délivré dans la forme ordinaire.

» Art. 2. Lorsqu'il ne sera pas intervenu de décision gracieuse
» dans le délai de trois mois à partir de la consignation, s'il n'y a
» pas eu de pourvoi en cassation, et, s'il y a eu pourvoi, dans les
» trois mois à partir de la date, soit du désistement, soit de l'arrêt
» de rejet, soit du jugement ou de l'arrêt définitif intervenu, le
» retrait des sommes déposées à la Caisse des consignations sera
» effectué par le receveur des domaines, qui en constatera la re-
» cette, à titre définitif, dans ses écritures.

» Art. 3. En cas de remise partielle de l'amende, le receveur
» des domaines retirera de la Caisse des dépôts et consignations la
» portion d'amende acquise au Trésor. Il en fera recette de la
» manière prescrite en l'article précédent.

» Art. 4. Si l'amende a été remise en totalité, le retrait en sera
» fait directement par la partie condamnée, qui devra retirer éga-
» lement de la Caisse des dépôts et consignations la portion d'a-
» mende remise dans le cas de l'article précédent.

» Art. 5. Le remboursement par la Caisse des dépôts et consi-
» gnations au receveur des domaines sera effectué sur la demande
» du directeur de l'enregistrement du département, savoir :

» Dans le cas de l'article 2, sur la production : 1° d'un extrait
» du jugement ou de l'arrêt de condamnation, contenant, confor-

» mément à l'arrêté du Gouvernement du 16 nivôse an **V**, l'attes-
» tation par le greffier que ce jugement ou cet arrêt est devenu
» définitif, soit à défaut d'appel ou de pourvoi dans le délai, soit
» par le désistement ou le rejet du pourvoi ; 2° d'un certificat du
» procureur impérial ou du procureur général près le tribunal ou
» la cour qui aura prononcé la condamnation définitive, constatant
» que le droit de grâce n'a pas été exercé dans le délai de trois mois
» à partir de la consignation, s'il n'y a pas eu de pourvoi en cassa-
» tion, et, s'il y a eu pourvoi, dans les trois mois à partir de la
» date, soit du désistement, soit de l'arrêt de rejet, soit du jugement
» ou de l'arrêt définitif intervenu ;

» Et, dans le cas de l'article 3, sur la production, indépendam-
» ment de l'extrait du jugement ou de l'arrêt définitif, d'une copie
» certifiée de la décision impériale portant remise partielle de
» l'amende.

» Art. 6. La partie qui voudra obtenir le remboursement prévu
» dans l'article 4 devra produire au préposé de la Caisse des dépôts
» et consignations un extrait du jugement ou de l'arrêt définitif,
» dans la forme indiquée dans l'article 5 ci-dessus, et une copie
» certifiée de la décision portant remise totale ou partielle de l'a-
» mende de condamnation. »

N° 51. — D'après ces dispositions, qui sont encore en vigueur
et qui doivent dès lors être appliquées par les receveurs des finances et les percepteurs, excepté quand il y a eu pourvoi en cassation
(Art. 138), le gérant d'un journal condamné pour délit de presse
doit, dans les quinze jours du jugement ou de l'arrêt définitif de
condamnation, verser entre les mains du percepteur de la ville
où le journal est publié le montant des condamnations prononcées
contre lui ou dont il est responsable. Ce versement est admis sur
la simple déclaration du gérant énonçant la date du jugement
ou de l'arrêt de condamnation, le nom du tribunal ou de la cour
qui l'a prononcé, le montant de l'amende et celui des frais de
justice.

N° 52. — Le percepteur délivre deux quittances distinctes, l'une
pour l'amende, l'autre pour les frais de justice, et il inscrit le
versement dans la colonne 17 du carnet intitulée : *Consignations
en matière de délits de presse.* Il doit s'assurer de l'exactitude de
la déclaration du gérant auprès du greffier. S'il est alors reconnu

que la somme versée est inférieure aux condamnations, le percepteur invite le gérant à compléter son versement sans retard, et il informe du résultat de sa vérification le receveur des finances pour que celui-ci mette le procureur de la République ou le procureur général à même de prendre les mesures qui pourront leur paraître utiles.

N° 53. — Aux termes du décret précité du 5 janvier 1853, les amendes acquittées en vertu d'un jugement ou d'un arrêt définitif restent déposées pendant trois mois à la Caisse des dépôts avec leur affectation spéciale. Si, pendant ces trois mois, il n'a pas été rendu de décision gracieuse, ou s'il n'a été fait remise au contrevenant que d'une partie de l'amende, le receveur des finances qui a constaté la consignation en effectue le retrait et en applique le montant au Trésor à titre définitif, c'est-à-dire au crédit du compte *Produit des amendes et condamnations pécuniaires*. Les articles 2, 3 et 5 ci-dessus relatés de l'arrêté ministériel du 19 juillet 1853 indiquent d'ailleurs les règles à suivre et les pièces à produire pour le retrait des amendes consignées.

N° 54. — Quant aux frais de justice, auxquels ne s'appliquent pas les dispositions de l'arrêté ministériel du 19 juillet 1853, et qui ne peuvent pas être remis à titre de grâce (Art. 256), le receveur des finances, après en avoir consigné le montant au sommier, le porte immédiatement en recette au compte *Produit des amendes et condamnations pécuniaires*.

POURSUITES.

Poursuites pour le recouvrement des amendes.

N° 55. — Lorsque les débiteurs d'amendes n'ont pas obtempéré aux avertissements qui leur ont été envoyés par les comptables (Art. 20), les poursuites ont lieu par voie de commandement, puis de saisie et de vente, et enfin de contrainte par corps.

N° 56. — Les poursuites relatives au commandement et à la saisie sont exercées, soit par les huissiers, suivant les formes ordinaires, soit par les porteurs de contraintes, d'après le mode de procéder usité en matière de contributions directes, et en vertu du règlement spécial arrêté par le préfet dans chaque département et promulgué dans la forme des actes administratifs. La voie de la contrainte par corps, supprimée en matière commerciale et civile et contre les étrangers, a été maintenue en matière criminelle, correctionnelle et de simple police.

N° 57. — Une disposition de l'article 25 de la loi du budget de 1874 a, en effet, autorisé les porteurs de contraintes à remplacer les huissiers pour l'exercice des poursuites (art. 1ᵉʳ). Il convient de suivre ce mode toutes les fois que ce sera possible, en vue de diminuer les frais à la charge des redevables. Cette substitution, toutefois, n'est que facultative, et on doit employer le ministère de l'huissier quand il s'agit d'actes importants ou qui présentent des difficultés spéciales.

N° 58. — Les huissiers sont rémunérés d'après leur tarif réglementaire. Les porteurs de contraintes n'ont droit qu'au tarif des frais alloués pour les poursuites sur contributions directes.

Contrainte par corps.

N° 59. — Le mode de poursuites par voie de contrainte par corps, ou emprisonnement pour dettes, est actuellement régi : 1° par la loi du 22 juillet 1867, qui a maintenu le titre XIII du Code forestier et le titre VII de la loi du 15 avril 1829 sur la pêche fluviale ; 2° par la loi du 19 décembre 1871.

N° 60. — La loi du 22 juillet 1867, qui a supprimé la contrainte par corps en matière commerciale, civile et contre les étrangers, l'a conservée seulement pour le recouvrement des amendes, restitutions et dommages-intérêts en matière criminelle, correctionnelle et de simple police. Celle du 19 décembre 1871 a rétabli l'exercice de la contrainte par corps pour le recouvrement des frais de justice.

N° 61. — Les arrêts, jugements et exécutoires portant condamnation, au profit de l'État, à des amendes, restitutions, dommages-intérêts et frais de justice en matière criminelle, correctionnelle et de police, ne peuvent être exécutés par la voie de la contrainte par corps que cinq jours après le commandement qui est fait aux condamnés, à la requête du percepteur (Loi du 22 juillet 1867, art. 3, et loi du 19 décembre 1871).

N° 62. — Dans le cas où le jugement de condamnation n'a pas

16

été précédemment signifié au débiteur, le commandement porte en tête un extrait de ce jugement, lequel contient le nom des parties et le dispositif.

Sur le vu du commandement et sur la demande du percepteur, visée par le receveur des finances de l'arrondissement, le procureur de la République adresse les réquisitions nécessaires aux agents de la force publique et aux autres fonctionnaires chargés de l'exécution des mandements de justice (Loi du 22 juillet 1867, art. 3).

N° 63. — La contrainte par corps a pour objet, soit de forcer un condamné solvable à payer le montant des condamnations prononcées contre lui, soit d'exercer, dans l'intérêt de la vindicte publique, une sorte de répression contre le condamné que son insolvabilité met hors d'état de payer la condamnation.

Une distinction essentielle doit donc être faite, pour l'exercice de la contrainte par corps, entre les condamnés solvables et les condamnés insolvables.

N° 64. — En ce qui concerne les condamnés solvables, l'initiative de la contrainte par corps appartient aux comptables du Trésor, attendu que l'emprisonnement a pour objet le recouvrement des amendes, et qu'ils sont chargés d'effectuer ce recouvrement.

N° 65. — Quant aux délinquants dont l'insolvabilité est établie, la contrainte par corps est une sorte de répression plutôt qu'un moyen de recouvrement. Par suite, il appartient au ministère public de désigner ceux des condamnés insolvables contre lesquels elle doit être employée.

Condamnés solvables.

N° 66. — Les percepteurs ne doivent prendre aucune mesure tendant à l'incarcération des débiteurs, ni même faire signifier aucun acte dans ce but, sans avoir obtenu du receveur des finances une autorisation spéciale. Les comptables font par eux-mêmes toutes les recherches convenables pour s'assurer si les condamnés sont solvables, et s'ils peuvent être poursuivis avec espoir de recouvrement. Lors même que l'indigence personnelle du condamné est attestée par le maire, ce n'est pas un motif pour renoncer à toutes diligences. S'il résulte des preuves acquises ou des renseignements recueillis une présomption suffisante que le redevable écroué trouvera par lui-même ou par sa famille des moyens pour acquitter sa dette et faire cesser son emprisonne_ment, les percepteurs doivent en rendre compte au receveur des finances. D'un autre côté, la contrainte par corps est un moyen de poursuite rigoureux, dont l'emploi exige beaucoup de prudence et ne doit être provoqué qu'avec la plus grande circonspection. Conséquemment, toute demande à l'effet de requérir l'emprisonnement d'un condamné doit contenir l'exposé des raisons pour lesquelles ce condamné peut être considéré comme solvable, et des motifs qui existent d'employer la contrainte par corps de préférence à tout autre mode de poursuite. La réquisition d'incarcération est appuyée, s'il y a lieu, de pièces justificatives.

Condamnés insolvables.

N° 67. — L'emprisonnement des condamnés insolvables donne lieu à des opérations préliminaires différentes, suivant que les condamnations ont été prononcées pour délits commis en matière de forêts ou pour d'autres causes.

N° 68. — A l'égard des délinquants forestiers insolvables, les mesures préliminaires à leur incarcération sont prises par les agents forestiers, conformément aux n°ˢ 42 à 44. Lorsque le parquet a reconnu l'incarcération possible (n° 43), le percepteur, suivant la marche indiquée au n° 66, prépare la réquisition d'incarcération et l'adresse à la recette des finances pour être rendue exécutoire par le procureur de la République.

N° 69. — Quant aux individus insolvables condamnés pour délit de pêche ou pour d'autres causes, et dont l'emprisonnement doit être requis pour assurer la répression des délits et contraventions, la désignation en est faite par le ministère public, d'après les relevés trimestriels dressés par les percepteurs et transmis au ministère public par les receveurs des finances.

N° 70. — Ces relevés sont établis dans les mois de janvier, avril, juillet et octobre de chaque année ; ils comprennent les condamnés dont l'insolvabilité a été constatée pendant le trimestre précédent. On doit s'abstenir d'y porter : 1° la femme en même temps

que le mari, le père ou la mère en même temps que les enfants ;
2° les condamnés dont le domicile n'est pas connu, ni les condamnés à une peine corporelle pendant qu'ils la subissent ; 3° les
mineurs âgés de moins de seize ans accomplis à l'époque du fait
qui a motivé la poursuite ; 4° les débiteurs de condamnations ne
s'élevant pas en totalité à 10 francs, sauf le cas de récidive ; 5° les
condamnés qui, en exécution de l'article 17 de la loi du 22 juillet
1867, auront obtenu un sursis tant qu'il ne sera pas expiré.

Le receveur des finances transmet les relevés au procureur de la
République de son arrondissement, si les débiteurs y sont domiciliés. Le ministère public, au vu des relevés ou des extraits, désigne les condamnés qu'il juge utile de faire incarcérer, et le receveur des finances, d'après cette désignation, donne des ordres aux
percepteurs pour l'incarcération.

N° 71. — Au surplus, l'initiative de l'emprisonnement des condamnés insolvables appartient aux procureurs de la République
(n° 65). L'administration des finances a rempli tous ses devoirs
lorsqu'elle les a mis à portée d'agir, en leur transmettant les relevés trimestriels ; elle n'a pas à insister s'ils n'y donnent pas suite.
De même, lorsqu'un procureur de la République a désigné des
insolvables pour la contrainte par corps, les comptables doivent
les faire emprisonner, sans se préoccuper du point de savoir si
l'incarcération amènera ou non le payement.

N° 72. — Lorsque, dans le cas prévu au n° 62, le commandement porte en tête un extrait du jugement, il convient d'y indiquer la durée de l'incarcération fixée par ledit jugement, ainsi que
le détail des frais qui n'auraient pas été liquidés et qui seraient
cependant compris dans la condamnation. Quand le jugement a
été signifié antérieurement, on peut se borner à rappeler la date
de cette signification dans l'exploit du commandement.

Réquisition d'incarcération.

N° 73. — Lorsque cet exploit a été remis au percepteur, et qu'il
en a reconnu la régularité, il demande au procureur de la République de donner les ordres nécessaires pour que l'incarcération soit
opérée par les gendarmes. Cette demande est formulée au moyen
de la réquisition d'incarcération. La réquisition doit être claire et

précise, énoncer distinctement les nom et domicile du condamné, la date des jugements en vertu desquels l'incarcération est demandée ; la date et le montant des frais du commandement, les acomptes payés et la somme restant due.

N° 74. — Les commandements doivent être joints aux réquisitions (Loi du 22 juillet 1867, art. 3).

Lorsque le commandement a été collectif et qu'il y a lieu d'exercer la contrainte par corps à l'égard du débiteur, l'original de ce commandement est remis au procureur de la République, comme il vient d'être dit ; mais le receveur des finances doit avoir soin d'en conserver une copie exacte et d'y indiquer la direction donnée à l'original.

Arrestation.

N° 75. — L'arrestation a lieu par les gendarmes, à qui le ministère public transmet les ordres nécessaires, sur le vu de la réquisition du commandement (N° 62). Les gendarmes ne doivent pas suspendre, sans y être autorisés, l'exécution des ordres qu'ils reçoivent à cet égard, ni payer de leurs propres deniers, ou au moyen de collectes faites dans les localités, les sommes dues par les individus insolvables. Dans le cas où des circonstances imprévues paraîtraient devoir s'opposer à l'exécution de la contrainte par corps, les gendarmes sont tenus de se borner à surseoir à l'arrestation des redevables, sauf à rendre compte à qui de droit des motifs du sursis.

Frais de capture.

N° 76. — Lorsque la capture est effectuée, soit avant la condamnation, en vertu des mandats d'amener, de dépôt ou d'arrêt, soit après la condamnation, en exécution d'un jugement prononçant l'emprisonnement, ces frais sont à la charge du ministère de la justice et payés par les receveurs de l'enregistrement (N° 15).

N° 77. — Mais les frais de capture faits pour arriver au recouvrement des condamnations pécuniaires sont payés par les receveurs des finances, qu'il s'agisse de condamnés solvables ou de condamnés insolvables, de délits forestiers ou d'autres délits. Ces frais consistent d'ordinaire dans le coût du commandement et la gratification accordée aux gendarmes pour la capture.

N° 78. — Les émoluments dus à l'huissier, pour la copie de l'extrait et pour le commandement, doivent être réglés d'après les articles 28, § 1er, et 29, § 74, du tarif établi par le décret du 16 février 1807, et non selon l'article 1er de l'arrêté du 24 mars 1849 dont les dispositions étaient spéciales à l'emprisonnement en matière civile et commerciale.

N° 79. — A la fin de chaque trimestre, les commandants de brigade établissent un mémoire des frais de capture dus aux militaires de leur résidence qui ont agi en vertu d'ordres émanés des autorités compétentes. Ces mémoires sont certifiés par les sous-officiers, brigadiers et gendarmes intéressés, et revêtus du réquisitoire et de l'exécutoire des magistrats de l'arrondissement. Ils sont, en outre, appuyés des procès-verbaux de capture et transmis au conseil d'administration qui, après les avoir acquittés, les fait toucher à la caisse du receveur des finances (Décret du 18 février 1863, art. 288). Les mémoires des gendarmes, indiqués dans ce décret comme soumis à la formalité du timbre, en sont exempts d'après les dispositions non abrogées de l'article 16 de la loi du 13 brumaire an VII (Décision du Ministre des finances du 13 août 1875).

Les payements doivent être mentionnés sur le livret de solde.

N° 80. — Les frais de capture dus à d'autres agents de la force publique sont payés sur des mémoires taxés par le président du tribunal et appuyés des procès-verbaux d'arrestation. Ils sont timbrés conformément aux règles ordinaires, sauf toutefois en ce qui concerne les douaniers et les brigadiers et gardes forestiers, qui ont été assimilés aux gens de guerre par deux décrets en date du 2 avril 1875.

Durée de la détention.

N° 81. — En principe, c'est le jugement ou l'arrêt de condamnation qui doit fixer la durée de la contrainte par corps, et si le tribunal ou la Cour s'est abstenu de statuer à cet égard, il lui appartient d'y suppléer ultérieurement. Dans ce dernier cas, les comptables doivent signaler la lacune au ministère public et l'inviter à se pourvoir devant la juridiction compétente. Cependant, le Ministre de la justice (Lettre du 10 avril 1875), est d'avis que, si cette rectification entraînait de trop grandes difficultés, on devrait interpréter le silence du tribunal dans le sens le plus favorable au condamné et lui appliquer le minimum fixé par l'article 9 de la loi du 22 juillet 1867.

N° 82. — La durée de la détention d'un condamné insolvable doit, d'ailleurs, être réglée non d'après le total des condamnations prononcées contre lui, mais d'après le montant de celles qui se trouvent portées dans le jugement en vertu duquel la contrainte par corps a été provoquée. Toutefois, les frais de signification, de commandement et de capture ne sont pas réunis au montant des condamnations pour régler la durée de la prison, attendu que l'article 9 de la loi du 22 juillet 1867 a déterminé la durée de la contrainte par le montant de l'amende et des autres condamnations, et que ces faits, postérieurs aux condamnations, n'en font pas partie. Mais les décimes qui s'ajoutent aux amendes sont virtuellement compris dans la condamnation prononcée ; ils donnent lieu, comme le principal de ces amendes, à l'exercice de la contrainte par corps, et doivent, par conséquent, être comptés pour déterminer la durée de la détention.

N° 83. — Il arrive fréquemment que, p. application de certaines lois, comme celle relative à la répression de l'ivresse, ou des règlements concernant les cochers, le même individu subit, dans le même mois, plusieurs condamnations. Dans le cas où plusieurs jugements portant condamnation à l'amende contre un même individu ne peuvent être suivis de recouvrement, les jours de contrainte par corps prononcés par chaque jugement doivent être additionnés, ainsi que le sont les amendes et les frais. Le Ministre de la justice a, en effet, reconnu (Lettre du 25 janvier 1875) que, si les jours de contrainte par corps n'étaient pas cumulés, la détention d'un récidiviste qui a encouru plusieurs condamnations ne durerait pas plus que celle d'un individu qui n'aurait subi qu'un jugement, et qu'on ne saurait prêter au législateur l'intention d'avoir voulu consacrer une pareille injustice, qui favorise l'impunité et entrave le recouvrement des amendes et condamnations pécuniaires. En conséquence, lorsque, par suite d'un commandement se rapportant à plusieurs jugements et demeuré sans effet, le receveur des finances est dans l'obligation d'adresser au procureur de la République une réquisition d'incarcération, la durée de la détention y indiquée doit être égale à la somme des jours portés dans les divers-jugements que vise le commandement.

N° 84. — Le trésorier général peut faire cesser, quand il le juge convenable, l'effet de la contrainte par corps, soit que la durée de cette contrainte ait été fixée par la loi, soit qu'elle ait été déterminée par un jugement. Cette mesure peut être prise à l'égard des des condamnés solvables, s'ils fournissent à l'administration des garanties suffisantes de payement, et, en ce qui concerne les condamnés insolvables, d'après des considérations d'humanité dont l'appréciation est laissée au trésorier général. Dans ce dernier cas, la mise en liberté doit être concertée avec le conservateur des forêts, si la contrainte par corps a été exercée sur la demande des agents forestiers, ou avec le procureur de la République, si l'emprisonnement a eu lieu sur sa désignation.

Recommandation.

N° 85. — Les comptables chargés de recouvrer les condamnations pécuniaires dues par un individu détenu pour une autre cause peuvent s'opposer à ce qu'il soit élargi tant qu'il n'aura pas subi, en sus de sa détention actuelle, la contrainte par corps que comportent lesdites condamnations pécuniaires. Cet acte s'appelle *recommandation* (Art. 279 du Code de procédure civile).

Détenus recommandés dans les maisons centrales.

N° 86. — Lorsqu'une recommandation a été faite au greffe d'une maison centrale, maison de détention ou établissement assimilé, contre un détenu passible de la contrainte par corps, le détenu est, à l'expiration de sa peine, placé dans une cellule d'isolement, pour y être maintenu pendant *quarante-huit heures au plus*. Si, à l'expiration de ce délai, l'administration intéressée ne se l'est pas fait remettre pour le conduire dans une maison d'arrêt, il est rendu à la liberté (Circulaire du Ministre de l'intérieur du 17 juin 1874).

N° 87. — Afin que les agents du Trésor puissent prendre en

temps utile les mesures qu'ils jugeront convenables pour sauvegarder les intérêts de l'État, les directeurs des prisons doivent
dresser chaque mois, d'après le registre d'écrou, la liste des détenus prochainement libérables contre lesquels la contrainte par corps
aurait été prononcée. Ils adressent cette liste au trésorier général
du département un mois au moins avant l'époque de la libération
des individus qui y sont portés, en le prévenant que cette communication a pour but de lui permettre de recommander au greffe de
l'établissement les détenus dont il s'agit.

Les directeurs sont tenus de compléter cet état par tous les renseignements dont le trésorier général peut avoir besoin pour s'assurer de l'identité de chaque détenu et lui signifier un commandement de payer, savoir : 1° les nom et prénoms du condamné ;
2° la date et le lieu de sa naissance ; 3° son ancien domicile ; 4° la
date du jugement ou de l'arrêt de condamnation ; 5° l'indication
du tribunal ou de la Cour d'où la sentence est émanée.

N° 88. — Les trésoriers généraux transmettent ensuite au procureur de la République, avec les renseignements nécessaires,
l'original du commandement signifié au débiteur, et ce magistrat
prend, avant son élargissement, les mesures propres à assurer sa
translation dans une maison d'arrêt.

Prescription des amendes et des frais de justice.

N° 89. — Il y a deux sortes de prescriptions : la prescription
de l'action publique (N° 28) ; la prescription de la peine (N°ˢ 31
à 33).

L'action publique se prescrit : pour les crimes, par dix ans ;
pour les délits, par trois ans ; pour les contraventions de police,
par un an. Les articles du sommier atteints par ces prescriptions
ne sont pas portés au sommier des surséances. Ils doivent être
annulés.

A l'égard de la peine, les dommages-intérêts se prescrivent par
trente ans à partir du jour où les jugements ne sont plus susceptibles d'appel ou sont confirmés en dernier ressort [1].

---

1. La circulaire de la direction générale de la comptabilité publique du
22 décembre 1875, § 2, fait connaître que la prescription des dommages-intérêts est de trente ans et non de cinq.

N° 90. — Les amendes se prescrivent, savoir : en matière criminelle, vingt ans à partir de la date des arrêts ou jugements ; en matière correctionnelle, cinq ans ; en matière de simple police, deux ans ; en matière de roulage, un an à compter de la date de l'arrêté du conseil de préfecture. Toutefois, en cas de fausse indication sur la plaque du contrevenant, ou de fausse déclaration de son nom ou de son domicile, la prescription n'est acquise qu'après un délai de cinq ans.

Les amendes étant des peines, la prescription ne peut être interrompue que par une saisie ou par la contrainte par corps, et non pas seulement par une contrainte ou un commandement.

N° 91. — Le recouvrement des frais de justice se prescrit par trente ans. Néanmoins les percepteurs sont fondés à recevoir le versement des frais de justice prescrits, lorsque le débiteur déclare renoncer à la prescription.

Recours en grâce.

N° 92. — L'amende étant une peine, le droit d'en faire la remise totale ou partielle appartient exclusivement au Président de la République.

N° 93. — L'instruction des recours en grâce est faite : 1° par le Ministre de la justice, lorsqu'il s'agit de condamnations émanant des tribunaux judiciaires ; 2° par le Ministre des travaux publics, pour les condamnations prononcées par les conseils de préfecture et pour celles concernant la pêche fluviale ; 3° par le Ministre de la guerre, pour les condamnations prononcées par les conseils de guerre ; 4° par le Ministre de la marine, pour les condamnations prononcées par les tribunaux maritimes et pour les contraventions aux règlements sur la pêche maritime [1] ; 5° par le Ministre des finances, pour les contraventions à la loi sur les affiches peintes, pour les condamnations forestières et les délits de chasse *en forêt*, ainsi que pour l'emploi de timbres-poste ou de timbres mobiles ayant déjà servi.

---

1. L'article 7 du décret du 7 septembre 1870, qui conférait cette attribution au Ministre de la marine est abrogé, et l'instruction des recours est faite par le Ministre de la justice.

N° 94. — La grâce n'ayant pas d'effet rétroactif, il n'y a jamais lieu de restituer une amende précédemment acquittée [1].

N° 95. — Dès qu'un recours en grâce concernant le ministère de la justice est mis en instruction, le procureur de la République en donne avis au receveur particulier de l'arrondissement, et celui-ci transmet l'avis au percepteur, qui doit immédiatement faire connaître si l'amende est payée ou non [2]. La réponse du percepteur est ensuite communiquée au parquet. Dans le cas où l'amende n'est pas recouvrée, le percepteur surseoit au recouvrement et prend note du sursis en regard de l'article consigné sur son carnet.

N° 96. — Les décisions intervenues sur les recours en grâce sont notifiées directement par les procureurs de la République aux receveurs des finances, qui en informent les percepteurs pour qu'ils aient à poursuivre le recouvrement, si le recours a été rejeté ; dans le cas contraire, l'article est admis en non-valeur en fin d'exercice.

N° 97. — Quant aux frais de justice, ils ne sont pas susceptibles d'être remis en cas de grâce, parce que la condamnation est prononcée, non à titre de peine, mais comme remboursement des avances faites par l'État. L'abandon ne pourrait en être autorisé que législativement. Les percepteurs doivent donc poursuivre le recouvrement des frais de justice, malgré l'existence d'un recours en grâce.

N° 98. — Toutefois, si une erreur judiciaire était reconnue par le ministère de la justice, les frais de justice seraient mis en surséance, mais seulement sur l'ordre du Ministre des finances.

Distribution du prix de vente des immeubles appartenant aux condamnés.

N° 99. — Dans le cas où les percepteurs ont dû requérir, aux

[1]. Les débiteurs qui obtiennent leur mise en liberté par suite de l'admission de leur pourvoi en grâce doivent, au préalable, acquitter les sommes dues au Trésor (Circ. du 22 mai 1876, § 2).

[2]. Circulaire du département de la justice, du 22 mai 1876, prescrivant qu'aucune décision gracieuse ne recevra son exécution, en ce qui concerne les condamnés solvables, qu'à la condition du paiement préalable de toutes les sommes dues au Trésor.

bureaux d'hypothèques, des inscriptions au profit du Trésor sur des immeubles appartenant à des condamnés, et que, par suite, il y a lieu de comparaître par-devant les tribunaux, pour assister au règlement amiable dans la distribution du prix de vente desdits immeubles, les assignations ne doivent pas être envoyées à la direction générale de la comptabilité publique à Paris. Afin de prévenir des retards qui pourraient être préjudiciables aux intérêts du Trésor, et d'assurer en même temps la régularité dans la forme des mesures conservatoires, les percepteurs doivent se conformer à l'article 2148 du Code civil, aux termes duquel les comptables sont tenus d'élire domicile dans l'arrondissement du bureau des hypothèques. En outre, les trésoriers-payeurs généraux et les receveurs particuliers sont autorisés, dès à présent et par avance, à se présenter au lieu et place du directeur général de la comptabilité publique, munis des titres de créances, par-devant les tribunaux.

Les lettres de convocation doivent d'ailleurs être adressées directement au receveur des finances de chaque arrondissement, et, pour Paris, Sceaux et Saint-Denis, au receveur central du département de la Seine (Circ. Min. justice, 2 janvier 1875).

N° 100. — Les receveurs des finances peuvent employer le ministère des avoués pour les ordres *judiciaires* seulement, et non quand il s'agit d'ordres *amiables*.

Exercice des poursuites.

N° 101. — Les poursuites sont exercées au nom du procureur de la République (C. instr. crim., art. 197); elles ont lieu à la requête des percepteurs et sous la direction du receveur des finances, conformément à la marche suivie pour les contributions directes. Les frais dus aux porteurs de contraintes et aux huissiers leur sont payés par le receveur des finances, sur la production, soit des états et pièces en usage pour le service des contributions, soit des mémoires des huissiers, timbrés et dûment taxés, s'il y a lieu.

LIQUIDATION ET ORDONNANCEMENT DES DÉPENSES BUDGÉTAIRES.

Frais d'extraits d'arrêts et de jugements en matières criminelle, correctionnelle et de simple police (Chap. 57, art. 3, § 2).

N° 102. — Il est dû aux greffiers des divers tribunaux et des Cours, une allocation de *vingt-cinq centimes* par extrait délivré. Aucune indemnité n'est accordée aux secrétaires et officiers autres que les greffiers.

En outre, les greffiers sont autorisés (Règlement du 18 juin 1811, art. 51), à délivrer des copies des extraits de liquidation des frais de procédure : ils ont droit, dans ce cas, à une indemnité de *cinq centimes* par article.

On ne peut toutefois délivrer ces copies que lorsque, la liquidation des frais ne se trouvant pas dans le jugement de condamnation, un exécutoire spécial a dû être établi.

N° 103. — Le payement des indemnités a lieu en vertu d'états dressés par les greffiers et taxés par l'autorité judiciaire (Règl. Min. fin., 29 décembre 1866, § 284). Il est imputé sur les crédits de l'exercice pendant lequel le mandatement a lieu (*Idem*, art. 13, § 8).

N° 104. — Le payement des indemnités de 25 centimes et de 5 centimes est acquitté par les trésoriers généraux et est imputé au chapitre 57 du budget du ministère des finances, art. 3, § 2 : *Remboursement d'extraits d'arrêts et de jugements en matière criminelle et de police.*

Ces derniers payements sont effectués au moyen de mandats délivrés par le préfet sur les crédits qui lui sont délégués par le Ministre des finances. Ils ne doivent jamais avoir lieu, à titre d'avances à régulariser, sur la simple production des mémoires ou états taxés.

Par suite, les indemnités payées aux greffiers et dont le montant est indiqué dans les relevés sommaires et dans les extraits de jugements sont inscrites, suivant le cas, dans la colonne 12 du sommier *(frais de justice)* ou dans la colonne 13 *(frais de poursuites et d'instances)*, et le recouvrement, quand il a eu lieu, est appliqué aux recettes du budget.

N° 105. — Les mémoires des greffiers sont soumis au timbre quand ils sont au-dessus de dix francs. Les greffiers qui, pour se dispenser de payer le timbre, fractionneraient leurs mémoires, devraient être signalés au parquet (Circ. du Garde des sceaux du 30 septembre 1861).

N° 106. — Lorsque les jugements des tribunaux de police, signifiés aux condamnés retardataires (Art. 23), sont devenus définitifs à l'expiration des délais d'opposition ou d'appel, le greffier n'a droit à aucune indemnité pour l'établissement de l'extrait de jugement, attendu qu'il a été rémunéré pour l'extrait dudit jugement [1]. En cas d'opposition ou d'appel, le greffier a droit à l'indemnité de 25 centimes pour la délivrance de l'extrait du nouveau jugement.

N° 107. — Les mémoires des greffiers ne doivent pas comprendre les indemnités auxquelles ils ont droit pour chacun des bulletins ou extraits qu'ils peuvent avoir à remettre au parquet. Cette dépense reste à la charge du ministère de la justice et est dès lors acquittée par les receveurs de l'enregistrement (N° 15).

N° 108. — Les frais de procédure mis à la charge de l'État par l'acquittement des prévenus sont imputés sur les crédits du ministère de la justice.

FRANCHISES POSTALES.

Franchises postales relatives au service des amendes.

N° 109. — La substitution des percepteurs aux receveurs de l'enregistrement dans le recouvrement des amendes et condamnations pécuniaires a pour conséquence naturelle d'étendre aux comptables des contributions directes les franchises postales dont les receveurs de l'enregistrement jouissaient précédemment, pour affaires de service, avec les greffiers des Cours et tribunaux, les agents forestiers, les commissaires de police, les conserva-

---

1. Ces termes sont trop généraux ; le greffier n'est pas rémunéré pour l'expédition du jugement lorsque le condamné est domicilié dans le canton, attendu que, dans ce cas, l'huissier est tenu de signifier ledit jugement au moyen d'une copie prise sur la minute (Art. 70 du décret du 18 juin 1811 et Circulaires du Garde des sceaux des 16 août 1842 et 20 décembre 1845).

teurs des hypothèques, les juges de paix et les procureurs de la République. Les conditions de ces franchises sont indiquées ci-après.

Franchises avec les greffiers.

N° 110. — Aux termes de l'arrêté ministériel du 1er avril 1874, « est admise à circuler en franchise, sous bandes, dans l'étendue » du département, la correspondance de service échangée entre » les greffiers des Cours et tribunaux et les trésoriers payeurs » généraux. » [1]

Franchises avec les commissaires de police, conservateurs des hypothèques, juges de paix et procureurs de la République.

N° 111. — Une décision ministérielle du 21 décembre 1874 porte que les fonctionnaires désignés à l'état ci-après « sont auto- » risés à correspondre entre eux en franchise, aux conditions et » dans les limites indiquées dans cet état ».

DÉSIGNATION DES FONCTIONNAIRES entre lesquels LA CORRESPONDANCE VALABLEMENT CONTRESIGNÉE peut circuler en franchise (1).		FORME sous laquelle LA CORRESPONDANCE doit être présentée.	CIRCONSCRIPTION dans laquelle LA CORRESPONDANCE pourra circuler.
Commissaires de police.	Receveurs particuliers des finances	S. B.	Arr.-s.-pr.
	Trésoriers-payeurs généraux des finances	S. B.	*Idem.*
Conservateurs des hypothèques.	Receveurs particuliers des finances.	S. B.	Dépt.
	Trésoriers-payeurs généraux des finances	S. B.	*Idem.*
Juges de paix.	Receveurs particuliers des finances	S. B.	Arr.-s.-pr.
	Trésoriers-payeurs généraux des finances	S. B.	*Idem.*
Procureurs de la République.	Receveurs particuliers des finances.	S. B*.	*Idem.*
	Trésoriers-payeurs généraux des finances	S. B*.	*Idem.*
Receveurs particuliers des finances.	Commissaires de police	S. B.	*Idem.*
	Conservateurs des hypothèques	S. B.	Arr.-s.-pr.
	Juges de paix	S. B.	Dépt.
	Procureurs de la République	S. B*.	*Idem.*
Trésoriers-payeurs généraux des finances.	Commissaires de police	S. B.	*Idem.*
	Conservateurs des hypothèques	S. B.	Dépt.
	Juges de paix	S. B.	Arr.-s.-pr.
	Procureurs de la République	S. B*.	*Idem.*

(1) S. B. signifie sous bandes.
S. B*. signifie sous bandes avec faculté de fermer, c'est-à-dire de mettre sous enveloppe ou sous pli, mais seulement en cas de nécessité.

1. Circulaire du 17 mars 1874.

Enfin, une décision ministérielle du 15 septembre 1875 a admis à circuler en franchise, *dans l'étendue du département*, la correspondance de service entre les procureurs de la République et les trésoriers généraux, correspondance qui, d'après le tableau ci-dessus, était limitée à l'arrondissement.

N° 112. — La responsabilité du recouvrement incombant tout entière aux receveurs des finances, en leur qualité de chefs de service, c'est par leur intermédiaire que les communications qu'entraîne le service des amendes doivent avoir lieu avec les fonctionnaires ci-dessus désignés.

CIRCULAIRE

Du Directeur général de la comptabilité publique aux Trésoriers-payeurs généraux et receveurs particuliers.

22 décembre 1879

L'expérience ayant démontré l'insuffisance des mesures indiquées aux articles 73 à 75 de l'instruction du 20 septembre 1875, le Ministre, par un arrêté du 30 novembre 1878, a institué une commission, à l'effet de rechercher les moyens d'assurer, d'une manière efficace, le contrôle des titres de perception destinés au recouvrement des amendes et condamnations pécuniaires.

Sur le rapport de cette commission, et l'avis conforme de l'administration de l'enregistrement, du timbre et des domaines, le département de la justice et celui des finances ont décidé l'adoption du nouveau mode de procéder ci-après :

I

Tribunaux de simple police.
Établissement et envoi des extraits de jugements.

1° *A l'Avenir, les greffiers des tribunaux de simple police donneront à tous les jugements d'une même année, une série unique et non interrompue de numéros d'ordre. Cette série de numéros,* exclusivement affectée aux relations des greffiers avec les agents du Trésor, *est indépendante des numéros qui peuvent être attribués à chaque affaire pour les besoins de l'administration de la justice.*

J'appelle l'attention des receveurs des finances sur cette disposition, qui forme la base principale sur laquelle repose tout le système élaboré par la commission. Elle est, en effet, le seul moyen de permettre aux agents de l'enregistrement qui, on le verra plus loin, sont chargés du contrôle des titres de perception, de s'assurer facilement qu'il n'y a pas de lacune dans la délivrance des extraits.

2° Les jugements rendus, qu'ils soient susceptibles d'appel ou d'opposition ou qu'ils soient définitifs, feront l'objet d'extraits de jugements portant, suivant le cas et d'une manière très apparente, les mots : provisoire ou définitif. *Chaque extrait de jugement sera payé à raison de 25 centimes.*

Cette disposition entraîne la suppression des relevés sommaires eu usage depuis 1833, pour le recouvrement des condamnations de simple police, susceptibles d'appel ou d'opposition, et leur remplacement par des extraits provisoires de jugements. Les extraits provisoires, qui présentent tous les avantages des relevés sommaires, seront, comme l'étaient ceux-ci, payés aux greffiers par le ministère de la justice, ainsi qu'il est dit ci-après.

Extraits provisoires.

3° Les extraits provisoires non recouvrés seront, après la signification du jugement, et lorsqu'il n'y aura pas opposition ou appel, remplacés par des extraits définitifs comprenant les frais d'enregistrement et de signification et portant les mêmes numéros que les extraits provisoires. Ces extraits ne donneront droit, du reste, à aucune nouvelle rémunération.

Par suite, il ne sera plus nécessaire de fournir, comme le prescrivait l'article 23 de l'instruction du 20 septembre 1875, la signification ainsi que la grosse ou l'expédition du jugement.

Les extraits provisoires non recouvrés et signifiés doivent être remplacés par des extraits définitifs portant le même numéro d'ordre. Mais pour éviter que ces deux titres ne soient mis simultanément en recouvrement, les comptables devront veiller, avec le plus grand soin, à ce que les extraits provisoires non recouvrés soient exactement rattachés à l'état des retardataires (Voir § 11°).

Pour prévenir également toute erreur dans le paiement des frais d'extraits, les greffiers devront indiquer dans la colonne 11 du bordereau d'envoi, par le mot *duplicata*, inscrit en regard de l'extrait définitif, qu'il a été établi en remplacement d'un extrait provisoire.

4° Les greffiers devront adresser au receveur des finances de l'arrondissement les extraits des jugements rendus, avec un bordereau d'envoi (modèle n° 1), établi par exercice (voir § 21). Cet envoi aura lieu : pour les extraits provisoires, dans un délai de huit jours, à partir de la date du jugement, et, pour les extraits définitifs, dans les cinq jours, au plus tard, de la date d'enregistrement du jugement.

Ces bordereaux, dont la production a été prescrite par la circulaire du Garde des sceaux, du 14 août 1876, rappelée dans celle de la comptabilité publique du 10 octobre suivant, devront être transmis à la Cour des comptes comme titres de perception. A cet effet, ils seront établis conformément au modèle n° 1, imprimé ci-après, et seront ensuite soumis par le receveur des finances à la vérification des agents de l'enregistrement (Voir § 16°).

Ainsi qu'il est expliqué au paragraphe 7, les jugements devront être inscrits dans leur ordre numérique et classés comme suit : 1° extraits provisoires ; 2° extraits définitifs ; 3° exécutoires supplémentaires. Les jugements par défaut sont classés d'abord parmi les extraits provisoires (voir § 14°), puis avec les extraits définitifs, après qu'ils ont été signifiés.

Si le condamné défaillant a fait opposition avant le délai de huit jours fixé ci-dessus pour l'envoi de l'extrait provisoire, il n'est pas délivré d'extrait provisoire, et, lors de l'envoi de l'extrait concernant le deuxième jugement, le greffier doit faire connaître qu'il n'a pas été délivré d'extrait provisoire. Il doit également indiquer succinctement dans la colonne 11 les extraits devenus définitifs à la suite de signification, afin que le trésorier général puisse facilement contrôler ultérieurement les frais d'extraits dont le paiement est réclamé au Trésor.

5° Les numéros d'ordre mentionnés au paragraphe 1° devront être reproduits sur les extraits de jugements, états de liquidation et exécutoires supplémentaires, ainsi que les bordereaux d'envoi.

Comme je l'ai déjà fait remarquer, le nouveau mode de numérotage est très important. Je recommande, en conséquence, aux comptables de tenir la main à ce que cette prescription soit rigoureusement exécutée.

6° Les greffiers rempliront les sept premières colonnes du bordereau d'envoi, en y donnant toutes les indications que l'article 16 de l'instruction du 20 septembre prescrivait à l'égard des anciens relevés sommaires, et ils en certifieront l'exactitude sur la feuille de tête. En cas d'erreur matérielle, reconnue par le receveur des finances, le bordereau et les extraits à l'appui seront renvoyés au greffier pour rectification et approbation des surcharges.

Les greffiers doivent donner, dans les colonnes 3 et 4, tous les renseignements nécessaires au recouvrement des condamnations et à l'attribution des amendes. Ils inscrivent, dans la colonne 5, le montant de l'amende (principal et décimes), et, dans la colonne 6, celui des autres condamnations (restitutions, confiscations, droits de poste, frais de justice, etc.). Le montant de ces deux colonnes est totalisé dans la colonne 7.

A l'arrivée du bordereau, le receveur des finances doit s'assurer qu'il renferme bien tous les extraits y relatés et que le montant de ces extraits y est exactement rapporté. Après avoir donné aux extraits conservés dans ses bureaux un numéro d'ordre spécial à l'arrondissement, il en prend charge sommairement sur le carnet d'enregistrement prescrit à l'article 17 de l'instruction du 20 septembre 1875. Il suffit d'indiquer le numéro du bordereau d'envoi, la date de réception, le tribunal, le nombre et le montant des extraits provisoires totalisés dans la colonne 7 du bordereau d'envoi.

7° Les seuls jugements à comprendre sur le bordereau d'envoi sont ceux qui auront donné lieu à la délivrance d'extraits ; les extraits devront y être joints et classés dans leur ordre numérique. Les autres jugements, notamment ceux portant acquittement, ne doivent pas figurer sur le bordereau d'envoi. Par suite, la colonne n° 1 de ce bordereau, affectée aux numéros d'ordre des jugements, présentera des lacunes qui devront être contrôlées par les agents de l'enregistrement, lors des vérifications qui leur incombent en exécution des paragraphes 16° à 19° ci-après.

Les lacunes qui existeront dans les numéros d'ordre portés sur les bordereaux d'envoi, seront l'objet tout spécial de l'attention des agents de l'enregistrement. Ils devront donc s'assurer du motif des lacunes et certifier, sous leur responsabilité personnelle, à la première page des bordereaux d'envoi, que tous les extraits qui devaient être mis en recouvrement ont bien été transmis aux receveurs des finances.

8° Dans le cas où, pour une cause quelconque, un extrait de jugement ne pourra pas être remis au moment de la formation du bordereau d'envoi, le greffier devra se borner à y mentionner son numéro d'ordre, sauf à l'inscrire avec tous les détails nécessaires dans celui des bordereaux suivants, à l'appui duquel il sera produit. Les comptables des finances devront alors mettre sur ces deux bordereaux les références nécessaires pour faciliter le contrôle des agents de l'enregistrement.

Il importe que le greffier constate également, dans la colonne 11 desdits bordereaux, en regard du numéro d'ordre de l'extrait qui n'a pu être produit en temps utile, que cette pièce sera envoyée ultérieurement. De son côté, le receveur des finances, lorsque cet extrait lui parviendra, indiquera dans la colonne 12 le numéro du bordereau d'envoi dans lequel il est compris.

Si, au moment de la vérification des agents de l'enregistrement, les extraits en suspens n'avaient pas encore été délivrés par le greffier, l'agent de contrôle dresserait pour ces extraits un relevé dans la forme du bordereau d'envoi, et le relevé serait communiqué à l'employé chargé ultérieurement du même contrôle, et ainsi de suite jusqu'à la délivrance desdits extraits.

9° Le lendemain de la réception des bordereaux d'envoi, et après s'être assuré qu'il n'y a pas d'erreur matérielle (voir § 6°), le receveur des finances transmettra au percepteur les extraits de jugements pour être mis en recouvrement,

Il devra, au préalable, indiquer avec soin sur le bordereau d'envoi resté dans ses bureaux (col. 14), la direction donnée à chaque extrait. Cette indication conforme, du reste, aux instructions antérieures, n'est demandée que pour les extraits provisoires, pour lesquels elle est indispensable. Les receveurs des finances, en effet, ne prennent charge que du total de ces titres sur leurs carnets d'enregistrement (voir § 6°) : ce n'est donc que sur le bordereau d'envoi qu'ils peuvent constater la direction donnée à chaque extrait provisoire en vue de son recouvrement.

10° En ce qui concerne les extraits provisoires, le percepteur devra, suivant la marche usitée pour les anciens relevés sommaires, adresser immédiatement aux parties un avertissement officieux d'avoir à payer les condamnations prononcées. Lorsque la partie paiera volontairement, l'extrait provisoire tiendra lieu d'extrait définitif, et la somme recouvrée figurera en recette sur les sommiers et carnets prescrits par les instructions.

Il n'est rien changé, à cet égard, aux dispositions de l'article 19 de l'instruction du 20 septembre. Comme par le passé, les percepteurs n'auront pas à constater sur leurs carnets la prise en charge de chaque extrait, et ils se borneront à y consigner le montant total de la lettre d'envoi.

État des retardataires.

11° En cas d'abstention d'un ou de plusieurs condamnés, et dans le délai d'un mois, le receveur des finances adressera

l'état des retardataires (modèle n° 2), avec les extraits cor-
respondants, au magistrat auquel incombe le soin de faire
signifier les jugements non exécutés. Cet état devra notam-
ment contenir, d'une manière très exacte, tous les renseigne-
ments que le percepteur aura pu recueillir sur la solvabilité
du débiteur et de sa famille. Lorsque le jugement aura été
signifié et qu'il sera devenu définitif à défaut d'opposition
ou d'appel, l'extrait provisoire devra être remplacé par le
greffier, comme il est dit au paragraphe 3°, par un extrait
définitif.

Sur la première page de l'état des retardataires, formé par le
percepteur, le receveur des finances indiquera, dans un cadre préparé à cet effet, le nombre et le montant des extraits provisoires
adressés par le greffier, le nombre et le montant des articles recouvrés, enfin le nombre et le montant des articles à recouvrer détaillés audit état.

Il importe que les comptables donnent les renseignements les
plus complets sur la solvabilité des débiteurs, soit que ceux-ci
aient le moyen de se libérer par leur travail ou leur fortune personnelle, soit qu'ils puissent être aidés par leur famille, car c'est
en grande partie d'après ces indications que les juges de paix ou
les commissaires de police peuvent décider s'il y a lieu de faire
signifier les jugements.

12° Dans le délai de huit jours [1], le magistrat, après avoir
indiqué dans la colonne 11 et certifié sur la feuille de tête
de l'état des retardataires la suite donnée à chaque jugement,
par les mots signifié *ou* non signifié, *renverra ledit état au*
receveur des finances, qui, s'il le juge utile, pourra le sou-
mettre au contrôle et au visa du parquet du tribunal de pre-
mière instance.

1. Le délai de huit jours commence à partir du moment où le jugement
signifié sera devenu définitif. (Circ. du Garde des sceaux, 22 déc. 1879).
La circulaire du 18 janvier 1835, qui interdit la signification des jugements
de simple police avant avertissement préalable est toujours en vigueur.

L'état des retardataires, ainsi annoté, sera annexé au bordereau d'envoi correspondant, comme titre d'annulation des articles non recouvrés.

Cette obligation imposée au magistrat de police d'indiquer la suite donnée aux jugements dont le recouvrement n'aura pas été effectué volontairement est fort importante. Elle permet, en effet, de fournir à la Cour des comptes une pièce authentique qui décharge les comptables des sommes dont ils n'ont pu obtenir le payement.

Mais l'obligation pour le magistrat de police d'indiquer la suite qu'il a donnée aux jugements, ne saurait être considérée comme une immixtion de l'administration des finances dans les attributions de la justice, attendu que le magistrat se borne à constater le fait matériel de la signification ou de la non-signification, et non les motifs qui ont déterminé sa décision, dont il ne doit compte qu'au chef du parquet.

Je recommande d'ailleurs aux receveurs des finances de ne soumettre au visa du parquet les décisions du magistrat de police, qu'autant qu'elles leur paraîtraient en désaccord avec les renseignements recueillis par eux sur la solvabilité des condamnés.

Extraits définitifs.

13° Les extraits définitifs seront également compris sur le bordereau d'envoi, à leur ordre numérique, mais à la suite des extraits provisoires (voir le modèle n° 1).

L'envoi en sera fait par les greffiers au receveur des finances, et par celui-ci aux percepteurs, dans les délais réglementaires. Le recouvrement en sera poursuivi conformément aux instructions actuellement en vigueur.

Comme les extraits provisoires, les extraits définitifs devront recevoir un numéro d'ordre à la recette des finances, avant leur mise en recouvrement. Il y aura lieu de se conformer, pour leur prise en charge et leur envoi au percepteur, aux dispositions de l'article 26 de l'instruction du 20 septembre. Les extraits définitifs étant enregistrés individuellement par le receveur des finances, ce comptable pourra se dispenser de remplir à leur égard la colonne 14 du bordereau d'envoi (direction donnée aux extraits), ce renseignement étant déjà consigné sur le carnet, modèle 8, de l'instruction précitée.

Je ferai remarquer que les extraits de jugements qui, aux termes de l'article 25 de l'instruction du 20 septembre, étaient remis à la trésorerie générale par tous les greffiers du département seront, à l'avenir, envoyés directement à chaque recette des finances. Par suite, le receveur particulier devra, aussitôt après en avoir passé écriture, donner avis au trésorier général du numéro et du montant total du bordereau d'envoi contenant les extraits dont il aura pris charge.

De son côté, le trésorier général n'aura plus à prendre charge des extraits à recouvrer dans les arrondissements de sous-préfecture, que pour le montant de chaque bordereau d'envoi. A cet effet, des comptes distincts par arrondissement seront tenus à la fin du sommier de la trésorerie générale. Les totaux de ces comptes seront récapitulés chaque mois sur le sommier de l'arrondissement du chef-lieu, et il sera fait un total général des extraits mis en recouvrement pour l'ensemble du département.

14° Les extraits de jugements par défaut doivent être classés sur le bordereau d'envoi avec les extraits provisoires.

Lorsqu'un jugement est frappé d'opposition et donne ultérieurement lieu à un second jugement, l'extrait relatif à ce dernier jugement est classé avec les extraits définitifs. En outre, le bordereau d'envoi et l'extrait définitif doivent, indépendamment du numéro d'ordre qui leur est propre, rappeler le numéro du jugement par défaut, afin de faire ressortir le double emploi et de permettre au receveur des finances et aux agents de l'enregistrement d'en tenir compte dans la constatation des recettes et la vérification des titres de perception.

Lorsque le bordereau d'envoi contiendra des exécutoires supplémentaires (art. 163 et 164 du décret du 18 juin 1811) le greffier devra les mentionner à la suite des extraits définitifs, par l'indication du numéro et de la date du jugement, du numéro d'ordre de l'état de liquidation et du mon-

tant de la somme à recouvrer, laquelle sera comprise dans le total du dit bordereau.

Les exécutoires supplémentaires devront, ainsi qu'il a été dit précédemment, § 5°, être inscrits sous le numéro d'ordre du jugement auquel se rapportent les dépenses comprises sur l'état de liquidation mis en recouvrement. Il sera, dès lors, facile au receveur des finances d'inscrire sur son sommier, en regard de chaque jugement pris en charge, des références qui permettent de connaître l'ensemble des sommes afférentes à la même condamnation.

15° Les receveurs des finances mentionneront, dans la colonne n° 8 du bordereau d'envoi, le montant des sommes dont ils auront pris charge et ils additionneront cette colonne, avec rappel du montant des bordereaux antérieurs, de sorte que le dernier bordereau de l'exercice présentera le total de tous les titres se référant aux jugements rendus pendant cet exercice.

Je n'ai pas besoin de faire remarquer que cette concordance entre les résultats des bordereaux d'envoi et les titres dont il a été pris charge dans les écritures des receveurs des finances, ne peut exister qu'à la condition qu'on aura eu égard aux augmentations et réductions, constatées par les agents de l'enregistrement dans les colonnes 9 et 10 desdits bordereaux.

Contrôle des agents de l'enregistrement.

16° Dans les dix premiers jours de chaque mois, le receveur des finances établira, pour l'ensemble de son arrondissement, un bordereau récapitulatif (modèle n° 3) où seront inscrits, par Cour et par tribunal, tous les bordereaux d'envoi dont il aura pris charge dans l'avant-dernier mois. Les bordereaux récapitulatifs de chaque arrondissement, appuyés des bordereaux d'envoi (modèle n° 1) et des états de retardataires (modèle n° 2), seront transmis par le trésorier général au directeur de l'enregistrement, qui sera chargé de les faire contrôler par les agents sous ses ordres.

Avant de les transmettre au trésorier général, le receveur des finances devra indiquer en toutes lettres, sur la première page des bordereaux d'envoi, la somme dont il a pris charge. Tous les bordereaux d'envoi, transmis pendant l'avant-dernier mois, doivent être classés, par juridiction (simple police, police correctionnelle, Cour d'appel, Cour d'assises) et par numéros d'ordre, avant d'être portés sur le bordereau récapitulatif. Le montant de chaque bordereau d'envoi sera totalisé successivement avec celui des bordereaux antérieurs, de manière à présenter en fin d'exercice un total définitif égal aux titres de perceptions dont il aura été pris charge.

Les envois de chaque arrondissement seront récapitulés par le trésorier général sur un bordereau présentant le total de l'envoi pour l'ensemble du département, avec report des mois antérieurs. Il sera tenu compte de l'envoi fait au directeur de l'enregistrement sur un carnet spécial présentant : 1° la date de l'envoi ; 2° le numéro du bordereau ; 3° son montant ; 4° la date du renvoi par le directeur de l'enregistrement ; 5° en cas de renvoi partiel, le montant des titres renvoyés et la juridiction qu'ils concernent. Les directeurs et trésoriers généraux devront, après vérification matérielle de ces envois, en accuser réception, par écrit, dans un délai maximum de cinq jours.

17° Les agents de l'enregistrement s'assureront qu'il n'existe aucune lacune ni omission dans les envois ; ils rapprocheront chaque article des feuilles d'audience et des états de liquidation déposés aux greffes ; ils constateront le résultat de leur vérification dans les colonnes 9 et 10 des bordereaux d'envoi ; enfin, ils apposeront leur signature sur la feuille de tête de ces bordereaux.

La vérification des agents de l'enregistrement doit avoir pour objet principal de reconnaître si les lacunes existant dans la série des numéros d'ordre sur les bordereaux d'envoi sont justifiées par l'acquittement des prévenus ou par toute autre cause légitime. Dans le cas où des erreurs importantes ou habituelles seraient relevées, le receveur des finances devrait en informer immédiatement le chef du parquet, chargé de la police du greffe.

Quand l'agent de contrôle aura relevé des omissions, telles que le nombre ou le nom des condamnés, la solidarité, la responsabilité civile, etc., il devra l'indiquer dans la colonne 13 du bordereau d'envoi. Mais lorsqu'il s'agira de l'omission d'un ou de plusieurs extraits, l'agent de contrôle devra, en outre, en donner avis au greffier, afin que celui-ci établisse les extraits absents et les comprenne dans un bordereau d'envoi distinct.

18° Le directeur renverra ensuite au trésorier général, après l'avoir revêtu de son visa, le bordereau récapitulatif mensuel, accompagné des bordereaux d'envoi dûment vérifiés et des états de retardataires correspondants. En ce qui concerne les erreurs constatées par cette vérification, il sera produit : 1° pour les erreurs en plus, des certificats de réduction établis par les greffiers et visés contradictoirement par les agents de l'enregistrement ; 2° pour les erreurs en moins, des extraits complémentaires, appuyés d'un bordereau d'envoi distinct et rappelant le numéro de l'extrait erroné. Le trésorier général accusera réception de ces justifications au directeur de l'enregistrement.

Aucune rémunération ne sera allouée aux greffiers pour la formation des pièces rectificatives.

Il convient de remarquer que les erreurs constatées par les agents de l'enregistrement, lors de leur vérification, n'entraînent aucune altération des titres primitifs. Les sommes prises en charge par le receveur des finances en vertu d'extraits erronés doivent continuer à figurer dans ses écritures pour le chiffre indiqué dans la colonne 8 du bordereau d'envoi. Les modifications en plus ou en moins sont justifiées par la production des pièces rectificatives, dont il est passé écriture, soit comme complément de prise en charge, soit comme réduction de titre.

Le directeur de l'enregistrement ne doit pas attendre que ses agents aient fini leur vérification pour transmettre au trésorier général les pièces rectificatives dont la nécessité a été reconnue ; il importe au contraire qu'elles lui soient adressées immédiatement après leur établissement, afin de pouvoir être recouvrées en temps utile.

19° Le travail de vérification des agents de l'enregistrement devra être terminé assez à temps pour que les bordereaux récapitulatifs puissent être rendus à la trésorerie générale au plus tard le 31 décembre de la deuxième année de l'exercice.

Cette dernière date constitue un délai maximum qui devra être réduit toutes les fois qu'il sera possible, non seulement en vue de faciliter la régularisation des erreurs constatées, mais encore afin que les trésoriers généraux puissent joindre les pièces à leur compte final, lors de son envoi à la direction générale de la comptabilité publique.

Il a, du reste, été entendu avec l'administration de l'enregistrement que les directeurs feront aux trésoriers généraux le renvoi des bordereaux récapitulatifs au fur et à mesure de leur vérification dans les greffes.

20° A l'avenir, les bordereaux récapitulatifs mensuels accompagnés, comme il vient d'être dit, des bordereaux d'envoi et des états de retardataires, seront produits à la Cour des comptes, comme titres de perception, au lieu et place des extraits de jugement et des bordereaux trimestriels prescrits par les articles 73 à 76 et par le modèle n° 16 de l'instruction du 20 septembre 1875. Par suite, les extraits de jugements seront, à mesure de leur recouvrement, classés dans les archives de la recette des finances, suivant leur ordre d'inscription sur le sommier, de manière à pouvoir être facilement consultés en cas de recherches ou de réclamations ultérieures.

Les extraits de jugements devront être conservés, pendant trente ans, dans les archives des recettes des finances. Il importe que le classement en soit fait avec beaucoup de soin. L'inexécution de cette disposition engagerait gravement la responsabilité des comptables.

Exercice.

21° Enfin, et pour faciliter le contrôle de l'administration de l'enregistrement, il a paru qu'il convenait de modifier l'article 68 de la dite instruction, aux termes duquel tous les extraits parvenus à la trésorerie générale appartenaient à l'exercice courant, lors même que, d'après la date du jugement ou de l'extrait, les faits se rapportaient à l'année précédente. A l'avenir, au contraire, toutes les condamnations d'une même année seront recouvrées au titre de l'exercice pendant lequel les jugements auront été prononcés. Toutefois les exécutoires supplémentaires, ainsi que les extraits complémentaires résultant de la vérification des agents de l'enregistrement, appartiendront à l'exercice de l'année pendant laquelle ces pièces auront été fournies au receveur des finances.

Cette disposition s'applique aux condamnations prononcées en 1879, dont les extraits parviendront aux receveurs des finances en 1880, afin que les titres de perception de l'exercice 1880, établis d'après les nouvelles règles, ne comprennent bien que les faits afférents audit exercice. Je recommande spécialement ce point à l'attention des receveurs des finances.

L'exception faite au sujet des exécutoires supplémentaires et des extraits complémentaires, est motivée sur ce que la production de ces pièces est souvent trop tardive pour qu'on puisse les rattacher à l'exercice pendant lequel les jugements ont été rendus. Pour la même cause, on devra étendre cette exception aux condamnations prononcées par les conseils de guerre maritimes, dont l'imputation sera déterminée par la date d'envoi des extraits à la direction générale de la comptabilité publique.

II

Tribunaux de police correctionnelle, Cours d'appel, Cours d'assises et Cour de cassation.

—

Application à ces juridictions des règles relatives aux tribunaux de simple police.

Les règles qui viennent d'être tracées au paragraphe 1ᵉʳ ci-dessus concernant les extraits de jugements définitifs en matière de simple police sont applicables, en principe, aux extraits de jugements et arrêts définitifs des tribunaux de police correctionnelle, des Cours d'appel, des Cours d'assises et de la Cour de cassation.

En conséquence, tous les jugements, même ceux qui auront été suivis d'un acquittement ou qui concerneront le service des forêts et celui des régies financières, ainsi que tous les arrêts prononcés dans le cours d'une même année, recevront un numéro d'ordre spécial par juridiction, affecté aux relations des greffiers avec les agents du Trésor (Voir § 1ᵉʳ, 1°).

Ce numéro sera reproduit sur les extraits de jugements ou d'arrêts définitifs, états de liquidation, exécutoires supplémentaires et bordereaux d'envoi (§ 1ᵉʳ, 5°).

Les extraits de jugements et d'arrêts définitifs devront être délivrés au plus tard dans les cinq jours de la date de l'enregistrement du jugement ou de l'arrêt. Ils seront joints au bordereau d'envoi (modèle n° 4) et inscrits dans leur ordre numérique (§ 1ᵉʳ, 6°, 7° et 8°).

Les exécutoires supplémentaires et les extraits complémentaires formés à la suite de la vérification des agents de l'enregistrement seront également inscrits et totalisés sur ce bordereau (§ 1ᵉʳ, 14°).

Les greffiers ne doivent pas comprendre sur les bordereaux d'envoi les jugements portant acquittement, ainsi qu'il est dit plus haut (voir 7°), ni les condamnations forestières qui donnent lieu à une vérification spéciale (voir le paragraphe ci-après), ni enfin les condamnations rendues exclusivement dans l'intérêt d'une régie financière (enregistrement, contributions indirectes et douanes).

Les bordereaux d'envoi, vérifiés par les agents de l'enregistrement, et les bordereaux récapitulatifs, certifiés par le directeur, seront produits à la Cour des comptes comme titres de perception (§ 1er, 16° à 20°).

Les directeurs de l'enregistrement ont été invités par leur administration (voir n° 18°) à adresser aux trésoriers généraux les bordereaux récapitulatifs et autres pièces aussitôt après leur vérification, bien que le délai fixé pour leur renvoi ne soit pas expiré ; je recommanderai également aux comptables de transmettre aux directeurs, tous les quinze jours, les bordereaux d'envoi concernant les jugements et arrêts rendus par les tribunaux de police correctionnelle et les Cours d'appel, lorsque le nombre des extraits reçus sera suffisant pour former un envoi.

Les greffiers de ces juridictions n'établissant pas, en effet, d'extraits provisoires, le délai prescrit par le paragraphe 16° pour la transmission des bordereaux d'envoi en matière de simple police, peut être sensiblement abrégé pour les bordereaux d'envoi relatifs aux tribunaux correctionnels et aux Cours d'appel.

Condamnations forestières.

En ce qui concerne les condamnations forestières, l'administration de l'enregistrement n'a pas à intervenir dans le contrôle des extraits de jugements, et, par suite, les receveurs des finances ne doivent pas faire figurer ces extraits sur les bordereaux récapitulatifs (modèle n° 3). La circulaire de la comptabilité publique du 19 juin 1877, § 6, ayant prescrit la formation de relevés trimestriels comprenant les extraits de jugements rendus en matière forestière, ainsi que les transactions avant jugement recouvrées, et ces relevés étant vérifiés par les inspecteurs des forêts, il a paru que ce mode de contrôle était suffisant. En conséquence, lesdits relevés serviront de titres de perception pour la Cour des comptes, au lieu et place des extraits de jugements et des bulletins de transaction avant jugement.

Les extraits concernant les condamnations forestières ne doivent pas être portés sur les bordereaux d'envoi (modèle n° 1). Mais les greffiers n'en doivent pas moins continuer de les adresser avec un bordereau spécial. La nécessité de ce document a été reconnue par la circulaire du Garde des sceaux du 14 août 1876, qui est toujours en vigueur (Voir Circ. compt. publ. 10 octobre 1876).

En conséquence, les extraits devront, comme par le passé, être accompagnés d'un bordereau indiquant seulement la date du paye-ment, le nom du condamné et le montant total de la condamna-tion.

Je ferai remarquer aux receveurs des finances qu'il n'est apporté aucun changement aux dispositions de l'instruction du 20 sep-tembre 1875 (Art. 91 et 94), en ce qui concerne les délais d'envoi des extraits de jugements rendus en matière forestière. Les délais de prescription spéciaux à ces condamnations ne permettent aucune modification à cet égard.

Contrôle des extraits d'arrêts mis en recouvrement dans un arrondissement
autre que celui où ils ont été rendus.

En vue d'éviter les omissions et doubles emplois, il avait été décidé (Voir Circ. du 19 juin 1877, § 7) que le percepteur qui aurait pris charge d'un extrait de jugement de première instance devrait poursuivre également le recouvrement des extraits d'arrêts des Cours d'appel ou de cassation auquel il a pu donner lieu, et que, dans les deux cas, le percepteur opérerait pour son propre compte, même lorsque l'arrêt d'appel ou de cassation aurait été rendu dans un autre arrondissement.

Comme, dans ces conditions, il n'existe aucun contrôle de la prise en charge par le percepteur du siège de la première juridic-tion, la vérification des arrêts étant faite seulement au greffe des Cours, j'ai cru devoir apporter à la circulaire précitée du 19 juin 1877 les modifications suivantes :

Les recouvrements de l'espèce continueront d'être effectués, conformément aux dispositions de cette circulaire, par le per-cepteur qui aura pris charge de l'extrait de jugement, et ce comp-table sera tenu de faire tous les rapprochements prescrits par les instructions ; mais, lorsqu'il y aura lieu, le comptable effectuera, pour le compte de son collègue du siège de la Cour d'appel ou de la Cour de cassation, le recouvrement des condamnations prononcées par ces juridictions. Les extraits d'arrêts ne seront plus alors transmis avec un bulletin de prise en charge, mais ils seront envoyés à l'appui d'une contrainte extérieure, et les sommes recouvrées en vertu desdits arrêts seront adressées au comptable du siège de la Cour qui les aura rendus.

III

Dispositions spéciales à la ville de Paris et à certaines grandes villes.

L'importance du service des amendes à Paris, et dans certaines grandes villes, ne permet au nouveau système de fonctionner qu'à la condition d'avoir des agents de contrôle spéciaux, attendu la nécessité de vérifier désormais, au greffe de toutes les juridictions, la minute de tous les arrêts et jugements rendus dans le cours d'une même année, afin de s'assurer : 1° qu'il n'y a pas de lacunes dans les envois des greffiers ; 2° que toutes les condamnations pécuniaires sont exactement portées sur les extraits ; 3° enfin, à l'égard des grands centres, où il est difficile de déterminer le domicile des condamnés, que ce domicile a été exactement indiqué.

Dans les villes où l'administration de l'enregistrement aura établi des agents spéciaux de contrôle, le service sera exécuté conformément aux règles adoptées pour les départements, sauf certaines modifications de détail, notamment en ce qui concerne : 1° la forme des bordereaux d'envoi ; 2° les époques de communication de ces bordereaux par le receveur central de la Seine ; 3° les époques de renvoi des pièces constatant les vérifications des agents de l'enregistrement.

Aucune exception, toutefois, ne paraît devoir être apportée dans le service des tribunaux de simple police du département de la Seine, autre que celui de la ville de Paris. Les greffiers de ces tribunaux et les agents du Trésor se conformeront aux règles indiquées sous les n°ˢ 1° à 21° du paragraphe Iᵉʳ.

La recette centrale devra notamment établir un bordereau récapitulatif distinct (modèle n° 3 précité) pour les extraits des jugements des tribunaux de simple police de la banlieue, et le soumettre aux vérifications des agents de l'enregistrement dans les délais et suivant les formes adoptées pour le contrôle dans les départements.

Service de Paris.

En ce qui concerne la ville de Paris, il a été décidé que les règles qui viennent d'être tracées seront appliquées en principe, sauf les conditions ci-après.

Tribunal de simple police. — Le greffier du tribunal de simple police remettra journellement au receveur central de la Seine les extraits des jugements rendus, qu'ils soient provisoires ou définitifs.

Ces extraits seront accompagnés de deux bordereaux d'envoi comprenant : l'un, les extraits de jugements concernant les condamnés habitant Paris ou les départements autres que celui de la Seine ; l'autre, les extraits de jugements concernant les condamnés habitant la banlieue.

Le bordereau d'envoi sera conforme au modèle n° 5. Il devra notamment comprendre une colonne distincte pour le domicile du condamné (rue et numéro), afin que les erreurs fréquentes existant dans les indications de cette nature puissent être immédiatement relevées et signalées par l'agent de l'enregistrement.

Le receveur central remettra le bordereau et les extraits relatifs aux condamnés de Paris et des départements au percepteur spécial, pour en opérer le recouvrement, soit directement, soit par l'intermédiaire de ses collègues pour son compte.

Quant au bordereau et aux extraits concernant les condamnés habitant la banlieue, le receveur central en prendra charge sur des sommiers établis par perception et les transmettra aux percepteurs de la résidence des condamnés.

Lorsque les condamnations de simple police entraînent une peine corporelle, il est d'usage, à Paris, de remettre d'abord au parquet les extraits de jugements y relatifs, et ce sont ces mêmes extraits qui, après l'exécution de la peine, sont produits au receveur central pour servir au recouvrement de la condamnation pécuniaire. Ce mode de procéder est aujourd'hui abandonné : le greffier adressera à l'agent du Trésor les extraits destinés au recouvrement, en même temps qu'il remettra au parquet ceux qui lui sont nécessaires.

Les extraits de jugements à délivrer par le greffe du tribunal de simple police à Paris devront être individuels et conformes au modèle prescrit par le Bulletin officiel du ministère de la justice du deuxième trimestre de 1877. Toutefois, à l'égard des contraventions encourues par les agents d'une administration civilement responsable, le greffier pourra former des extraits de jugements collectifs, conformes au modèle n° 8 ci-après, lequel a d'ailleurs été concerté avec le ministère de la justice.

Tribunal de première instance. — Le greffier du tribunal de première instance devra remettre également au receveur central les extraits de jugements définitifs rendus en matière correctionnelle. Ils seront accompagnés d'un bordereau d'envoi conforme au modèle n° 6.

Ce bordereau, qui ne devra comprendre que les extraits y annexés, sera établi à des époques indéterminées, mais dans un délai qui ne pourra dépasser vingt-cinq jours à partir de la date des jugements (Instr. du 20 septembre 1875, art. 25). En conséquence, lorsque les extraits de jugements ne pourront pas être produits avec le bordereau d'envoi, il sera procédé comme il est indiqué au paragraphe 1er, 8°.

D'après le principe ci-dessus rappelé, tous les jugements rendus dans le cours d'une même année devront recevoir une série non interrompue de numéros d'ordre. Mais comme, à Paris, le tribunal se compose de plusieurs chambres, il devra y avoir une série distincte de numéros d'ordre pour chaque chambre, et les extraits afférents à une même chambre feront l'objet de bordereaux d'envoi également distincts et portant le numéro de la chambre.

Cour d'appel, Cour d'assises et Cour de cassation. — Le mode de procéder qui vient d'être indiqué pour le tribunal correctionnel est entièrement applicable aux arrêts de la Cour d'appel de Paris, de la Cour d'assises du département de la Seine et de la Cour de cassation.

Contrôle. — Dans les dix premiers jours de chaque mois, le receveur central de la Seine établira, suivant les règles et conformément au modèle prescrit par le paragraphe 1er, 16°, un borde-

reau récapitulatif comprenant tous les bordereaux remis pendant
le mois précédent par les greffiers du tribunal de simple police de
la ville de Paris, du tribunal de première instance et des Cours
d'appel, d'assises et de cassation. Le receveur central transmettra
le bordereau récapitulatif, avec les bordereaux d'envoi à l'appui,
au directeur de l'enregistrement, qui en fera opérer la vérification
d'après le mode indiqué au paragraphe 1er, 16° à 18°. Cette vérification devra être terminée dans le délai d'un mois, et les bordereaux susmentionnés devront être rendus à la recette centrale,
appuyés, s'il y a lieu, de certificats de réduction et d'extraits complémentaires.

Service des grandes villes.

A l'égard des villes où le contrôle du service des amendes sera
fait par un agent spécial de l'enregistrement, la marche à suivre
sera exactement la même que celle qui a été indiquée aux paragraphes 1 et 2 ci-dessus, sauf que les bordereaux récapitulatifs
mensuels (modèle n° 3) et les pièces à l'appui seront vérifiés par
cet agent et rendus à la trésorerie générale par le directeur de
l'enregistrement dans un délai de trois mois, au lieu du 31 décembre de la seconde année de l'exercice.

Il va sans dire que ce délai de trois mois est la limite extrême
du temps accordé à ces agents spéciaux pour terminer leur vérification. Ils devront même, dans le courant de l'année, se renfer-
mer autant que possible dans le délai d'un mois donné à Paris
pour l'exécution de ce service.

IV

Conseils de préfecture ; conseils de guerre ; tribunaux maritimes.

En ce qui concerne les amendes et condamnations prononcées
par les conseils de préfecture, conseils de guerre et tribunaux
maritimes, les modes de contrôle actuellement en usage sont
maintenus. Outre que cette partie du service a été récemment
réglementée, il a été reconnu que les dispositions qui la régissent

se rapprochent sensiblement des mesures prescrites par la présente instruction.

Les trésoriers généraux devront donc continuer à appliquer les prescriptions de la circulaire du 11 juillet 1878, § 9 et 10, et de celle du 1er octobre 1878, §6. De plus, en fin de gestion, ils devront former des bordereaux récapitulatifs (modèle n° 7) pour les extraits d'arrêtés des conseils de préfecture et les extraits de jugements des conseils de guerre. Ils les soumettront ensuite au visa du secrétaire général de la préfecture ou du commissaire du gouvernement près le conseil de guerre.

Les bordereaux d'envoi et les bordereaux récapitulatifs précités serviront de titres de perception.

<h2 style="text-align:center">V</h2>

Payement des frais d'extraits.

Le remplacement des relevés sommaires par des extraits provisoires et la transformation des extraits provisoires en extraits défi nitifs ont pour conséquence de modifier les conditions de rémunération des greffiers. S'inspirant des dispositions du décret du 7 avril 1813, article 6, 7° relatif aux frais d'extraits, le Garde des sceaux a décidé qu'à l'avenir les greffiers seront payés au taux de 25 centimes pour chaque extrait provisoire ou définitif.

Il y a lieu, toutefois, de remarquer qu'il n'est dû aucune rémunération pour les extraits définitifs établis en remplacement d'extraits provisoires, ni pour la formation de pièces rectificatives (certificats de réduction ou extraits complémentaires), dont la production aura été demandée par les agents de l'administration de l'enregistrement, lors de la vérification des titres de perception.

J'appellerai spécialement l'attention des comptables sur le payement de ces allocations. Les frais d'extraits provisoires destinés à remplacer les relevés sommaires sont considérés comme frais de justice, et, comme tels, susceptibles de recouvrement sur les condamnés. Ils sont, à ce titre, payés par les receveurs de l'enregistrement pour le compte et sur le budget du ministère de la justice.

Les trésoriers généraux devront, au contraire, acquitter sur mandat spécial et conformément aux dispositions de l'article 331 de l'instruction du 20 septembre 1875, la somme de 25 centimes due aux greffiers pour chaque extrait définitif qui n'a pas été établi en remplacement d'un extrait provisoire.

Il n'est rien changé à l'allocation de 5 centimes par article, fixée par le décret du 18 juin 1811, pour le payement des exécutoires supplémentaires.

CIRCULAIRE

Du Garde des sceaux sur le recouvrement des frais de justice criminelle.

22 Décembre 1879.

Le mode de recouvrement des condamnations pécuniaires opéré, depuis 1873, par les percepteurs, a été indiqué dans l'instruction du ministère des finances, du 20 septembre 1875, dont un extrait constitue l'annexe B de la circulaire de mon prédécesseur, en date du 14 août 1876.

L'expérience a démontré que les règles tracées sont inefficaces au point de vue du contrôle des titres de perception.

En effet, elles ne permettent pas de s'assurer si les greffiers ont délivré des extraits de tous les jugements rendus, et les agents de l'enregistrement n'ont pu jusqu'ici rapprocher utilement les sommes prises en charge des minutes des jugements auxquels elles se rapportent.

Ces inconvénients se reproduisent sous une autre forme à la Cour des comptes, qui ne trouve pas dans les documents soumis à sa vérification les éléments d'un apurement régulier relativement à la responsabilité des comptables.

Pour y remédier, une commission a été chargée d'examiner le meilleur mode de contrôle des titres de perception destinés au recouvrement des amendes et autres condamnations pécuniaires.

Cette commission, composée de fonctionnaires du ministère des finances et de l'administration de la justice, a proposé les mesures suivantes, qui ont reçu l'approbation de mon collègue des finances et auxquelles j'ai donné mon adhésion.

Le nouveau système repose sur une double base :

1° A l'avenir, tous les jugements d'un même tribunal recevront un numéro d'ordre appartenant à une série non interrompue, recommencée chaque année. Ce numéro sera reproduit sur les extraits de jugements ou d'arrêts, les états de liquidation et les exécutoires supplémentaires;

2° Les extraits seront classés dans un bordereau d'envoi, sur lequel les greffiers reproduiront les numéros énoncés sur les dits extraits. Le bordereau d'envoi résumera, de plus, tous les faits qui se seront produits pendant l'opération du recouvrement.

Le numérotage de toutes les pièces a pour but de permettre aux agents de l'enregistrement de s'assurer facilement qu'il n'y a pas eu d'omission dans la délivrance des extraits de jugements.

Quant au bordereau d'envoi, il facilitera la mission de vérification de ces agents en leur fournissant le moyen de rapprocher chaque article des feuilles d'audience et des états de liquidation déposés aux greffes.

Cette innovation implique la délivrance d'un extrait, par chaque jugement rendu, que ce jugement soit définitif ou qu'il soit susceptible d'opposition ou d'appel.

Les deux traits principaux du nouveau mode de contrôle étant ainsi déterminés, il reste à indiquer les modifications de détail qui doivent faire l'objet des instructions à donner aux greffiers de votre ressort.

I

Tribunaux de simple police.

Extraits.

1. — Le mode de recouvrement des condamnations pécuniaires organisé par la circulaire du 15 décembre 1833 est modifié en ce sens, qu'au lieu et place d'un relevé sommaire, il sera délivré un extrait, ainsi que la loi le prescrit.

En conséquence, à partir du 1er janvier 1880, les greffiers délivreront des extraits de tous les jugements portant condamnation, et ils les adresseront aux receveurs des finances de l'arrondissement, classés dans le bordereau d'envoi dont il vient d'être parlé et qui sera préparé conformément au modèle n° 1 [1].

---

1. Les formules des bordereaux d'envoi doivent être fournies aux greffiers par les receveurs des finances de leur arrondissement; ceux-ci sont

Si les jugements sont susceptibles d'appel ou d'opposition, les extraits seront *provisoires*, et le mot *provisoire* sera écrit en caractères très apparents sur les dits extraits.

Si les jugements sont définitifs, les extraits porteront la mention que le jugement est définitif.

Chaque extrait sera payé au greffier à raison de 25 centimes.

1° *Extraits provisoires.* — Les greffiers adresseront au receveur des finances les extraits provisoires dans un délai de huit jours.

Le lendemain de la réception des bordereaux d'envoi, et après s'être assuré qu'il n'y a pas d'erreur matérielle, le receveur des finances transmettra au percepteur les extraits de jugements pour être mis en recouvrement.

Suivant la marche usitée pour les anciens relevés sommaires, le percepteur devra adresser immédiatement aux parties un *avertissement officieux* d'avoir à payer les condamnations prononcées.

Lorsque la partie paiera volontairement, l'extrait provisoire tiendra lieu d'extrait définitif, et la somme recouvrée figurera en recette sur les sommiers et carnets prescrits par les instructions.

En cas d'abstention d'un ou de plusieurs condamnés, et dans le délai d'un mois, le receveur des finances adressera l'état des retardataires (modèle n° 2), avec les extraits correspondants, au magistrat (juge de paix ou commissaire de police), auquel incombe le soin de faire signifier les jugements non exécutés. Cet état devra notamment contenir, d'une manière très exacte, tous les renseignements que le percepteur aura pu recueillir sur la solvabilité du débiteur et de sa famille.

Lorsque le jugement aura été signifié et qu'il sera devenu définitif à défaut d'opposition ou d'appel, le greffier dressera *gratuitement* un nouvel extrait portant le même numéro que l'extrait provisoire, qu'il sera destiné à remplacer, et contenant l'indication des frais de signification.

---

remboursés de leurs avances en fin d'année, sur la production des factures d'impression et d'un compte d'emploi des formules remises aux greffiers (Rapport de la commission au Ministre des Finances, § IV).

Mais il sera alloué un droit de 25 centimes au greffier pour l'extrait du jugement devenu définitif sur l'opposition ou l'appel.

Par suite de la délivrance de l'extrait définitif, il ne sera plus nécessaire de fournir, comme le prescrivait l'article 23 de l'instruction du 20 septembre 1875, la signification ainsi que la grosse ou l'expédition du jugement.

Dans le délai de huit jours, à partir du moment où le jugement signifié sera devenu définitif, le magistrat qui aura préalablement eu le soin de certifier sur la feuille de tête et d'indiquer dans la colonne 11 de l'état des retardataires la suite donnée à chaque jugement par les mots, *signifié* ou *non signifié*, renverra le dit état au receveur des finances, qui, s'il le juge utile, pourra le soumettre au contrôle et au visa du parquet du tribunal de première instance.

L'état des retardataires ainsi annoté sera annexé au bordereau d'envoi correspondant et servira de titre d'annulation des articles non recouvrés.

2° *Extraits définitifs.* — L'envoi sera fait par les greffiers au receveur des finances dans le délai de cinq jours, et, par le receveur, le lendemain de la réception des extraits.

Le recouvrement sera poursuivi conformément aux instructions actuellement en vigueur.

Bordereau d'envoi.

2. — Ainsi qu'il a été dit plus haut, les greffiers donneront à tous les jugements d'une même année une série unique et non interrompue de numéros d'ordre.

Cette série de numéros sera exclusivement affectée aux relations des greffiers avec les agents du Trésor.

Les numéros d'ordre devront être reproduits sur les extraits de jugements, états de liquidation et exécutoires supplémentaires, ainsi que sur les bordereaux d'envoi (modèle n° 1).

Les greffiers rempliront les sept premières colonnes du bordereau d'envoi, en y donnant toutes les indications que l'article 16 de l'instruction du 20 septembre 1875 prescrivait à l'égard des anciens relevés sommaires, et ils en certifieront l'exactitude sur la feuille de tête.

En cas d'erreur matérielle, reconnue par le receveur des finances, le bordereau et les extraits à l'appui seront renvoyés au greffier pour rectification et approbation des surcharges.

Les seuls jugements à comprendre sur le bordereau d'envoi sont ceux qui auront donné lieu à la délivrance d'extraits ; les extraits devront y être joints et classés dans leur ordre numérique.

Les autres jugements, notamment ceux portant acquittement, ne doivent pas figurer sur le bordereau d'envoi. Par suite, la colonne n° 1 de ce bordereau, affectée au numéro d'ordre des jugements, présentera des lacunes qui devront être contrôlées par les agents de l'enregistrement, lors des vérifications qui leur incombent.

Dans le cas où, par une cause quelconque, un extrait de jugement ne pourra pas être remis au moment de la formation du bordereau d'envoi, le greffier devra se borner à y mentionner un numéro d'ordre, sauf à l'inscrire avec tous les détails nécessaires dans celui des bordereaux suivants, à l'appui duquel il sera produit.

Les comptables des finances devront alors mettre sur ces deux bordereaux les références nécessaires pour faciliter le contrôle des agents de l'enregistrement.

Les extraits définitifs seront également compris sur le bordereau d'envoi, à leur ordre numérique, mais à la suite des extraits provisoires.

Les extraits de jugements par défaut doivent être classés sur le bordereau d'envoi avec les extraits provisoires. Lorsqu'un jugement est frappé d'opposition et donne ultérieurement lieu à un second jugement, l'extrait relatif à ce dernier jugement est classé avec les extraits définitifs. En outre, le bordereau d'envoi et l'extrait définitif doivent, indépendamment du numéro d'ordre qui leur est propre, rappeler le numéro du jugement par défaut, afin de faire ressortir le double emploi et de permettre au receveur des finances et aux agents de l'enregistrement d'en tenir compte dans la constatation des recettes et la vérification des titres de perception.

Lorsque le bordereau d'envoi contiendra des exécutoires supplémentaires (art. 153 et 164 du décret du 18 juin 1811), le greffier devra les mentionner à la suite des extraits définitifs, par l'indication du numéro et de la date du jugement, du numéro d'ordre de l'état de liquidation et du montant de la somme à recouvrer, laquelle sera comprise dans le total du dit bordereau.

Dans le cas où, par suite de la vérification des agents de l'enregistrement, des erreurs auraient été constatées, il sera produit :

1° Pour les erreurs en plus, des certificats de réduction établis par les greffiers et visés contradictoirement par les agents de l'enregistrement ;

2° Pour les erreurs en moins, des extraits complémentaires, appuyés d'un bordereau d'envoi distinct et rappelant le numéro de l'extrait erroné.

Si des extraits omis sont réclamés au greffier, cet officier ministériel les délivrera et les comprendra dans le dit bordereau d'envoi distinct prescrit pour les erreurs complémentaires constatant des erreurs en moins.

Aucune rémunération ne sera allouée aux greffiers pour la formation des pièces rectificatives.

Service de Paris.

3. — La situation exceptionnelle du tribunal de simple police de la ville de Paris exige des dispositions particulières, à raison de la multiplicité des condamnations et de la difficulté de déterminer le domicile des habitants, surtout de ceux qui sont le plus habituellement atteints par la loi de répression.

Le greffier remettra au receveur central de la Seine les extraits de tous les jugements rendus, non pas dans le délai de huit jours, mais tous les jours.

Ces extraits seront accompagnés de deux bordereaux d'envoi comprenant : l'un, les extraits de jugements concernant les condamnés habitant Paris ou les départements autres que celui de la Seine; l'autre, les extraits de jugements concernant les condamnés habitant la banlieue.

Le bordereau d'envoi sera conforme au modèle n° 5. Il devra notamment comprendre une colonne distincte pour le domicile du condamné (rue et numéro), afin que les erreurs fréquentes existant dans les indications de cette nature puissent être immédiatement relevées et signalées par l'agent de l'enregistrement.

Le receveur central remettra le bordereau et les extraits relatifs aux condamnés de Paris et des départements au percepteur spécial pour en opérer le recouvrement, soit directement, soit par l'intermédiaire de ses collègues pour son compte. Quant au bordereau et aux extraits concernant les condamnés habitant la banlieue, le receveur central en prendra charge sur des sommiers établis par perception et les transmettra aux percepteurs de la résidence des condamnés.

Lorsque les condamnations de simple police entraînent une peine corporelle, il est dans l'usage, à Paris, de remettre d'abord au parquet les extraits de jugements y relatifs, et ce sont ces mêmes extraits qui, après l'exécution de la peine, sont produits au receveur central pour servir au recouvrement de la condamnation pécuniaire. Ce mode de procéder devra être abandonné, et le greffier adressera à l'agent du Trésor les extraits destinés au recouvrement, en même temps qu'il remettra au parquet ceux qui lui sont nécessaires.

Les extraits de jugements à délivrer par le greffe du tribunal de simple police à Paris devront être individuels et conformes au modèle prescrit par le Bulletin officiel du ministère de la justice, du deuxième trimestre de 1877. Toutefois, à l'égard des contraventions encourues par les agents d'une administration civilement responsable, comme par exemple, la Compagnie générale des voitures, le greffier pourra former des extraits de jugements collectifs, suivant le modèle n° 8.

Aucune exception n'est apportée dans le service des tribunaux de simple police du département de la Seine, autres que celui de la ville de Paris.

II

Tribunaux de police correctionnelle. — Cours d'appel. — Cours d'Assises et Cour de cassation.

Les règles qui viennent d'être tracées ci-dessus concernant les extraits de jugements définitifs en matière de simple police sont applicables aux extraits de jugements et d'arrêts définitifs des tribunaux de police correctionnelle, des Cours d'appel, des Cours d'assises et de la Cour de cassation.

Ainsi, tous les jugements définitifs, même ceux qui auront été suivis d'un acquittement ou qui concerneront le service des forêts et celui des régies financières, ainsi que tous les arrêts prononcés dans le cours d'une même année, recevront un numéro d'ordre spécial par juridiction, affecté aux relations des greffiers avec les agents du Trésor.

Ce numéro sera reproduit sur les extraits de jugements ou d'arrêts définitifs, états de liquidation, exécutoires supplémentaires et bordereaux d'envoi.

Les extraits de jugements et d'arrêts définitifs devront être délivrés au plus tard dans les vingt-cinq jours de la date du jugement ou de l'arrêt. Ils seront joints au bordereau d'envoi (modèle n° 4) et inscrits dans leur ordre numérique.

Les exécutoires supplémentaires et les extraits complémentaires formés à la suite de la vérification des agents de l'enregistrement seront également inscrits et totalisés sur le bordereau.

Service de Paris.

Tribunal de première instance. — Le greffier du tribunal de première instance devra remettre également au receveur central de la Seine les extraits des jugements définitifs rendus en matière correctionnelle. Ils seront accompagnés d'un bordereau d'envoi conforme au modèle n° 6.

Ce bordereau, qui ne devra comprendre que les extraits y annexés, sera établi à des époques indéterminées, mais dans un délai qui ne pourra dépasser vingt-cinq jours à partir de la date des jugements (Instr. du 20 sept. 1875, art. 25). En conséquence, lorsque les extraits de jugements ne pourront pas être produits avec le bordereau d'envoi, le greffier mentionnera sur ledit bordereau les numéros des jugements, et il inscrira les détails nécessaires dans celui des bordereaux d'envoi suivants à l'appui duquel les extraits seront produits.

D'après le principe ci-dessus rappelé, tous les jugements rendus dans le cours d'une même année devront recevoir une série non interrompue de numéros d'ordre. Mais comme, à Paris, le tribunal se compose de plusieurs chambres, il devra y avoir une série distincte de numéros d'ordre pour chaque chambre, et les extraits afférents à une même chambre feront l'objet de bordereaux d'envoi également distincts et portant le numéro de la chambre.

Cour d'appel, Cour d'assises et Cour de cassation. — Le mode de procéder qui vient d'être indiqué pour le tribunal correctionnel est entièrement applicable aux arrêts définitifs de la Cour d'appel de Paris, de la Cour d'assises du département de la Seine et de la Cour de cassation.

Service des grandes villes.

A l'égard des grandes villes, où le service du contrôle sera fait par un agent spécial de l'enregistrement, le mode de procéder ci-dessus indiqué pour la ville de Paris sera appliqué, sauf quelques modifications de détail.

Dispositions générales.

Les mesures ci-dessus prescrites vont imposer aux greffiers un surcroît de travail.

J'ai pensé qu'il était juste d'accorder à ces officiers ministériels une rémunération correspondante.

La substitution des extraits provisoires aux relevés sommaires, institués par la circulaire du 15 décembre 1833, assure déjà aux greffiers des tribunaux de simple police une augmentation de 15 centimes par jugement susceptible d'opposition ou d'appel.

J'examinerai ultérieurement s'il y a lieu d'allouer, en outre, une indemnité spéciale pour la rédaction du bordereau d'envoi [1].

Le prix des extraits provisoires et du bordereau d'envoi sera taxé au profit des greffiers sur la caisse du receveur de l'enregistrement comme frais de justice criminelle, tandis que celui des extraits définitifs leur sera payé par la trésorerie générale, à l'exception des extraits définitifs fournis en remplacement des extraits provisoires.

Le nouveau mode de contrôle des titres de perception des con-

---

1. « Il est alloué aux greffiers établis près les Cours et tribunaux correc-
» tionnels et de simple police une rétribution de 5 centimes par article du
» bordereau d'envoi contenant les énonciations des extraits de tous les
» jugements portant condamnation ». (Décr. 21 avril 1880.)

damnations pécuniaires doit avoir pour résultat de permettre aux percepteurs d'opérer des recouvrements beaucoup plus considérables que par le passé.

Je vous prie donc, monsieur le procureur général, de vouloir bien recommander aux greffiers de votre ressort d'apporter toute leur attention à l'exécution de ces instructions, notamment au numérotage des pièces, au classement des extraits dans les bordereaux d'envoi et à la délivrance de ces extraits dans les délais spécifiés.

Je compte sur votre active surveillance et sur celle de vos substituts pour assurer le régulier fonctionnement d'une réforme destinée à sauvegarder d'une manière plus efficace les intérêts du Trésor, c'est-à-dire des contribuables.

'ARTEMENT

NDISSEMENT

ÉRO D'ORDRE

dereau d'envoi :

26

xercice 18

Modèle n° 1.
—
CIRCULAIRE
du
22 décembre 1879
§ 1, 4°.

TRIBUNAL DE SIMPLE POLICE

d

—

BORDEREAU D'ENVOI

DES EXTRAITS DE JUGEMENTS PROVISOIRES ET DÉFINITIFS

Adressés à la recette des finances de l'arrondissement désigné ci-contre, pour servir au recouvrement des amendes et condamnations pécunaires.

—

Certifié l'exactitude des colonnes 1 à 7 du présent bordereau.

A   , le   18   .

Le Greffier,

Vu et pris en charge les sommes portées dans la colonne 8 du présent bordereau montant à *(en toutes lettres).*

Le Receveur des finances,

Vu et vérifié l'ensemble du présent bordereau, sans lacune ni omission, par le soussigné, qui certifie l'exactitude des sommes prises en charge (colonne 8) et des rectifications indiquées dans les colonnes 9 et 10.

A   , le   18   .

Le $\left\{ \begin{array}{l} \textit{Vérificateur} \\ \textit{Contrôleur} \end{array} \right\}$ *de l'enregistrement,*

Nos d'ordre des Jugements.	DATE des JUGEMENTS.	NATURE ET LIEU de la contravention, du délit ou du crime (Loi et articles appliqués.)	NOMS, PRÉNOMS ET DOMICILES des condamnés et des personnes civilement responsables ou solidaires.	MONTANT de l'amende (principal et décimes)	MONTANT des frais et autres condamnations.	TOTAL des condamnations.	SOMMES prises en charge par le receveur des finances	ERREURS CONSTATÉES par l'agent de l'enregistrement — En plus.	En moins.	OBSERVATIONS du greffier.	du receveur des finances	de l'agent de l'enregistrement.	Direction donnée aux extraits.
1	2	3	4	5	6	7	8	9	10	11	12	13	14
					1° EXTRAITS PROVISOIRES								
43	1er avril 1879	Police des rues. Laon. Code pénal (art.).	Duval (Louis) à Laon.	6f. 25	5f. 00	11f. 25	»	»	»		V. État des retardataires.		Laon.
44	Idem.	Idem.	Brau (Pierre) son père responsable. Laon.	10 »	5 »	15 »	15f. »	»	»		Payé.		Idem.
46	Idem.	Tapage. Laon. Code pénal (art.).	Lefebvre (Henri) et Adam (Pierre), condamnés solidaires.	7 50	3 75	11 25		»	»		V. État des retardataires.		Idem.
47	Idem.	Ivresse. Laon. Loi du (art.).	Germain (Charles) à Saint-Pierre.	3 30	8 80	11 40	11 40	»	»	Jugement par défaut.	Payé.		St-Pierre.
48	Idem.	Idem.		»	»	»	»	»	»	A envoyer ultérieurement.	V. Bordereau d'envoi 29		Idem.
49	Idem.	Idem.	Chrétien (Henri) à Laon.	3 30	8 10	11 40	»	»	»	Jugement par défaut.	V. État des retardataires.		Laon.
50	Idem.	Idem.	Faure (Amédée) à Laon.	3 30	8 10	12 40	12 40	1f. 60	»		Payé.	Ci-joint un certificat de réduction.	Idem.
52	Idem.	Idem.	Rolland (Pierre) à Choisy	8 40	8 10	14 30	14 30		2f. 20		Payé.	Voir le bordereau d'envoi, n°	Choisy
					87 00		53 10						
					2° EXTRAITS DÉFINITIFS.								
41	1er avril 1870.	Tapage. Laon. Code pénal (art.).	Veuve Pierrod (Anne), à Laon.	6f. 00	3f. 30	9f. 30	9f. 30	»	»	Confirmation d'un jugement par défaut du 10 mars, n° 35, pour lequel on n'a pas délivré d'extrait provisoire.			
42	Idem.	Police des rues. Laon. Code pénal (art.).	Durand (Pierre), à Laon.	1 25	6 35	7 60	7 60	»	»	Duplicata.			
51	Idem.	Bruit et cris. Laon. Code pénal (art.).	Benoît (Louis).	2 50	4 40	6 90	6 90	»	»	Idem.			
53	Idem.	Ivresse. Laon. Loi du (art.).	Viard (Jean), à Laon.	3 30	8 10	13 40	13 40	2 00	»			Ci-joint un bordereau de réduction. Voir le bordereau d'envoi, n°	
54	Idem.	Idem.	Martin (Philippe) à Laon, son père responsable.	3 30	8 10	10 30	10 30	»	1 10				
					3° EXÉCUTOIRES SUPPLÉMENTAIRES.								
16	25 janvier 1879	Police.	Leroux (Jean).	»	5f. 00	5f. 00	5f. 00	»	»			N de l'état de liquidation.	
			Total.				105f 60	3f. 00	3 30				
			Report des bordereaux antérieurs.				211 70	7 00	2 »				
			Total général. . . .				317 30	10 00	5 30				

DÉPARTEMENT

d

—

ARRONDISSEMENT

d

NUMÉRO D'ORDRE

du bordereau d'envoi :

17

—

Exercice 18

Modèle n° 4.
—
CIRCULAIRE
du
22 décembre 1879
§ 2.

TRIBUNAL DE PREMIÈRE INSTANCE
d

—

COUR D'APPEL
d

—

COUR D'ASSISES
du département de

—

BORDEREAU D'ENVOI
DES EXTRAITS DE JUGEMENTS ET D'ARRÊTS DÉFINITIFS

Adressés à la Recette des finances de l'arrondissement désigné ci-contre, pour servir au recouvrement des amendes et condamnations pécuniaires.

—

Certifié l'exactitude des colonnes 1 à 7 du présent bordereau.

A   , le   18   .

Le Greffier,

Vu et pris en charge les sommes portées dans la colonne 8 du présent bordereau, montant à *(en toutes lettres).*

Le Receveur des finances,

Vu et vérifié l'ensemble du présent bordereau, sans lacune ni omission, par le soussigné qui certifie l'exactitude des sommes prises en charge (colonne 8) et des rectifications indiquées dans les colonnes 9 et 10.

A   , le   18   .

Le { *Vérificateur* / *Contrôleur* } *de l'enregistrement,*

	DATE des jugements ou arrêts.	NATURE ET LIEU de la contravention, du délit ou du crime. (Loi et articles appliqués).	NOMS, PRÉNOMS et domiciles des condamnés et des personnes civilement responsables ou solidaires.	MONTANT de l'amende (principal et décimes)	des frais et autres condamnations.	TOTAL des condamnations.	SOMMES prises en charge par le receveur des finances.	ERREURS CONSTATÉES par l'agent de l'enregistrement. En plus.	En moins.	OBSERVATIONS.
	2	3	4	5	6	7	8	9	10	
				1° EXTRAITS DÉFINITIFS.						
	18 fév. 1879.	Vol. Code pénal (art.).	Payen (Jacques).	»	2 f. »	2 f. »	2 f. »	»	»	Extrait complémentaire.
	1er avril 1879.	Ivresse. Loi du (art.).	Lerouge (Louis).	12f. 50	17 20	19 70	19 70	»	»	
	Idem.	Vol. Code pénal (art.).	Brun (Pierre), Simon (Albert), solidaires, quant aux frais.	50 »	38 »	88 »	80 »	»	»	Brun a interjeté appel.
	Idem.	Coups. Code pénal (art.).	Gentil (Jean), Duval (Alexandre); son père responsable.	25 »	21 50	46 50	46 50	3 »	»	Certificat de réduction.
	2 avril 1879.	Chasse. Laon. Loi du (art.).	Petit (Joseph).	61 50	78 31	139 81	139 81	»	1	Voir bordereau d'envoi n°
				2° EXÉCUTOIRES SUPPLÉMENTAIRES.						
	20 fév. 1879.	Vol..........	Gros (Louis).	»	3 f. »	3 f. »	3 f. »	»	»	
			Total...........				291 f 01	3 f. »	1 »	
			Report des bordereaux antérieurs.........				432 25	7 »	2 »	
			TOTAL GÉNÉRAL.....				723 26	10 »	3 »	

CASIER JUDICIAIRE

CASIERS D'ARRONDISSEMENT.

Un casier destiné aux renseignements judiciaires est établi au greffe de chaque tribunal civil. Il est divisé par compartiments, suivant l'ordre alphabétique, et placé dans un lieu non accessible au public, et, autant que possible, dans celui où sont conservés les actes de l'état civil (Circ. 6 nov. 1850, § 3).

Lors de l'établissement des casiers, en 1850, les greffiers ont dû dresser des bulletins des condamnations antérieures, à partir du 1er janvier 1831.

Le casier reçoit les bulletins constatant, à l'égard de tout individu né dans l'arrondissement, les condamnations correctionnelles, criminelles, militaires ou disciplinaires rendues contre lui, la déclaration de sa faillite, s'il est commerçant, et la réhabilitation qu'il aura obtenue, soit comme condamné, soit comme failli (Circ. 6 nov. 1850, § 11).

Toute condamnation correctionnelle prononcée par un tribunal civil, notamment en matière d'adultere, doit donner lieu à l'établissement d'un bulletin.

Aucun bulletin ne doit être placé dans le casier avant qu'il ait été vérifié s'il existe dans les registres de l'état civil un acte de naissance applicable au condamné. Si le greffier n'en trouve pas, il le constate par ces mots : « *Pas d'acte de naissance applicable dans l'arrondissement de* ***. » Si de nos elles recherches restent infructueuses, le procureur général adresse le bulletin au casier contral (Circ. 30 août 1855).

Tous les bulletins relatifs au même individu doivent être classés ensemble dans le casier, par ordre chronologique, et réunis dans une chemise portant le nom du condamné (Circ. 30 décembre 1850, § 7).

Les bulletins des femmes mariées ou veuves doivent être classés d'après leur nom de fille (Circ. 1er juill. 1856, § 21).

Dans tous les greffes doivent être établis des répertoires sur lesquels seront inscrits, par ordre alphabétique, les noms des condamnés dont les bulletins sont contenus dans les casiers, avec la date du jugement et le nom du tribunal qui l'a prononcé (Circ. 1er juill. 1856, § 30).

Pour éviter l'encombrement des casiers, il convient d'en extraire les bulletins concernant les individus âgés de plus de 80 ans (Circ. 8 déc. 1868, § 20).

Les directeurs des établissements où les peines sont subies dresseront, à l'expiration de chaque trimestre, des bulletins de décès de tous les condamnés. Le garde des sceaux auquel ces bulletins seront transmis, les fera parvenir périodiquemeut aux casiers du lieu d'origine des condamnés décédés (Circ. 1er juill. 1856, § 31).

Le classement des bulletins des casiers judiciaires dans les greffes remplace l'envoi au ministère de la justice des extraits du registre prescrit par les articles 600 et 601 du Code d'instruction criminelle. Cet envoi continue à être fait au ministre de l'intérieur (Circ. 30 déc. 1850, § 3).

Lorsque le bulletin d'une condamnation contradictoire viendra se placer dans le casier à côté de celui qui constatera une précédente condamnation par contumace ou par défaut, il devra en être immédiatement donné avis au ministère public de la Cour ou du tribunal qui aura prononcé la première condamnation, afin qu'il soit mis à même de la faire exécuter (Circ. 30 déc. 1850, § 9).

CASIER CENTRAL.

Il est établi, à la Chancellerie, au bureau des statistiques judiciaires, un casier central où sont réunis tous les bulletins concernant : 1° les condamnés d'origine étrangère; 2° les condamnés dont le lieu de naissance n'aurait pu être découvert; 3° les condamnés originaires des colonies françaises (Circ. 30 août 1855).

Les bulletins constatant des condamnations prononcées contre des individus originaires des colonies françaises ou de l'Algérie, doivent être transmis en double exemplaire au ministre de la justice (Circ. 23 mai 1853, § 9. — Circ. 29 nov. 1869, § 8).

Les demandes de bulletins n° 2 du casier central doivent être adressées directement à Paris avec cette suscription : *Casier central* (Circ. 12 août 1873).

Les renseignements que contiennent quelquefois les lettres de demandes d'extraits du casier central rendent nécessaire leur classement dans ce casier. Il serait donc à désirer que chaque lettre s'appliquât à un seul accusé ou prévenu et que, dans les parquets où les demandes sont nombreuses, on joignît à la lettre des fiches individuelles. Les recherches et le classement au casier central s'en trouveraient singulièrement facilités (Circ. 3 déc. 1877).

Lorsqu'un parquet reçoit une demande de bulletin n° 2 pour un individu s'étant dit né dans l'arrondissement, et que l'examen, tant du casier judiciaire que des registres de l'état civil, a été négatif, il doit, pour ne pas prolonger l'instruction de l'affaire, transmettre sans délai à la Chancellerie la lettre de demande, afin que les recherches au casier central puissent être faites immédiatement (Circ. 30 déc. 1873, § 16. — 6 déc. 1876, § 24).

Les administrations publiques et les particuliers ne peuvent obtenir des extraits du casier central que par l'intermédiaire des chefs de parquet. Le greffier auquel l'extrait du casier central est remis remplit à l'égard de ces bulletins les mêmes formalités que pour ceux qu'il délivre lui-même et il perçoit au profit du Trésor les droits fixés pour les autres bulletins (Circ. 30 août 1855).

Dans le coût des bulletins délivrés aux particuliers (3 fr. 50) figure une somme d'un franc pour droits de recherche, de rédaction et d'inscription au répertoire. Au début de l'institution, cette somme avait été laissée aux greffiers pour les indemniser de la peine qu'ils prenaient de faire timbrer et enregistrer ces extraits. Un décret a prescrit le versement au Trésor.

En vertu du décret du 10 avril 1877, les greffiers continuent à remettre aux impétrants les extraits du casier central, après les avoir fait, quand il y a lieu, timbrer et enregistrer ; mais la somme d'un franc, due pour droits de recherche, etc., sera versée par eux, à la fin de décembre de chaque année, entre les mains des receveurs des finances, en échange d'un récépissé que les procureurs de la République communiqueront immédiatement à la Chancellerie (direction criminelle, 3° bureau) pour être rapproché du registre spécial tenu pour le contrôle des opérations et indiquant jour par jour les greffiers auxquels il est transmis des extraits du casier judiciaire central destinés à des particuliers (Circ. 5 mai 1877).

Lorsque l'extrait n'aura pas été réclamé par l'impétrant dans les vingt jours de la délivrance, il devra être renvoyé à la Chancellerie.

Il importe que lorsqu'un extrait est demandé par le procureur de la République dans l'intérêt d'un particulier, il indique l'usage que celui-ci veut en faire, afin qne le rédacteur de cet extrait sache s'il doit prescrire les formalités du timbre et de l'enregistrement (Circ. 5 mai 1877).

BULLETINS JUDICIAIRES.

Les bulletins sont établis par toute la France sur un modèle uniforme, tant pour son format que pour ses énonciations. Ils doivent être d'une dimension conforme à la feuille de timbre de 60 centimes; il est à désirer que l'uniformité s'établisse pour la solidité du papier (Circ. 6 nov. 1850, § 3. — 30 déc, 1873, § 4).

L'empreinte du timbre du tribunal sur les bulletins n° 1 et n° 2 ne doit pas être imprimée à l'avance (Circ. 1er déc. 1863).

Bulletin n° 1.

Le bulletin n° 1 doit être rédigé dès que la condamnation est devenue définitive.

On placera en tête du bulletin et en gros caractères le nom de famille de l'individu que le bulletin concerne, et l'on mentionnera les prénoms et surnoms, lieu et date de naissance, profession, domicile, noms et prénoms de ses père et mère, situation de famille (célibataire, marié ou veuf, nombre des enfants) et les signes particuliers (Circ. 6 nov. 1850, § 3. — 6 déc. 1876, § 15).

L'année de naissance des condamnés doit être placée en tête des bulletins (Circ. 8 déc. 1875. — 6 déc. 1876, § 17).

Le mot *récidiviste* devra être inscrit en tête du bulletin, à droite, pour tout individu antérieurement condamné (Circ. 1er juillet 1856, § 13). Il doit être écrit sur le bulletin et non pas imprimé à l'avance, ce qui est une cause d'erreur (Circ. 29 nov. 1869).

La mention *récidiviste* doit être faite en connaissance de cause. S'il s'agit d'un condamné étranger indiqué comme récidiviste sur son aveu, il faut l'énoncer, en constatant que cette qualité ne résulte pas du bulletin n° 2, mais de sa déclaration (Circ. 1er juillet 1856, § 13. — 30 déc. 1873, § 8. — 4 déc. 1879).

Les condamnés à des peines de simple police ne peuvent être considérés comme récidivistes (Même circ.).

C'est à tort que la mention *récidiviste* n'est pas portée sur les bulletins n° 1 s'appliquant à des mineurs de seize ans remis antérieurement à leurs parents. Cette lacune n'est pas justifiée depuis que la circulaire du 8 décembre 1868, § 17, a prescrit de faire figurer au casier judiciaire toutes les applications de l'article 66 du Code pénal (Circ. 30 nov. 1878).

Lorsque l'origine des condamnés est restée inconnue, les greffiers apposent sur le bulletin n° 1 ces mots : « *Pas d'acte de naissance applicable.* » (Circ. 30 déc. 1873, § 9.)

Les bulletins des condamnations par défaut feront connaître la date de la signification du jugement. Il est bon d'indiquer également si la signification a été faite à la personne (Circ. 30 déc. 1873, § 10).

Pour les individus condamnés par les Cours d'assises, il faut mentionner dans quelle mesure la surveillance de la haute police a été appliquée ou s'il a été fait remise de cette peine accessoire (Circ. 6 déc. 1876, § 15).

Les bulletins constatant des condamnations prononcées par les Cours d'appel doivent indiquer le nom du tribunal qui a statué en premier ressort et la date du jugement (Circ. 8 déc. 1868, § 14).

Il sera fait mention au bulletin n° 1 de toute décision gracieuse et la mention sera reproduite sur les bulletins n° 2, les états des récidives et les comptes d'assises (Circ. 28 avr. 1875).

Toutes les applications de l'article 66 C. pén. sont constatées, que l'enfant ait été remis à ses parents ou envoyé dans une maison de correction. Mais ces décisions ne devant être relevées sur le bulletin n° 2 qu'autant que l'extrait est réclamé par le ministère public, les bulletins de cette catégorie seront inscrits sur une feuille de papier rouge pour éviter toute confusion (Circ. 8 déc. 1868, § 17).

On ne doit pas rédiger de bulletins pour les condamnations *à l'amende* prononcées pour délits forestiers et contraventions en matière de douanes et contributions indirectes, mais il doit être dressé des bulletins toutes les fois qu'il y a condamnation à l'emprisonnement et pour les délits de chasse ou de pêche, quelles que soient les parties poursuivantes (Circ. 30 déc. 1850, § 4. — Décis. 30 oct. 1856. — Circ. 30 déc. 1873, § 11).

Les seules condamnations disciplinaires prononcées contre les officiers ministériels qui doivent être constatées par des bulletins, sont celles qui sont soumises à l'approbation du garde des sceaux, conformément au décret du 30 mars 1808 (Circ. 23 mai 1853, § 14. — 11 juill. 1855).

Pour les militaires et marins, sont considérées comme *mesures disciplinaires* devant être constatées par un bulletin n° 1, non de simples mesures administratives, mais des décisions ayant un caractère judiciaire ou entraînant des incapacités (Circ. 8 déc. 1868, § 11).

Un bulletin n° 1 doit être dressé toutes les fois qu'il y a déclaration de culpabilité, alors même que le tribunal n'aurait pas prononcé de peine, estimant que les condamnations antérieures ont atteint les limites légales (Circ. 30 nov. 1878).

On omet souvent de constater par un bulletin les condamnations prononcées par les tribunaux civils en matière d'adultère. Il est vrai que les circulaires de la Chancellerie ont gardé le silence sur ce point; mais, si on considère le but du casier, aucun doute n'est possible. On veut en effet constater, au point de vue moral, le passé de chaque personne; dès lors, il importe de relever tout acte flétri par une condamnation, quelle que soit a juridiction qui l'ait édictée (Circ. Proc. gén. Rouen, 19 avril 1879).

Les parquets doivent adresser les bulletins n° 1 des jugements par défaut, bien que ceux-ci, d'après l'art. 187 C. I. C., puissent être frappés d'opposition. Dans le cas où le jugement est modifié par une décision postérieure, le bulletin est retiré et remplacé s'il y a lieu (Décis. 24 août 1867. — Circ. 8 déc. 1868, § 13).

Les bulletins relatifs aux jugements déclaratifs de faillite ne doivent pas être délivrés avant l'expiration des délais d'opposition ou d'appel déterminés par les articles 580 et 582 du Code de commerce. Comme dans les autres cas, ces bulletins ne peuvent être transmis que lorsque la sentence est absolument définitive. Il faut, dès lors, non seulement que les affiches et insertions ordonnées par l'article 442 du Code de commerce aient été faites, mais encore que les mêmes jugements aient été signifiés ; il faut, en outre, que les délais qui, suivant les articles 580 et 582 du même Code, doivent s'écouler à partir soit de l'affiche et de l'insertion, soit de la signification, pour faire acquérir l'autorité de la décision, soient complètement expirés. Il y a lieu d'exiger que les greffiers indiquent les dates des affiches et insertions, et aussi celles des significations (Circ. Proc. gén. Rouen, 19 avril 1879).

Les bulletins doivent être datés et signés par le greffier, visés par le procureur de la République et par le procureur général. Ils sont rédigés et vérifiés dans les quinze jours de la condamnation, vérifiés au parquet de la Cour dans la seconde quinzaine et transmis immédiatement aux casiers des arrondissements d'origine ou au casier central (Circ. 30 déc. 1873, § 5).

Il est alloué au greffier pour chaque bulletin n° 1 qu'il délivre une rétribution de 25 centimes (Circ. 23 mai 1853).

Pour obtenir le paiement des bulletins n° 1 délivrés pour être classés aux casiers judiciaires, les greffiers des tribunaux maritimes doivent remettre leurs mémoires au procureur de l'arrondissement. Ce magistrat est autorisé à requérir le paiement (Circ. 4 fév. 1859).

Bulletins de condamnations pour ivresse. — Les greffiers de paix doivent adresser au procureur de la République des bulletins individuels constatant les condamnations pour ivresse (Loi du 23 janv. 1873). Ces bulletins seront classés au parquet, afin de constater les récidives (Circ. 23 fév. 1874).

Les greffiers de simple police sont autorisés à réclamer 25 centimes pour la rédaction et l'envoi, après chaque condamnation pour ivresse, du bulletin de jugement qui doit être classé au parquet (C. 6 juin 1874).

Duplicata. Bulletins concernant les étrangers. — En vertu de conventions successives, la Chancellerie échange avec les gouvernements d'Autriche, de Belgique, de Bavière, du Grand-Duché de Bade, d'Italie, d'Allemagne (pour l'Alsace-Lorraine seulement), du Luxembourg, les bulletins n° 1 des condamnations prononcées contre les nationaux respectifs.

Il est nécessaire de mentionner sur ces bulletins le lieu d'origine et la province à laquelle le condamné appartient (Circ. 5 mai 1877, § 4).

Les bulletins n° 1 concernant les Alsaciens-Lorrains et destinés à être transmis à l'autorité allemande doivent énoncer lisiblement et correctement : 1° la commune d'origine ; 2° l'ancien arrondissement auquel appartenait cette commune ; 3° les mots *Alsace-Lorraine* et non *Prusse* (Circ. 26 fév. 1872. — Circ. 7 fév. 1873).

L'inscription du pays d'origine, sur les bulletins destinés à l'étranger, doit être faite uniformément en marge, à la place qu'occupe d'ordinaire le nom de l'arrondissement dans le casier duquel le bulletin doit être classé (Circ. 31 nov. 1878).

Les greffiers emploieront pour ces copies les bulletins n° 1 ordinaires et y porteront les mêmes indications (Circ. 5 mai 1877, § 5).

Des duplicata de bulletins constatant les faillites déclarées contre des individus nés dans les pays cités ci-dessus, doivent être envoyés (Circ. 3 déc. 1877, § 10).

Ces duplicata destinés aux nations étrangères n'ont pas besoin d'être soumis au visa du procureur général. Ils sont transmis directement par les parquets chaque quinzaine, en les classant par pays et en énonçant sur la lettre d'envoi le nombre et la destination (Circ. 5 mai 1877, § 6).

Duplicata concernant des militaires. — Les greffiers doivent délivrer au commandant du dépôt de recrutement de chaque département d'origine, des duplicata de bulletins n° 1 destinés aux casiers judiciaires et constatant les jugements portant condamnation à des *peines corporelles* prononcés contre les soldats faisant partie de l'armée active ou de la réserve (Circ. 19 fév. 1874).

Les mentions suivantes doivent être inscrites en marge des bulletins individuels transmis aux bureaux de recrutement. Pour un *réserviste*, le rédacteur du bulletin indiquera la classe, le numéro du tirage, le canton, le département.

Pour un homme de l'*armée territoriale*, on doit mentionner la subdivision dans laquelle le condamné est inscrit sur les contrôles de l'armée territoriale.

Ces renseignements seront pris sur les livrets dont tout homme est détenteur (Circ. 4 oct. 1879).

Les chefs de parquet doivent transmettre directement ces duplicata aux commandants du dépôt dans le département de la naissance du condamné.

Ce duplicata ne doit être délivré que s'il y a domicile connu. C'est au casier central de la Chancellerie qu'il appartient de faire au département de la guerre la communication des bulletins relatifs aux militaires condamnés dont le lieu de naissance et le domicile sont inconnus (Circ. 15 déc. 1874. — 12 mars 1875).

Les parquets sont dispensés de transmettre au ministre de la guerre les extraits de jugements concernant les militaires dont l'envoi était prescrit par le § 13 de la circulaire du 6 décembre 1840 (Circ. 19 fév. 1874).

Duplicata concernant les marins. — Des duplicata des bulletins no 1 doivent être adressés directement à la Chancellerie, toutes les fois qu'un jugement ou arrêt aura été prononcé contre un marin ou militaire de la marine en activité de service, ou même contre tout individu faisant partie de la réserve de l'armée de mer ou soumis à l'inscription maritime. Ces documents relateront, autant que possible, l'inscription du grade et du quartier d'inscription du marin, ainsi que le numéro matricule. Ces duplicata remplaceront les extraits dont l'envoi était prescrit par la circulaire du 6 décembre 1840, § 13 (Circ. 14 août 1876, § 8. — Circ. 30 nov. 1878).

Les soldats de l'armée de mer font partie de la réserve jusqu'à 30 ans : les marins classés, c'est-à-dire faisant partie de l'inscription maritime, y restent soumis toute leur vie.

Sur les copies de bulletins relatives aux gens de mer et destinées au ministre de la marine et des colonies, il sera mentionné en tête qu'elles ont été rédigées par application du § 8 de la circulaire du 14 août 1876 (Circ. 6 déc. 1876, § 22).

Duplicata pour les individus nés aux colonies. — Des duplicata de bulletins concernant les individus originaires des colonies françaises, doivent être transmis à la Chancellerie (Circ. **23 mai 1853, § 9**).

Duplicata classés aux sous-préfectures. — Des duplicata des bulletins n° 1 constatant les condamnations emportant privation de droits électoraux, doivent être envoyés aux sous-préfectures des lieux de naissance des condamnés, de manière à créer un casier administratif des élections (Circ. 18 déc. 1874).

Des duplicata des bulletins constatant les faillites doivent être adressés aux sous-préfectures des lieux de naissance des commerçants.

Il ne doit pas être fait de bulletin lorsque les condamnations concernent des individus, soit de l'étranger, soit des colonies, ou dont le lieu de naissance est resté inconnu, le casier central remplaçant à leur égard le casier administratif électoral (Circ. 6 décembre 1876, § 20).

La déchéance du droit de vote édictée par l'art. 15, § 5 du décret du 2 février 1852, n'est pas encourue par les individus condamnés pour fraudes au préjudice des restaurateurs ou débitants de boissons en vertu de l'art. 401, § 4, C. P. (Loi du 26 juill. 1873).

En conséquence, il n'y a pas lieu de dresser pour les casiers électoraux les duplicata des bulletins qui constatent les condamnations prononcées en vertu des dispositions précitées de l'art. 401 (Décis. 5 janv. 1878).

Coût des duplicata. — Le prix des duplicata des bulletins n° 1 dressés par les greffiers pour être envoyés, soit à l'étranger, soit aux autorités militaires ou maritimes, soit aux autorités administratives, est uniformément fixé à 15 centimes.

Bulletin n° 2.

Des bulletins n° 2 doivent être annexés à toutes les procédures correctionnelles ou criminelles, sauf en matière forestière (Circ. 23 mai 1853, § 5. — Circ. 1er juill. 1856, § 5).

Ils sont délivrés sur la demande du ministère public, des administrations et des particuliers, dans le plus bref délai possible ; les demandes formées par les parquets ne doivent jamais rester plus de quarante-huit heures sans réponse (Circ. 1er juill. 1856, § 23).

Lorsque les bulletins sont demandés par dépêche télégraphique, les greffiers doivent répondre sur-le-champ. Le délai de quarante-huit heures ne leur est accordé que pour les demandes adressées par écrit (Circ. 30 déc. 1873, § 15).

Le relevé des condamnations doit être fait dans l'ordre chronologique (Circ. 30 août 1855, § 5).

S'il n'existe au casier aucune condamnation, le greffier inscrit en gros caractères sur la feuille : *Néant*.

La lettre de demande du bulletin doit énoncer la nature de l'infraction imputée à l'individu poursuivi, afin de faciliter la vérification des frais de justice, les demandes faites par les administrations devant rester à leur charge (Circ. 20 nov. 1869).

Quand on réclame un extrait pour être joint à un dossier criminel ou correctionnel, il est nécessaire de faire connaître si l'inculpé est détenu, afin de mettre à même de faire exécuter les jugements par défaut antérieurs, ou s'il est en fuite, pour que la lettre étant classée au casier jusqu'à l'arrivée du bulletin n° 1, le parquet puisse être prévenu en cas de poursuites dans un autre arrondissement (Circ. 30 nov. 1878, § 9).

Le bulletin n° 2 doit porter la date précise de la naissance (Circ. 6 déc. 1876, § 23).

Dans le cas de condamnation militaire, les articles de lois visés par les conseils de guerre doivent être mentionnés. Cette indication est indispensable pour fournir aux Cours et tribunaux les moyens de savoir s'il y a lieu de prononcer l'aggravation de peine résultant de la récidive (Circ. 28 nov. 1874, § 15).

Les extraits ne doivent énoncer les condamnations suivies de réhabilitation que lorsqu'ils sont demandés par le ministère public. Dans les autres cas, ils doivent être négatifs (Circ. 6 décembre 1876, § 26).

Les décisions rendues par application de l'art. 66 du Code pénal ne doivent être relevées sur les bulletins n° 2, qu'autant que l'extrait est réclamé par le ministère public. Il ne faut, *dans aucun cas*, les porter sur les bulletins demandés par les administrations publiques, ni par les particuliers (Circ. 8 déc. 1868, § 17).

Les bulletins n° 2 remplacent à l'égard des jeunes délinquants les extraits de naissance qui devaient toujours être annexés à la procédure (Circ. 1er juill. 1856, § 6).

Jamais un extrait du casier judiciaire ne doit être refusé à la personne qu'il concerne. Mais il ne faut permettre la délivrance à autrui que dans des cas tout à fait exceptionnels et pour des motifs sérieux. Une autorisation expresse doit être donnée par le procureur général (Circ. 14 août 1876, § 12. — Circ. 6 déc. 1876, § 25).

Des individus se sont vu refuser des extraits des casiers judiciaires parce que leur lieu de naissance n'était établi que par un acte de notoriété. La circulaire du 6 nov. 1850, § 8, en ordonnant le classement au casier d'arrondissement des bulletins n° 1 concernant les condamnés dont le lieu de naissance est certain, bien qu'il ne soit pas constaté par les registres de l'état civil, a entendu confier au greffier du tribunal de l'arrondissement d'origine le soin de délivrer les bulletins n° 2. Toutefois, pour s'assurer qu'il n'y a pas de bulletins n° 1 classés au casier central avant la reconnaissance de la véritable origine, les procureurs de la République doivent demander un extrait de ce casier au ministère de la justice (Circ. 4 déc. 1879).

La convention avec l'empire d'Allemagne pose en principe l'échange entre les deux gouvernements de bulletins n° 1 et n° 2 des casiers judicaires des Alsaciens-Lorrains.

Les autorités administratives et judiciaires peuvent obtenir les bulletins n° 2 par voie de simple correspondance entre les magistrats des deux pays. Mais si ces bulletins n° 2 étaient réclamés par de simples particuliers, ils devraient, avant d'être remis aux intéressés, être soumis aux droits de timbre et d'enregistrement par les soins du procureur de la République qui les aurait reçus des autorités allemandes. Le motif de la demande doit être indiqué (Circ. 26 fév. 1872. — Circ. 21 déc. 1878).

En cas de poursuite contre un Alsacien-Lorrain, qu'il ait opté ou non pour la nationalité française, il faut demander d'abord à la Chancellerie un extrait du casier central, sauf à s'adresser, s'il y a lieu, aux magistrats allemands, conformément à l'art. 6 de la convention de Francfort (Circ. 30 déc. 1873, § 3).

Tout individu admis à travailler dans les arsenaux et établissements de la marine doit produire un bulletin du casier judiciaire, sur papier libre, dont le coût est de 25 centimes. Cette somme doit être seule réclamée de l'agent administratif de la direction compétente (Circ. 28 avr. 1875).

Les extraits des casiers judiciaires relatifs aux gens de service des lycées seront délivrés à titre de renseignement administratif, au prix de 25 centimes, lorsqu'ils seront directement demandés par les proviseurs de ces établissements (Circ. 20 fév. 1878).

Lorsque les préfets ou les maires réclament des bulletins n° 2 concernant des candidats qui sollicitent leur admission dans une société de secours mutuels, les greffiers ne doivent réclamer que 25 centimes, somme fixée pour les extraits réclamés par les administrations publiques. Mais ils peuvent exiger que la lettre du préfet ou du maire mentionne expressément que l'extrait est demandé à titre de renseignement administratif (Circ. 6 déc. 1876, § 27).

Les greffiers doivent délivrer sur papier libre et sans les soumettre à aucune formalité fiscale, les bulletins qui leur sont demandés par les préfets pour l'administration de la guerre (Circ. 31 mai 1851).

La correspondance entre les préfets et les greffiers des tribunaux civils doit toujours passer par l'intermédiaire des parquets.

Les bulletins n° 2 délivrés en vue des engagements volontaires sont affranchis des formalités du timbre et de l'enregistrement. Il ne sera perçu par les greffiers que la somme *d'un franc* qui leur est allouée pour droits de recherche, de rédaction et d'inscription au répertoire. Les greffiers auront soin d'indiquer sur le bulletin qu'il est délivré en vue de l'engagement volontaire prévu par l'article 46 de la loi du 27 juillet 1872 (Circ. 30 déc. 1873, § 1).

Cette immunité est étendue aux extraits demandés par les aspirants aux emplois d'officiers de la réserve et de l'armée territoriale, à condition toutefois, que ces extraits portent mention expresse de leur destination (Circ. 30 nov. 1878, § 10).

Pour obtenir le paiement des bulletins n° 2 du casier judiciaire délivrés pour le service de la justice maritime, les greffiers doivent, chaque année, dresser un mémoire qui, après avoir été certifié par le procureur, est transmis au préfet maritime de l'arrondissement chargé de pourvoir au payement (Circ. 8 août 1867).

Une allocation de 25 centimes est accordée au greffier pour chaque bulletin n° 2 qu'il délivre sur papier libre, à la requête, soit du ministère public, soit des administrations publiques (Circ. 23 mai 1853).

Lorsque le bulletin est délivré à la requête d'un particulier, le droit est de 3 fr. 50 (Circ. 29 nov. 1874).

Amnistie.

L'amnistie a pour résultat de faire entièrement disparaître toute trace de la condamnation. Les bulletins constatant des peines effacées par une amnistie doivent disparaître du casier et ne doivent pas être relevées sur les extraits délivrés (Circ. 25 novembre 1871. — 20 juill. 1878).

L'amnistie édictée par la loi du 3 mars 1879 a un caractère pour ainsi dire personnel, mais son application n'en reste pas moins soumise aux principes généraux.

Aux termes de la loi précitée, l'amnistie s'applique aux individus, condamnés pour faits relatifs aux insurrections de 1871 ou pour crimes ou délits relatifs à des faits politiques, qui ont été libérés ou graciés avant le 5 juin 1879 et qui n'avaient pas subi précédemment de condamnation à plus d'un an d'emprisonnement pour crime ou délit de droit commun.

La constatation de cette dernière circonstance ne souffre aucune difficulté pour le rédacteur du bulletin n° 2, puisqu'il a sous la main tous les bulletins n° 1.

S'il s'en trouve, parmi ces derniers, qui relate une condamnation supérieure à un an d'emprisonnement pour fait de droit commun, la délivrance du bulletin n° 2 pourra se faire immédiatement, le condamné étant exclu du bénéfice de l'amnistie.

Si, au contraire, le condamné n'a pas d'antécédents judiciaires ou si les peines qu'il a subies antérieurement à la condamnation pour faits insurrectionnels ou politiques sont inférieures à un an d'emprisonnement, le procureur de la République doit, avant de délivrer l'extrait, demander au ministre de la justice, en envoyant des indications complètes sur l'identité du condamné, sur la date et la nature de la condamnation, un certificat de grâce ou de libération qui lui sera transmis dans le plus bref délai possible. Cette pièce rapprochée des bulletins n° 1 classés dans le casier judiciaire, lui démontrera sur-le-champ si le condamné a bénéficié ou non de l'amnistie (Circ. 4 déc. 1879, § XIII).

SERVICE DE LA GENDARMERIE

ALLOCATIONS ET INDEMNITÉS.

Décret du 18 Février 1863.

SECTION III.

DE L'INDEMNITÉ DE SERVICE EXTRAORDINAIRE.

131. Une indemnité fixée par le tarif n° 12 ¹ est accordée pendant la durée du service extraordinaire. Elle ne se cumule ni avec la solde de route en détachement, ni avec l'indemnité de route, ni avec les indemnités payées sur les fonds de la justice civile aux militaires appelés en justice comme témoins ou pour donner des explications sur leurs procès-verbaux, ni enfin avec les prestations sur le pied de guerre.

Les militaires en service extraordinaire qui sont obligés de passer la nuit hors de leur résidence ont droit, en outre, au logement militaire pour eux et pour leurs chevaux.

132. Le service extraordinaire est celui qui donne lieu à des déplacements dans les circonstances suivantes :

1° Pour les officiers, sous-officiers, brigadiers, gendarmes :

Présence près des conseils de recrutement et de révision, lorsque les opérations se font hors de leur résidence ;

Transport hors de la résidence en vertu de commissions rogatoires ou d'actes extrajudiciaires ;

1.

TABLEAU n° 12

INDEMNITÉ DE SERVICE EXTRAORDINAIRE.

	Adjudant sous-officier......................	1 fr.	50 c.
TROUPE.	Maréchal des logis chef, maréchal des logis et fourrier...	1	25
	Brigadier et gendarme..................	1	» »

Commandement ou surveillance des dépôts de prisonniers de guerre hors de la résidence ;

Remplacements provisoires ordonnés pendant les vacances d'officiers ou de sous-officiers, lorsqu'il en résulte un déplacement ;

Service dans les postes provisoires ou aux forces supplétives ;

Garde et police des dépôts et ateliers de condamnés civils ou militaires ;

Détachement extraordinaire en station permanente à l'intérieur.

2° Pour les sous-officiers, brigadiers gendarmes :

Tout déplacement qui les retient plus de douze heures consécutives hors de leur résidence, sans qu'il leur soit possible d'y rentrer momentanément, et à condition d'en justifier comme il est dit à l'article 396 ci-après.

Si des exceptions relatives à la durée de l'absence devenaient nécessaires en faveur de quelques brigades, en raison de la fré_ quence et de la rapidité des escortes, il en serait référé au minis_ tre de la guerre pour l'allocation de l'indemnité.

134. Pour les services qui retiennent les sous-officiers, brigadiers et gendarmes plus de douze heures hors de la résidence, il n'est alloué qu'une journée d'indemnité si leur absence ne se prolonge pas plus de vingt-quatre heures. Il est alloué une nouvelle journée d'indemnité pour toute période ou fraction de période de vingt-quatre heures en sus de la première.

SECTION XIII.

ESCORTES EXTRAORDINAIRES DE PRÉVENUS ET ACCUSÉS.

314. Toutes les fois que des sous-officiers, brigadiers ou gendarmes sortent de leur département, d'après un ordre ministériel ou à la réquisition du président de la haute Cour de justice et des magistrats de l'ordre judiciaire, pour escorter des prisonniers, accusés ou condamnés et des militaires passant aux compagnies de discipline ou ramenés à leur corps, il leur est accordé, pour l'aller, une indemnité journalière de déplacement fixée ainsi qu'il suit, savoir :

Aux sous-officiers............................... 6 fr. »»

Aux brigadiers................................. 5   »»

Aux gendarmes................................ 4   »»

Cette indemnité allouée pour le nombre de jours réellement employés à l'escorte, y compris les séjours, est destinée à faire face aux dépenses personnelles de nourriture, de séjours et de découchers des militaires d'escorte.

Au retour, soit que les sous-officiers, brigadiers et gendarmes voyagent par les chemins de fer, soit qu'ils suivent les voies de terre, ils sont traités comme les militaires isolés et ont droit à une seule indemnité comprenant les frais de transport et de nourriture.

Cette indemnité, décomptée par kilomètre, est déterminée par les règlements spéciaux sur les frais de route.

315. Les militaires de la gendarmerie chargés d'escorter des prévenus, des prisonniers ou détenus, de Marseille en Corse ou en Algérie, et *vice versa*, reçoivent : 1° pendant la traversée, outre les vivres de bord, la moitié de l'indemnité fixée ci-dessus ; 2° pour les séjours forcés à terre, même après la remise des prisonniers, l'indemnité entière.

Pendant tout le temps de leur absence, il leur est retenu, sur les diverses indemnites auxquelles ils ont droit, un franc par jour au profit de la masse individuelle, si elle est incomplète ou en débet.

316. Les dépenses occasionnées par les translations sont supportées par le ministère qui a requis les escortes.

Elles sont justifiées, pour le département de la guerre, conformément aux dispositions réglementaires sur les frais de route, et, pour les autres ministères, par un mémoire détaillé fourni par les militaires d'escorte.

317. Les dépenses dont le remboursement est dû pour l'aller et les séjours figurent seules sur le mémoire produit en vertu de l'article précédent.

Ces dépenses se composent :

1° De l'indemnité journalière spécifiée à l'article 314 ;

2° Des frais de voiture pour la translation des détenus et autres frais de l'escorte ;

3° Des avances faites pour la nourriture des détenus et autres frais extraordinaires les concernant.

Les ordres reçus et les quittances pour les dépenses de nature à être ainsi constatées sont joints à ce mémoire comme pièces justificatives.

Quant à l'indemnité de transport et de nourriture pour le retour, elle est payée par avance sur les fonds du budget de la guerre à charge de remboursement par les autres départements ministériels.

318. Si des circonstances graves exigent qu'un officier de gendarmerie soit chargé d'une escorte ou du commandement d'une escorte de prisonniers hors de son département, il a droit, pour l'aller, au remboursement de ses frais de nourriture, et, s'il y a lieu, des dépenses de séjour.

Ces allocations lui sont payées sur la production d'un mémoire visé par les autorités qui doivent assurer le remboursement des dépenses.

Pour le retour, il a droit seulement aux indemnités de transport et de route.

319. La gendarmerie peut obtempérer sur le réquisitoire de l'autorité compétente, aux demandes d'escortes particulières faites par les pères, tuteurs ou conseils de famille, pour conduire, en voiture, dans des maisons de détention ou de dépôt, des mineurs ou des interdits.

Des prévenus ou accusés peuvent aussi, sur leur demande, être conduits de la même manière, à leur destination.

Les frais de voiture et l'indemnité pour l'escorte fixée par l'article 314, tant pour l'aller que pour le retour, sont acquittés à l'avance par les détenus ou leurs familles.

320. Si les officiers, sous-officiers, brigadiers et gendarmes chargés d'une escorte, dans les cas prévus par les articles 314 et 318 du présent règlement, n'ont pas de fonds suffisants pour faire les frais de voyage, l'officier de gendarmerie chargé de faire exécuter la réquisition doit réclamer à l'autorité compétente la délivrance d'un mandat provisoire d'avances ; mais, s'il y a impossibilité de l'obtenir assez promptement, le Conseil d'administration y supplée sur les fonds généraux de la caisse.

Dans l'un et dans l'autre cas, il est toujours fait mention de ces avances au bas de la réquisition ou sur l'ordre de route.

Le montant du mandat d'avances est porté en recette au titre de la solde et en dépense aux fonds divers, qui en sont couverts par une recette de même somme, lorsque l'autorité compétente a ordonnancé la dépense.

321. Les indemnités ou allocations prévues aux articles 314, § 1er, et 318, § 1er, excluent tout droit aux indemnités de déplacement pour service extraordinaire et aux indemnités de route.

SECTION XIV.

ESCORTE DE VOITURES CELLULAIRES.

322. Les sous-officiers, brigadiers et gendarmes chargés d'opérer la translation de prévenus, accusés ou condamnés dans la circonscription de leur département, soit en voitures cellulaires, soit par les voies de fer, ne pouvant être relevés de brigade en brigade, reçoivent pour toutes les journées employées à ce service, tant pour l'aller que pour le retour, une indemnité égale à celle de service extraordinaire.

Si, par exception, ils sortent du département, ils sont traités comme il est indiqué à l'article 314.

323. Les indemnités mentionnées dans l'article précédent sont, suivant le cas, à la charge du ministère de la justice ou de celui de l'intérieur.

324. Les indemnités acquises sur les fonds du ministère de la justice sont payées directement aux ayants-droit, par les receveurs de l'enregistrement, sur le mémoire qu'ils produisent, lequel doit être revêtu du réquisitoire du procureur de la République et de l'exécutoire du président du tribunal.

325. Les demandes d'indemnités sur les fonds du ministère de l'intérieur sont faites par les soins du Conseil d'administration et adressées au préfet du département, qui les transmet au ministre de l'intérieur. Elles doivent être accompagnées d'un état.

Le paiement des indemnités est ensuite ordonnancé par le préfet au nom du Conseil d'administration.

326. Si le sous-officier, brigadier ou gendarme chargé de l'escorte d'une voiture cellulaire réclame une avance, le Conseil d'administration est autorisé à la lui faire sur les fonds généraux

de la caisse. Cette avance est inscrite au bas de l'ordre de route et ne peut excéder les deux tiers de l'indemnité présumée.

Lorsque le voyage d'un de ces militaires se prolonge, par suite de nouveaux ordres, les Conseils d'administration en résidence dans les villes où il passe sont tenus, sur sa demande, de lui faire de nouvelles avances qui, sur leur avis, sont immédiatement remboursées par la Compagnie de gendarmerie à laquelle appartient le militaire.

Il est également fait inscription de ces avances sur les ordres de route.

CHAPITRE III

SECTION II

DES PIÈCES JUSTIFICATIVES DES DROITS AUX ACCESSOIRES DE SOLDE.

396. Les services compris dans le paragraphe 2 de l'article 132, et qui ne donnent droit à l'indemnité qu'en raison de leur durée, sont justifiés par un certificat constatant le temps nécessaire à l'accomplissement de la mission, soit en raison des faits accomplis, soit en raison de la distance, en comptant une heure pour quatre kilomètres pour les hommes à pied et trois quarts d'heure pour les hommes à cheval, ou le temps réel du trajet, si le parcours a eu lieu par les voies ferrées ou les voitures publiques.

Ces certificats sont vérifiés par le commandant d'arrondissement et approuvés par le commandant de compagnie.

GRATIFICATIONS

diverses accordées aux gendarmes, gardes champêtres, gardes-pêche et autres agents de la force publique, rédacteurs de procès-verbaux constatant des contraventions.

POLICE DE LA CHASSE.

Ordonnance du 5 mai 1845.

Art. 1ᵉʳ. La gratification accordée aux gendarmes, gardes forestiers, gardes champêtres, gardes-pêche et gardes assermentés des particuliers, qui constateront des infractions à la loi du 3 mai 1844 sur la police de la chasse, est fixée ainsi qu'il suit :

Huit francs pour les délits prévus par l'article 11.

Quinze francs pour les délits prévus par l'article 12 et l'article 13, § 1ᵉʳ.

Vingt-cinq francs pour les délits prévus par l'article 13, § 2.

Art. 2. La gratification est due pour chaque amende prononcée ; elle sera acquittée par les receveurs de l'enregistrement, suivant le mode actuel et les règles de la comptabilité ordinaire.

Art. 3. (Décr. 4 août 1852.) Les receveurs de l'enregistrement tiendront un compte spécial par commune, du recouvrement des amendes prononcées pour infraction à la loi du 3 mai 1844 sur la police de la chasse ; ce compte sera réglé chaque année.

Après prélèvement des gratifications et de cinq pour cent pour frais de régie, le produit restant des amendes recouvrées sera compté à la commune sur le territoire de laquelle l'infraction aura été commise. — En cas d'excédent de dépenses à l'époque du règlement, il ne sera exercé aucun recours contre la commune, mais cet excédent sera reporté au compte

*ouvert pour l'année suivante, dans lequel il formera le pre-
mier article de la dépense. — Les frais de poursuites tombés
en non-valeur seront remboursés conformément à l'article 6
de l'ordonnance du 30 décembre 1823.*

*Art. 4. Il ne pourra être alloué qu'une seule gratification,
lors même que plusieurs agents auraient concouru à la rédaction du procès-verbal constatant le délit.*

Ce sont les percepteurs des contributions directes qui sont
actuellement chargés d'acquitter le montant des gratifications.

Il résulte des termes de l'article 1er de l'ordonnance du 5 mai
1845 que des gratifications ne peuvent être accordées aux
employés des contributions indirectes et des octrois, ni aux gardes
généraux des forêts, ni aux officiers de gendarmerie.

Plusieurs auteurs prétendent que les sous-officiers et brigadiers
de gendarmerie n'ont pas droit à cette rétribution, l'ordonnance
précitée ne l'ayant attribuée qu'aux gardes et gendarmes.

Nous ne pouvons adopter cette interprétation judaïque. Rien
n'autorise à faire une distinction, alors que les termes de l'ordonnance précitée sont généraux et comprennent tous les militaires de
la gendarmerie qui sont chargés d'exercer la surveillance de la
police de la chasse. Les sous-officiers et brigadiers font le même
service que les simples gendarmes et doivent, comme eux, avoir
droit à la même rémunération.

L'art. 295 du décret du 18 février 1863 sur l'administration de
la gendarmerie tranche la question.

» Art. 295, § 2. — A la fin de chaque trimestre, les sous-offi-
» ciers, brigadiers et gendarmes qui ont constaté les délits de
» chasse établissent, par brigade et pour chaque canton, un
» mémoire en double expédition. »

Le droit des sous-officiers et brigadiers aux gratifications
nous paraît certain. Il est regrettable qu'il n'existe pas
également pour les employés des contributions indirectes et des
octrois.

Les gratifications sont dues pour chaque amende prononcée. Il
n'est dû qu'une seule prime, alors même que le procès-verbal
relèverait plusieurs délits contre le même individu ; mais, s'il

est rédigé contre plusieurs prévenus, il est dû autant de primes que le jugement porte d'amendes distinctes.

La gratification est due alors même que le procès-verbal est rédigé sur la déclaration de tierces personnes. Elle est due également dans le cas où il s'agit de poursuites exercées par l'administration forestière et qu'il intervient une transaction au cours de ces poursuites; il faut donc réserver dans la transaction la somme nécessaire au paiement de la prime (Circ. dir. gén. des forêts, 11 janv. 1862).

Les mémoires des gendarmes, non sujets au timbre, sont adressés avec les extraits de jugements par les commandants d'arrondissement, au Conseil d'administration qui, après les avoir arrêtés définitivement, les soumet au visa du sous-intendant militaire et les transmet aux agents des finances compétents. Ces fonctionnaires délivrent ensuite un mandat de paiement qui reçoit l'acquit du Conseil d'administration (Décr. 18 février 1863, art. 295).

Le garde qui a droit à une prime se fait délivrer par le greffier du tribunal, moyennant 25 centimes, un extrait du jugement, sur papier libre, lorsque la décision est devenue définitive. Il adresse cet extrait au préfet, qui fait ordonnancer la gratification par le trésorier général et qui retourne ensuite l'ordonnancement à l'impétrant; au moyen de cette pièce, le garde va toucher la prime au bureau du percepteur de la commune sur le territoire de laquelle s'est commis le délit.

Ces gratifications ne peuvent être assimilées à des frais de justice; la prescription des lois de finances est seule applicable. Les intéressés ont donc cinq ans pour présenter leur réclamation.

POLICE DE LA PÊCHE FLUVIALE.

Décret du 2 décembre 1865.

Art. 1er. La gratification accordée aux agents qui auront constaté les délits en matière de pêche est fixée au tiers de l'amende prononcée contre les délinquants, et recouvrée, sans pouvoir toutefois excéder pour chaque condamnation la somme de cinquante francs.

Art. 2. La gratification sera directement acquittée entre les mains de l'ayant droit par le receveur de l'enregistrement (par le percepteur des contributions directes), suivant le mode actuel et les règles de la comptabilité publique.

Les *agents* auxquels le décret ci-dessus attribue le droit aux primes sont :

1° Les brigadiers et gardes-pêche spéciaux ;

2° Les agents de tout ordre des ponts et chaussées, spécialement commissionnés pour la surveillance de la pêche, c'est-à-dire les conducteurs et agents secondaires, les cantonniers de routes et de navigation, les éclusiers, gardes-rivières et de canaux et autres agents inférieurs de la navigation ;

3° Les gardes champêtres et les gendarmes ;

4° Les agents des douanes et employés des contributions indirectes et des octrois (Loi 31 mai 1865, art. 10. — Circ. trav. pub. 5 fév. 1866).

A cette énumération, il convient d'ajouter les gardes forestiers qui ont droit de constater les délits de pêche au même titre que les gardes champêtres.

Dans la désignation de gendarmes, il faut comprendre les sous-officiers et brigadiers comme les simples soldats, mais non les officiers (Circ. min. trav. pub. 6 fév. 1868).

La gratification n'est pas fixe, comme en matière de chasse ; elle est du tiers des amendes non seulement *prononcées*, mais encore *recouvrées;* elle n'est acquise, dans aucun cas, qu'après que le recouvrement intégral a été opéré (Circ. trav. pub. 5 février 1866).

Cette disposition est regrettable ; il doit en être tenu compte lorsque des demandes en réduction de peines sont présentées ; il convient de toujours réserver les droits acquis par les rédacteurs des procès-verbaux.

POLICE DE LA PÊCHE COTIÈRE.

Décret du 9 janvier 1852.

Art. 15. Le produit des amendes et confiscations sera attribué à la caisse des invalides de la marine, sous la déduction du cinquième de ces amendes et confiscations, lequel sera attribué à l'agent qui aura constaté la contravention, sans que cette allocation puisse excéder 25 fr. par chaque infraction.

Art. 16. Les infractions sont recherchées et constatées par les commissaires de l'inscription maritime, les officiers et officiers mariniers commandant les bâtiments et les embarcations gardes-pêche, les inspecteurs des pêches maritimes, les syndics des gens de mer, les prud'hommes pêcheurs, les gardes jurés de la marine, les gardes mariniers et les gendarmes de la marine.

Les *agents* ayant droit à la gratification sont : les syndics des gens de mer, les gardes jurés de la marine, les gardes maritimes, les gendarmes de la marine; peut-être aussi les prud'hommes pêcheurs.

Décret du 26 mars 1852.

Art. 13. Le produit des amendes autres que celle prévue par l'art. 12 pour la pêche dite d'Écosse, sera attribué dans la proportion d'un tiers au trésor public, lequel tiers recevra la destination indiquée par l'art. 3 de l'ordonnance du 21 mai 1817, et d'un tiers aux agents qui auront constaté les contraventions.

POLICE DU ROULAGE.

Loi du 30 mai 1851.

Art. 15 § 1er. Sont spécialement chargés de constater les contraventions et délits prévus par la présente loi, les conduc-

teurs, agents-voyers, cantonniers, chefs et autres employés du service des ponts et chaussées ou des chemins vicinaux de grande communication commissionnés à cet effet, les gendarmes, les gardes champêtres, les employés des contributions indirectes, agents forestiers ou des douanes, et employés des poids et mesures ayant droit de verbaliser, et les employés des octrois ayant le même droit.

Art. 28. Lorsque le procès-verbal constatant le délit ou la contravention a été dressé par l'un des agents désignés au paragraphe 1er de l'article 15, le tiers de l'amende prononcée appartient au dit agent, à moins qu'il ne s'agisse d'une contravention ou d'un délit prévu aux articles 10 et 11.

La gratification du tiers de l'amende prononcée est allouée aux brigadiers et gendarmes à l'exclusion des officiers et sous-officiers.

Tous les trois mois, le trésorier général fait parvenir au Conseil d'administration des états de répartition conformes aux modèles annexés à l'instruction du 21 septembre 1836, et le Conseil fait ensuite signer, par les brigadiers et gendarmes intéressés, l'autorisation de recevoir qui doit être inscrite au bas de ces états (Déc. 18 fév. 1863, art. 299).

AFFICHAGE.

Il est accordé à titre d'indemnité aux gendarmes, gardes champêtres et autres agents de la force publique qui auront constaté des contraventions à la loi du 8 juillet 1852 et au décret du 25 août suivant, un quart des amendes *payées* par les contrevenants.

Les sous-officiers, aussi bien que les brigadiers et gendarmes, sont admis à toucher cette gratification, qui est payée entre les mains du Conseil d'administration de la Compagnie.

TRANSPORT FRAUDULEUX DE LETTRES.

Loi du 27 prairial an 9.

Art. 8. Le produit des amendes appartiendra, un tiers

aux hospices des lieux et un tiers à celui ou à ceux qui auront découvert la fraude et à ceux qui auront coopéré à la saisie ; celui-ci sera réparti entre eux par égale portion ; ils en seront payés par le directeur des postes chargé du recouvrement de l'amende, et à Paris, par le caissier général de l'administration des postes, d'après un exécutoire qui sera délivré à leur profit par le commissaire du gouvernement près le tribunal.

Les sous-officiers, brigadiers et gendarmes qui ont opéré une saisie de lettres transportées en fraude ont droit au tiers de l'amende prononcée.

CONTREBANDE ET FRAUDE.

Décret du 18 février 1863.

Art. 307. *Une prime de quinze francs est allouée à tous sous-officier, brigadier ou gendarme qui a opéré la capture d'un contrebandier ou d'un individu colportant en fraude, soit des tabacs, soit des poudres à tirer ; mais cette prime ne lui est acquise qu'autant que le contrevenant est constitué prisonnier, ou que, amené devant le directeur de l'administration compétente, il a été relâché sous caution.*

308. La prime revient entièrement aux capteurs. Elle est payée sur l'acquit du conseil d'administration et suivant le cas, par l'administration des douanes ou par celle des contributions indirectes, qui, chacune en ce qui la concerne, établit à cet égard des états trimestriels de frais de capture.

309. Les officiers, sous-officiers et gendarmes qui opèrent seuls ou qui concourent à opérer des saisies en matière de douane et de contributions indirectes ont droit, savoir :

1° Pour saisie par la gendarmerie seule, à la moitié du produit net des amendes et des confiscations ;

2° Pour dénonciation et pour saisie faite concurremment avec les employés ou préposés, à une part de préposé par chaque militaire de la gendarmerie, à l'exception du com-mandant du détachement qui a droit à part et demie.

310. Lorsque la gendarmerie est appelée seulement pour assister à une saisie, elle n'a droit qu'à une gratification, qui est réglée d'après l'utilité de son service et prélevée sur le produit net de la saisie.

311. La portion revenant à la gendarmerie sur le pro-duit des confiscations et amendes, d'après un état de réparti-tion établi par l'administration des douanes ou des contribu-tions indirectes, suivant le cas, est payée par cette adminis-tration au conseil d'administration de la compagnie.

312. Le conseil d'administration fait la distribution aux ayants-droit du produit des amendes et saisies dans les pro-portions suivantes :

Si un ou plusieurs officiers ont concouru personnellement à la saisie, un tiers de la somme reçue leur est acquis et, s'il y a lieu, est partagé entre eux par égales portions.

Les deux autres tiers sont distribués d'une manière égale entre les sous-officiers, brigadiers et gendarmes qui ont coo-péré à la saisie.

Dans le cas où aucun officier n'a concouru personnelle-ment à la saisie, la totalité de la somme est partagée entre les sous-officiers, brigadiers et gendarmes saisissants. Le com-mandant du détachement qui a opéré la saisie a droit à part et demie.

313. Le commandant de la brigade qui aurait fourni le détachement et n'aurait pu assister à la saisie entre égale-ment en partage, mais seulement comme simple saisissant.

EXTRADITION

Traité international entre la France et l'Espagne.

Convention conclue le 14 déc. 1877. — Décret de promulgation 7 juillet 1878. — Bull. des lois, no 7203. D. P. 78, 4. 95.

Art. 8. — Quand il y aura lieu à l'extradition, tous les objets saisis qui peuvent servir à constater le crime ou le délit, ainsi que les objets provenant de vol, seront, suivant l'appréciation de l'autorité compétente, remis à la puissance réclamante, soit que l'extradition puisse s'effectuer, l'accusé ayant été arrêté, soit qu'il ne puisse y être donné de suite, l'accusé ou le coupable s'étant de nouveau évadé ou étant décédé. Cette remise comprendra aussi tous les objets que le prévenu aurait cachés ou déposés dans le pays et qui seraient découverts ultérieurement. Sont réservés toutefois les droits que les tiers non impliqués dans la poursuite auraient pu acquérir sur les objets indiqués dans le présent article.

12. Les frais occasionnés par l'arrestation, la détention, la garde, la nourriture des prévenus et le transport des objets mentionnés dans l'art. 8 de la présente convention, au lieu où la remise s'effectuera, seront supportés par celui des deux États sur le territoire duquel les extradés auront été saisis.

13. Lorsque, dans la poursuite d'une affaire pénale non politique, un des deux gouvernements jugera nécessaire l'audition de témoins domiciliés dans l'autre État, une commission rogatoire sera envoyée à cet effet par la voie diplomatique, et il y sera donné suite par les officiers compétents, en observant les lois du pays où l'audition des témoins devra avoir lieu.

Toutefois, les commissions rogatoires tendant à faire opérer soit une visite domiciliaire, soit la saisie du corps du délit ou de pièces à conviction, ne seront exécutées que pour l'un des faits énumérés à l'article 2 du présent traité et sous la réserve exprimée dans le paragraphe 2 de l'art. 8 ci-dessus.

Les gouvernements respectifs renoncent à toutes les réclamations ayant pour objet la restitution des frais résultant de l'exécution des commissions rogatoires, dans le cas même où il s'agirait d'expertise, pourvu toutefois que cette expertise n'ait pas entraîné plus d'une vacation.

Aucune réclamation ne pourra non plus avoir lieu pour les frais de tous actes judiciaires spontanément faits par les magistrats de chaque pays pour la poursuite ou la constatation des délits commis sur le territoire par un étranger qui serait ensuite poursuivi dans sa patrie conformément aux art. 5 et 6 du Code d'instruction criminelle français.

14. Les simples notifications d'actes, jugements ou pièces de procédure réclamées par la justice de l'un des deux pays en matière non politique, seront faites à tout individu résidant sur le territoire de l'autre pays sans engager la responsabilité de l'État, qui se bornera à en assurer l'authenticité.

A cet effet, la pièce transmise diplomatiquement ou directement au ministère public du lieu de la résidence, sera signifiée à personne, à sa requête, par les soins d'un officier compétent, et il renverra au magistrat expéditeur, avec son visa, l'original constatant la notification.

15. Si, dans une cause non politique, la comparution personnelle d'un témoin est nécessaire, le gouvernement du pays où réside le témoin l'engagera à se rendre à l'invitation qui lui sera faite. Dans ce cas, les frais de voyage et de séjour, calculés depuis sa résidence, lui seront accordés d'après les tarifs et règlements en vigueur dans le pays où l'audition devra avoir lieu ; il pourra lui être fait, sur sa demande, par les soins des magistrats de sa résidence, l'avance de tout ou partie des frais de voyage, qui seront ensuite remboursés par le gouvernement intéressé. Aucun témoin, quelle que soit sa nationalité, qui, cité dans l'un des deux pays, comparaîtra volontairement devant les juges de l'autre pays, ne pourra y être poursuivi ou détenu pour des faits ou condamnations criminels antérieurs, ni sous prétexte de complicité dans les faits, objet du procès où il figurera comme témoin.

Des conventions semblables ont été conclues avec :

Bavière. — Traité 29 nov. 1869. Décret de promulgation 23 déc. 1869. — Bull. des lois, n° 17, 356. D. P. 70. 4. 13.

Belgique. — Traité 15 août 1874. Décret 7 avril 1875. — Bull. n° 4074. D. P. 75. 4. 99.

Danemark. — Traité 28 mars 1877. Décret 5 avril 1877. — Bull. n° 6924. D. P. 78. 4. 55.

Italie. — Traité 12 mai 1870. Décret 30 juin 1870. — Bull. n° 17,822. D. P. 70. 4. 51.

Luxembourg (Grand-Duché de). — Traité 12 sep. 1875. Décret 13 janv. 1876. — Bull. n° 4939. D. P. 76. 4. 86.

Monaco. — Traité, 8 juill. 1876. Décret 6 fév. 1877. — Bull. n° 5755. D. P. 77. 4. 31.

Pérou. — Traité, 30 sept. 1874. Décret 23 janv. 1876. — Bull. n° 4941. D. P. 76. 4. 89.

Suède et Norvège. — Traité 27 déc. 1869. Décret 15 janv. 1870. — Bull. n° 17,400. D. P. 70. 4. 17.

Suisse. — Traité 9 juill. 1869. Décret 18 janv. 1870. — Bull. n° 17,429. D. P. 70. 4. 18.

CONVENTION AVEC L'ANGLETERRE.

Traité 14 août 1876. Décret 10 avril 1878. — Bull. n° 6894. D. P. 78. 4. 53.

Art. 15. — Chacune des hautes parties contractantes supportera les frais occasionnés par l'arrestation sur son territoire, la détention et le transport à la frontière des personnes qu'elle aura consenti à extrader en exécution du présent décret.

De semblables traités ont été conclus avec :

Allemagne (Empire d'). Loi ratifiant la convention additionnelle au traité de paix du 11 déc. 1871, d'après lequel le traité d'extradition conclu entre la France et la Prusse, le 21 juill. 1845, est provisoirement étendu à l'Alsace-Lorraine (art. 18 de la convention). — Bull. n° 826. D. P. 72. 4. 9.

Autriche. — Décret 17 avril 1869. — Bull. n° 16,770. D. P. 69. 4. 40.

Bade. — Décret 8 avril 1868. — Bull. 15,934. D. P. 68. 4. 64.

Chili. — 15 mai 1861. — Bull. 9016. D. P. 61. 4. 60.

États-Unis. — 11 août 1845. — Bull. 11,314. D. P. 45. 3. 153. — 4 mars 1859. — Bull. 6272. D. P. 59. 4. 16.

Nouvelle-Grenade. — 22 juill. 1851. — Bull. 3000 D. P. 51. 4. 141. — 10 août 1852. — Bull. 4,317. D. P. 52. 4. 188.

Pays-Bas. — 29 janv. 1845. Bull. 11,795. D. P. 45. 3. 55. — 18 oct. 1860. — Bull. 8,343 et 8,344. D. P. 60. 4. 154.

Portugal. — 13 juill. 1854. — Bull. 2,078. D. P. 54. 4. 181. — 9 mai 1873. — Bull. 2,005. D. P. 73. 4. 62.

Prusse. — 30 août 1845. — Bull. 12,221. D. P. 45. 5. 155.

Vénézuéla. — 26 mai 1856. — Bull. 3,625. D. P. 56. 4. 59.

Wurtemberg. — 25 janvier 1853.

TRAITÉ
Entre la France et l'Italie pour faciliter l'audition des témoins appelés d'un pays dans l'autre.

24-27 juillet 1873.

Le gouvernement de la République française et le gouvernement de S. M. le roi d'Italie, voulant faciliter l'audition des témoins appelés d'un pays dans l'autre, sont convenus de substituer au § 1er de l'article 14 de la convention d'extradition du 12 mai 1870 les stipulations suivantes :

1° Si, dans une cause pénale, la comparution personnelle d'un témoin est nécessaire, le gouvernement du pays auquel appartient le témoin l'engagera à se rendre à l'invitation qui lui sera faite. Si le témoin requis consent à partir, une indemnité de voyage et de séjour lui sera accordée et payée d'avance par l'État requérant, conformément aux dispositions suivantes :

A. Il sera alloué au témoin 2 fr. pour chaque jour pendant lequel il aura été détourné de son travail ou de ses affaires.

B. Les témoins du sexe féminin et les enfants de l'un ou de l'autre sexe au dessous de l'âge de quinze ans recevront pour chaque jour 1 fr. 50 c.

C. Si les témoins sont obligés de se transporter hors du lieu de leur résidence, il leur sera alloué des frais de voyage et de séjour. Cette indemnité est fixée pour chaque myriamètre parcouru, en allant et en venant, à 2 fr.

Lorsque la distance est égale ou supérieure au demi-myriamètre, il sera accordé au témoin le montant entier de l'indemnité fixée pour le myriamètre ; si la fraction est au-dessous du demi-myriamètre, il n'en sera pas tenu compte. L'indemnité de 2 fr. sera portée à 2 fr. 50 c. pendant les mois de novembre, décembre, janvier et février.

D. Lorsque les témoins seront arrêtés pendant le cours du voyage par force majeure, ils recevront en indemnité, pour chaque jour de séjour forcé, 3 fr. Ils seront tenus de faire constater par le maire, ou, à son défaut, par un autre magistrat donnant les garanties voulues, la cause forcée du séjour en route, et d'en représenter le certificat à l'appui de leur demande en taxe.

E. Si les témoins sont obligés de prolonger leur séjour dans la ville où se fera l'instruction de la procédure et qui ne sera point celle de leur résidence, il leur sera alloué pour chaque jour une indemnité de 3 fr. 50 c.

F. La taxe des indemnités de voyage et de séjour se double pour les enfants mâles au-dessous de quinze ans et pour les filles au-dessous de l'âge de trente ans, lorsqu'ils seront appelés en témoignage et qu'ils seront accompagnés dans leur route et séjour par leur père, mère, tuteur ou curateur, à la charge, par ceux-ci, de justifier de leur qualité :

L'indemnité mentionnée aux lettres A et B sera due en tout état de cause et cumulativement avec celles que stipulent les alinéas C, D, E, F.

2° Le gouvernement auquel appartient le témoin lui fera, si ce témoin le demande, l'avance des émoluments qui lui sont alloués par le tarif convenu pour son voyage au lieu où il est appelé, sous réserve de restitution de la part du gouvernement requérant.

Les indemnités qui lui sont dues, au contraire, pour son séjour dans le lieu où il est appelé à déposer et pour son retour, lui seront acquittées par les soins du gouvernement requérant.

3° Pour l'exécution de la clause précédente, le gouvernement requis fera mentionner sur une feuille de route régulière, ou sur la citation, le montant de l'avance qu'il aura faite et l'indication en myriamètres de la distance du lieu du domicile du témoin à la frontière de l'État requérant.

TABLEAUX

ET MODÈLES

LOIS, DÉCRETS et ORDONNANCES portant fixation des droits, indemnités ou taxes qui peuvent être accordés.			DÉSIGNATION DES PARTIES PRENANTES ET DES ACTES, DILIGENCES OU OPÉRATIONS, qui donnent droit à un salaire, à une indemnité ou à des honoraires.	MONTANT DES ALLOCATIONS			OBSERVATIONS.
DATES.	Articles	Numéros ou paragraphes		à Paris.	dans les villes de 40.000 âmes et au-dessus.	dans les villes et communes au-dessous de 40.000 âmes.	
			DÉPOSITAIRES PUBLICS ET PARTICULIERS DE PIÈCES ARGUÉES DE FAUX OU DE PIÈCES DE COMPARAISON.				Les greffiers dépositaires de pièces arguées de faux ou de pièces de comparaison, et qui assistent à la vérification de ces pièces faites par les experts écrivains, n'ont droit à aucune vacation.
			Pour chaque vacation de trois heures.				
			Greffiers des Cours d'appel................	12 fr. »	12 fr. »	12 fr. »	
			— — d'assises................	12 »	12 »	12 »	
18 juin 1811 et 16 fév. 1807.	13 166	» 1, 2, 3 et 4	— des Tribunaux de première instance.....	10 »	10 »	10 »	
			Notaires........................	9 »	6 75	6 75	
			Avoués des Cours d'appel...............	8 »	8 »	8 »	
			— des Tribunaux de première instance......	6 »	6 »	6 »	
			Huissiers........................	5 »	4 »	4 »	
18 juin 1811 et 16 fév. 1807.	14 166	» 5	Dépositaires particuliers................	6 »	6 »	6 »	
			Frais de voyage et de séjour des greffiers, notaires, avoués et dépositaires particuliers.				
18 juin 1811.	91 15	Nᵒ 1er. § 1er.	Pour chaque myriamètre parcouru en allant et en revenant............	2 50	2 50	2 50	
Idem.	95 15	Nᵒ 1er. § 1er.	Pour chaque jour de séjour forcé en route........	2 »	2 »	2 »	Les frais de séjour dans le lieu où se fait l'instruction de la procédure ne peuvent être accordés qu'autant qu'il n'y aura point en ce jour-là de vacation donnant droit à l'indemnité.
Idem.	96 15	Nᵒ 1er. § 1er.	Pour chaque jour de séjour forcé dans la ville où se fait l'instruction et qui n'est point celle de leur résidence..............	4 »	2 50	2 »	
			Frais de voyage et de séjour des huissiers.				
Idem.	91 15	Nᵒ 2. § 2.	Pour chaque myriamètre parcouru en allant ou en revenant............	1 50	1 50	1 50	
Idem.	95 15	Nᵒ 2. § 2.	Pour chaque jour de séjour forcé en route..........	1 50	1 50	1 50	*Nota.* — Des frais de séjour ou de séjour forcé ne sont point dus à ceux des dépositaires qui reçoivent un traitement quelconque, soit sur les fonds de l'État, soit sur les fonds des administrations, établissements publics ou des communes.
			MÉDECINS ET CHIRURGIENS lorsqu'ils sont appelés pour faire des opérations quelconques.				
Idem.	17	Nᵒ 1er.	Pour chaque visite et rapport, y compris le premier pansement..........	6 »	5 »	3 »	
Idem.	17	Nᵒ 2.	Pour les ouvertures de cadavres et autres opérations plus difficiles que la simple visite, et en sus des droits ci-dessus................	9 »	7 »	5 »	
			Frais de transport hors de leur résidence.				
Idem.	91	Nᵒ 1er.	Pour chaque myriamètre parcouru en allant et en revenant..............	2 50	2 50	2 50	
Idem.	95	Nᵒ 1er.	Pour chaque jour de séjour forcé en route.........	2 »	2 »	2 »	
Idem.	96	Nᵒ 1er.	Pour chaque jour de séjour dans la ville où se fait l'instruction de la procédure, et qui n'est point celle de leur résidence................	4 »	2 50	2 »	
			Lorsqu'ils sont appelés, soit devant le juge d'instruction, soit aux débats, à raison de leurs déclarations, visites ou rapports, les indemnités dues pour cette comparution leur seront payées comme à des témoins ordinaires, s'ils requièrent taxe ; ces indemnités sont, savoir :				

LOIS, DÉCRETS et ORDONNANCES portant fixation des droits, indemnités ou taxes qui peuvent être accordés.			DÉSIGNATION DES PARTIES PRENANTES ET DES ACTES, DILIGENCES OU OPÉRATIONS qui donnent droit à un salaire, à une indemnité ou à des honoraires.	MONTANT DES ALLOCATIONS			OBSERVATIONS.
DATES.	Articles	Numéros ou paragraphes		à Paris.	dans les villes de 40,000 âmes et au-dessus	dans les villes et communes au-dessous de 40,000 âmes.	
			MÉDECINS ET CHIRURGIENS (suite).				
18 juin 1811. / 7 avril 1813.	25 et 27 / 2	» / § 1.	Dans le lieu de leur résidence, ou s'ils ne se transportent pas à plus d'un myriamètre, pour chaque jour.	2 fr. »	rf.65 1	1 »	
18 juin 1811. / 7 avril 1813.	25 et 27 / 2	» / § 2.	S'ils se transportent à plus d'un myriamètre, mais dans leur arrondissement, pour chaque myriamètre parcouru....................	1 »	1 »	1 »	
18 juin 1811. / 7 avril 1813.	25 / 2	» / § 3.	S'ils se transportent à plus d'un myriamètre, mais hors de leur arrondissement, pour chaque myriamètre parcouru.............	1 50	1 50	1 50	
18 juin 1811.	25 / 95	» / N° 2.	Pour chaque jour de séjour forcé en route........	1 50	1 50	1 50	
Idem.	25 / 96	» / N° 2.	Pour chaque jour de séjour dans la ville où se fait l'instruction, et qui n'est point celle de leur résidence..................	3 »	2 »	1 50	
			SAGES-FEMMES.				
			Les visites faites par les sages-femmes sont payées, savoir :				
Idem.	18	»	Pour chaque visite....................	3 »	2 »	2 »	
			Frais de transport hors de leur résidence.				
Idem.	91	N° 2.	Pour chaque myriamètre parcouru en allant et en revenant....................	1 50	1 50	1 50	
Idem.	95	N° 2.	Pour chaque jour de séjour forcé en route..........	1 50	1 50	5d	
Idem.	96	N° 2.	Pour chaque jour de séjour dans la ville où se fait l'instruction de la procédure, et qui n'est point celle de leur résidence....................	3 »	2 »	1 50	
			Lorsqu'elles sont appelées, soit devant le juge d'instruction, soit aux débats, à raison de leurs déclarations, visites ou rapports, les indemnités dues pour cette comparution leur sont payées comme à des témoins, si elles requièrent taxe ; ces indemnités sont, savoir :				
18 juin 1811. / 7 avril 1813.	25 et 28 / 2	» / § 1er.	Dans le lieu de leur résidence, ou si elles ne se transportent pas à plus d'un myriamètre, pour chaque jour....................	1 23	1 »	» 75	
18 juin 1811. / 7 avril 1813.	25 / 2	» / § 2.	Si elles se transportent à plus d'un myriamètre, mais dans leur arrondissement, pour chaque myriamètre parcouru....................	1 »	1 »	1 »	
18 juin 1811. / 7 avril 1813.	25 / 2	» / § 3.	Si elles se transportent à plus d'un myriamètre, mais hors de leur arrondissement, pour chaque myriamètre parcouru....................	1 50	1 50	1 50	
18 juin 1811.	25 / 95	» / N° 2.	Pour chaque jour de séjour forcé en route..........	1 50	1 50	1 50	
Idem.	25 / 95	» / N° 2.	Pour chaque jour de séjour dans la ville où se fait l'instruction, et qui n'est point celle de leur résidence....................	3 »	2 »	1 50	

LOIS, DÉCRETS et ORDONNANCES portant fixation des droits, indemnités ou taxes, qui peuvent être accordés. — DATES.	Articles	Numéros ou paragraphes	DÉSIGNATION DES PARTIES PRENANTES ET DES ACTES, DILIGENCES OU OPÉRATIONS qui donnent droit à un salaire, à une indemnité ou à des honoraires.	à Paris.	dans les villes de 40,000 âmes et au-dessus.	dans les villes et communes au-dessous de 40,000 âmes.	OBSERVATIONS.
			EXPERTS ET INTERPRÈTES				
			Lorsqu'ils sont appelés pour procéder à des opérations de leur ministère.				
18 juin 1811.	22	»	Pour chaque vacation de jour, et pour chaque rapport, lorsqu'il sera fait par écrit.................	5 »	4 fr. »	3 »	Il ne peut être alloué pour chaque journée que deux vacations de jour et une de nuit (Art. 22 du règlement du 18 juin 1811).
Idem.	22	»	Pour chaque vacation de nuit.....................	7 50	6 »	4 50	
Idem.	23	»	Les traductions par écrit seront payées pour chaque rôle de trente lignes à la page et de seize à dix-huit syllabes à la ligne..................	1 25	1 «	» 75	
			Frais de transport hors de leur résidence.				
Idem.	91	No 1er.	Pour chaque myriamètre parcouru en allant et en revenant...........................				
Idem.	95	No 1er.	Pour chaque jour de séjour forcé en route........	2 50	2 50	2 50	
Idem.	96	No 1er.	Pour chaque jour de séjour dans la ville où se fait l'instruction et qui n'est point celle de leur résidence....................	2 »	2 »	2 »	
			Lorsqu'ils sont appelés, soit devant le juge d'instruction, soit aux débats, à raison de leurs déclarations, visites ou rapports, les indemnités dues pour cette comparution leur sont payées comme à des témoins ordinaires, s'ils requièrent taxe; ces indemnités sont, savoir :	4 »	2 50	2 »	
Idem. 7 avril 1813.	25 et 27 2	» § 1er.	Dans le lieu de leur résidence, ou s'ils ne se transportent pas à plus d'un myriamètre, pour chaque jour........................	2 »	1 50	1 »	
18 juin 1811. 7 avril 1813.	25 2	» § 2.	S'ils se transportent à plus d'un myriamètre, mais dans leur arrondissement, pour chaque myriamètre parcouru....................	1 »	1 »	1 »	
18 juin 1811. 7 avril 1813.	25 2 25	» § 3. »	S'ils se transportent à plus d'un myriamètre, mais hors de leur arrondissement, pour chaque myriamètre parcouru.....................	1 50	1 50	1 50	
18 juin 1811.	95	No 2.	Pour chaque jour de séjour forcé en route........	1 50	1 50	1 50	
Idem.	25 96	» No 2.	Pour chaque jour de séjour dans la ville où se fait l'instruction, et qui n'est point celle de leur résidence...................	3 »	2 »	1 50	
			TÉMOINS				
			entendus dans l'instruction lors du jugement des affaires criminelles et de police, auxquels une indemnité peut être accordée s'ils en font la demande.				
			No 1er. — Témoin du sexe masculin entendu dans le lieu de sa résidence ou dont la résidence n'est pas éloignée de plus d'un myriamètre.				
18 juin 1811 et 7 avril 1813.	27 2	» § 1er.	Pour chaque jour que le témoin aura été détourné de son travail ou de ses affaires............	2 »	1 50	1 »	
			No 2. — Témoin du sexe féminin, ou enfant de l'un ou l'autre sexe au-dessous de l'âge de quinze ans, entendu par forme de déclaration dans le lieu de sa résidence, ou dont la résidence n'est pas éloignée de plus d'un myriamètre.				

LOIS, DÉCRETS et ORDONNANCES portant fixation des droits, indemnités ou taxes qui peuvent être accordés. — **MONTANT DES ALLOCATIONS.**

DATES.	Articles	Numéros ou paragraphes	DÉSIGNATION DES PARTIES PRENANTES ET DES ACTES, DILIGENCES OU OPÉRATIONS qui donnent droit à un salaire, à une indemnité ou à des honoraires.	à Paris.	dans les villes de 40,000 âmes et au-dessus.	dans les villes et communes au-dessous de 40,000 âmes.	OBSERVATIONS.
18 juin 1811. et 7 avril 1813.	28 2	§ 1er.	Pour chaque jour............	1 fr. 25	1 fr. »	» 75	
			N° 3. — *Témoin qui s'est transporté à plus d'un myriamètre de sa résidence, mais dans son arrondissement*............	» »	» »	» »	
			Frais de voyage.				*Observations générales sur les taxes ou indemnités qui peuvent être accordées aux témoins quels qu'ils soient ou aux jurés.* La cause du séjour forcé dans le cours du voyage doit être constatée par le juge de paix ou ses suppléants, ou par le maire, ou à son défaut par ses adjoints, et le certificat doit être annexé à la taxe. (Art. 95 du règlement du 14 juin 1811.)
7 avril 1813.	2	§ 2.	Pour chaque myriamètre parcouru en allant et en revenant	1 »	1 »	1 »	
18 juin 1811.	95	N° 2.	Pour chaque jour de séjour forcé en route........	1 50	1 50	1 50	
Idem.	96	N° 2.	Pour chaque jour de séjour dans la ville où se fait l'instruction, et qui n'est point celle de sa résidence.	3 »	2 »	1 50	
			N° 4. — *Témoin qui s'est transporté à plus d'un myriamètre de leur résidence, et hors de son arrondissement.*				
7 avril 1813.	2	§ 3.	Pour chaque myriamètre parcouru en allant et en revenant............	1 50	1 50	1 50	
18 juin 1811.	95	N° 2.	Pour chaque jour de séjour forcé en route........	1 50	1 50	1 50	
Idem.	96	N° 2.	Pour chaque jour de séjour dans la ville où se fait l'instruction, et qui n'est point celle de sa résidence.	3 »	2 »	1 50	
			N° 5. — *Enfants mâles au-dessous de l'âge de quinze ans et filles au-dessous de l'âge de vingt-un ans, lorsqu'ils se transportent à plus d'un myriamètre de sa résidence et qu'ils sont accompagnés.*				
7 avril 1813 et 18 juin 1811.	2 97	§ 2. »	Pour chaque myriamètre parcouru, s'ils ne sortent pas de leur arrondissement............	2 »	2 »	2 »	
7 avril 1813 et 18 juin 1811.	2 97	§ 3. »	Pour chaque myriamètre parcouru, s'ils sortent de leur arrondissement	3 »	3 »	3 »	
18 juin 1811.	95 97	N° 2. »	Pour chaque jour de séjour forcé en route........	3 »	3 »		
Idem.	96 97	N° 2. »	Pour chaque jour de séjour dans la ville où se fait l'instruction, et qui n'est pas celle de leur résidence.	6 »	4 »	3 »	
			N° 6. — *Militaires en activité de service.*				Voir, pour régler l'indemnité qui peut être accordée aux militaires, l'article 31 du décret du 18 juin 1811, et les observations sur le mode d'exécution des dispositions de cet article.
			Pour chaque jour de séjour forcé hors de leur garnison ou cantonnement, savoir :				
Idem.	31	»	Aux officiers de tous grades............	3 »	2 »	1 50	
Idem.	96	N° 2.	Aux sous-officiers et soldats............	1 50	1 »	» 75	
			Jurés.				
			Frais de voyage qui peuvent être accordés aux jurés, s'ils en font la demande.				
Idem.	35 91	N° 1er.	Pour chaque myriamètre parcouru en allant et en revenant	2 50	2 50	2 50	Des taxes ne peuvent être accordées pour la garde des scellés que lorsque le juge d'instruction n'aura pas jugé à propos de confier cette garde à des habitants de la maison où les scellés auront été apposés.
Idem.	35 95	N° 1er.	Pour chaque jour de séjour forcé en route........	2 »	2 »	2 »	
			Gardiens de scellés.				
Idem.	37	»	Pour chaque jour de garde............	2 50	2 »	1 »	

LOIS, DÉCRETS et ORDONNANCES portant fixation des droits, indemnités ou taxes qui peuvent être accordés.			DÉSIGNATION DES PARTIES PRENANTES ET DES ACTES, DILIGENCES OU OPÉRATIONS qui donnent droit à un salaire, à une indemnité ou à des honoraires.	MONTANT DES ALLOCATIONS			OBSERVATIONS.
DATES.	Articles	Numéros ou paragraphes		À Paris.	dans les villes de 40,000 âmes et au-dessus.	dans les villes et communes au-dessous de 40,000 âmes.	
			GREFFIERS.				
18 juin 1811.	48	»	Pour chaque rôle d'expédition composé de vingt-huit lignes à la page et de quatorze à seize syllabes à la ligne.	» f. 40	» f. 40	» f. 40	
Idem.	49	»	Pour chaque article du registre des condamnés.	» 10	» 10	» 10	
Idem.	50	»	Pour chaque extrait en matière criminelle et correctionnelle.	» 60	» 60	» 60	
Idem.	50	»	Pour chaque extrait en matière forestière.	» 25	» 25	» 25	Le coût des extraits délivrés en matière forestière n'est point à la charge du ministère de la justice.
7 avril 1843.	7	§ 2.	Pour chaque extrait en matière de simple police.	» 25	» 25	» 25	
Idem.	7	§ 2.	Pour chaque extrait délivré aux agents du Trésor.	» 25	» 25	» 25	Le coût des extraits et des articles de l'état de liquidation des frais et dépens est à la charge de l'administration de l'enregistrement, conformément à l'ordonnance en date du 3 novembre 1819.
18 juin 1811.	51	»	Pour chaque article de l'état de liquidation des frais.	» 05	» 05	» 05	
Idem.	53	N° 1er.	Pour assistance aux exécutions à mort.	20 »	15 »	10 »	
			CONCIERGES DES PRISONS.				
Idem.	46	»	Pour chaque expédition de l'acte d'écrou dont il est fait mention dans l'article 421 du Code d'instruction criminelle.	» 60	» 60	» 60	
			HUISSIERS.				
Idem.	71	N° 1er.	Pour chaque original de citation, mandat de comparution, signification ou notification.	1 »	» 75	» 50	
Idem.	71	N° 2.	Pour chaque copie de citation, mandat de comparution, signification ou notification.	» 75	» 60	» 50	
Idem.	71	N° 3.	Pour l'exécution d'un mandat d'amener.	8 »	6 »	5 »	
Idem.	71	N° 4.	Pour l'exécution d'un mandat de dépôt.	5 »	4 »	3 »	
18 juin 1811 et 7 avril 1813.	73 / 5	»	Pour l'exécution d'un mandat d'amener et d'un mandat de dépôt décernés ou exécutés pendant les vingt-quatre heures contre le même individu.	10 »	8 »	6 »	
7 avril 1843.	6	N° 1er.	Pour capture en exécution d'un jugement de simple police, sans qu'il puisse être alloué aucun droit de perquisition.	5 »	4 »	3 »	
Idem.	6	N° 2.	Pour capture en exécution d'un mandat d'arrêt.	18 »	15 »	12 »	
7 avril 1843 et 6 août 1823.	6 / 1er.	N° 2. / »	Pour capture en exécution d'un jugement ou arrêt en matière correctionnelle condamnant à un emprisonnement au-dessus de cinq jours.	18 »	15 »	12 »	
6 août 1823.	1er.	»	Pour capture en exécution d'un jugement ou arrêt en matière correctionnelle condamnant à un emprisonnement de cinq jours et au-dessous.	5 »	4 »	3 »	
7 avril 1843.	6	N° 3.	Pour capture en exécution d'une ordonnance de prise de corps.	21 »	18 »	15 »	
Idem.	6	N° 3.	Pour capture en exécution d'un arrêt portant peine de la réclusion.	21 »	18 »	15 »	
Idem.	6	N° 4.	Pour capture en exécution d'un arrêt de condamnation aux travaux forcés ou à une peine plus forte.	30 »	25 »	20 »	

LOIS, DÉCRETS et ORDONNANCES portant fixation des droits, indemnités ou taxes qui peuvent être accordés. DATES.	Articles	Numéros ou paragraphes	DÉSIGNATION DES PARTIES PRENANTES ET DES ACTES, DILIGENCES OU OPÉRATIONS qui donnent droit à un salaire, à une indemnité ou à des honoraires.	MONTANT DES ALLOCATIONS A Paris.	dans les villes de 40,000 âmes et au-dessus.	dans les villes et communes au-dessous de 40,000 âmes.	OBSERVATIONS.
			Huissiers (suite).				
8 juin 1811.	71	No 6.	Pour l'extraction et la réintégration de chaque prisonnier	» f. 75	» f. 60	» 50	
Idem.	71	No 7.	Pour le procès-verbal de perquisition	6 »	4 »	3 »	
Idem.	71	No 8.	Pour la publication entière de l'ordonnance de contumace	18 »	15 »	12 »	
Idem.	10	»	Demi-droit de publication de l'ordonnance de contumace	9 »	7 50	6 »	C'est lorsque la publication se fait dans deux communes différentes et par deux huissiers.
Idem.	71	No 9.	Pour la lecture de l'arrêt de condamnation d'un parricide	30 »	24 »	18 »	
Idem.	71	No 10.	Pour chaque rôle d'écriture, composé de trente lignes à la page et de dix-huit à vingt syllabes à la ligne	» 50	» 40	» 30	
Idem.	71	No 11.	Pour assistance à l'inscription de l'écrou	1 »	» 75	» 50	
Idem.	71	No 11.	Pour assistance à la radiation de l'écrou	1 »	» 75	» 50	
			Frais de voyage et de séjour.				
Idem.	91	No 2.	Pour chaque myriamètre parcouru en allant et en revenant	1 50	1 50	1 50	
Idem.	95	No 2.	Pour chaque jour de séjour forcé en route	1 50	1 50	1 50	
			GENDARMES OU AGENTS DE POLICE ET GARDES CHAMPÊTRES OU FORESTIERS. *Frais de capture.*				
18 juin 1811. / 7 avril 1813.	77 / 6	§ 4. / No 1er.	Pour capture en exécution d'un jugement de simple police, sans qu'il puisse être alloué aucun droit de perquisition	5 »	4 »	3 »	
18 juin 1811. / 7 avril 1813.	77 / 6	§ 4. / No 2.	Pour capture en exécution d'un mandat d'arrêt	18 »	15 »	12 »	
18 juin 1811. / 7 avril 1813. / Idem.	77 / 6 / 1er.	§ 4. / No 2. / »	Pour capture en exécution d'un jugement ou arrêt en matière correctionnelle, condamnant à un emprisonnement au-dessus de cinq jours	18 »	15 »	12 »	
18 juin 1811. / 6 août 1823.	77 / 1er.	§ 4. / »	Pour capture en exécution d'un jugement ou arrêt condamnant à un emprisonnement de cinq jours et au-dessous	5 »	4 »	3 »	
18 juin 1811. / 7 avril 1813.	77 / 6	No 3. / »	Pour capture en exécution d'une ordonnance de prise de corps	21 »	18 »	15 »	
18 juin 1811. / 7 avril 1813.	77 / 6	§ 4. / No 3.	Pour capture en exécution d'un arrêt portant peine de réclusion	21 »	18 »	15 »	
18 juin 1811. / 7 avril 1813.	77 / 6	§ 4. / No 4.	Pour capture en exécution d'un arrêt de condamnation aux travaux forcés ou à une peine plus forte.	30 »	25 »	20 »	
			Gendarmes, Gardes-Champêtres et Gardes-Forestiers appelés en justice pour être entendus comme témoins ou pour donner des explications sur les faits contenus dans les procès-verbaux qu'ils ont dressés.				
18 juin 1811 / 6 août 1823. / Idem.	27 / 2 / 3	» / § 1er. / § 2 ou 3.	Lorsqu'ils sont entendus dans le lieu de leur résidence, ou s'ils ne se transportent pas à plus d'un myriamètre. — Pour chaque jour,	2 »	1 50	1 »	
Idem.	2 / 3	§ 2. / § 2 ou 3.	Lorsqu'ils se transportent à plus d'un myriamètre, mais dans leur arrondissement. — Pour chaque myriamètre parcouru	1 »	1 »	1 »	
Idem.	2 / 3	§ 3. / § 2 ou 3.	Lorsqu'ils se transportent à plus d'un myriamètre, et hors de leur arrondissement. — Pour chaque myriamètre parcouru	1 50	1 50	1 50	

LOIS, DÉCRETS et ORDONNANCES portant fixation des droits, indemnités ou taxes qui peuvent être accordés.			DÉSIGNATION DES PARTIES PRENANTES ET LES ACTES, DILIGENCES OU OPÉRATIONS qui donnent droit à un salaire, à une indemnité ou à des honoraires.	MONTANT DES ALLOCATIONS			OBSERVATIONS.
ACTES.	Articles	Numéros ou paragraphes		À Paris.	dans les villes de 40,000 âmes et au-dessus.	dans les villes et communes au-dessous de 40,000 âmes.	
			Frais de capture (suite).				
18 juin 1811. et 7 avril 1813.	95 3	Nº 2. § 2 ou 3.	Pour chaque jour de séjour forcé en route.........	1 fr. 50	1 50	1 50	
18 juin 1811 et 7 avril 1813.	96 3	Nº 2. § 2 ou 3.	Pour chaque jour de séjour dans la ville où se fait l'instruction, et qui n'est point celle de leur résidence	3 »	2 »	1 50	
			Nota. — Les agents de police, appelés comme témoins, ont également droit à des frais de voyage, lorsqu'ils se transportent à plus d'un myriamètre.				
			Transport des Magistrats et des Greffiers.				
			1º Conseillers délégués pour compléter le nombre des juges d'une Cour d'assises; 2º Officiers du parquet qui vont porter la parole aux Cours d'assises, autres que celle des chefs-lieux des Cours d'appel;				
30 janv. 1811. 18 juin 1811.	19 87	» »	Pour chaque jour........................	15 »	15 »	15 »	
			3º Conseillers délégués, après avoir terminé les affaires d'un département et durant le même trimestre, pour présider la Cour d'assises d'un autre département;				
30 janv. 1811. 18 juin 1811.	21 87	» »	Pour chaque poste parcourue...................	10 »	10 »	10	
			4º Conseillers désignés, en vertu de l'article 236 du Code d'instruction criminelle, pour remplir les fonctions de juge d'instruction; 5º Procureurs de la République, juges d'instruction et juges de paix qui se transportent pour constater un crime ou un délit; 6º Juges qui se transportent pour recevoir la déclaration des condamnés à mort; 7º Juges de paix qui se déplacent pour entendre des témoins ; 8º Procureurs généraux, procureurs de la République et juges de paix qui se transportent pour vérifier les registres et actes judiciaires des greffes; 9º Procureurs de la République et juges de paix qui se transportent pour vérifier les registres de l'État civil; 10º Conseillers délégués pour informer sur l'état de la santé des magistrats malades ou infirmes ; 11º Procureurs de la République et juges qui se déplacent pour interroger un individu dont l'interdiction est poursuivie ;				
18 juin 1811.	88	»	Pour chaque jour, lorsqu'ils se transportent à plus de cinq kilomètres.....................	9 »	9 »	3 »	
4 août 1824. 10 mars 1825.	1er 1er	» »	Pour chaque jour, s'ils se transportent à plus de deux myriamètres.....................	12 »	12 »	12 »	
			Greffiers qui accompagnent les magistrats dans les cas prévus par les lois et ordonnances.				
18 juin 1811.	89	»	Pour chaque jour, s'ils se transportent à plus de cinq kilomètres.....................	6 »	6 »	6 »	
4 août 1824.	1er	»	Pour chaque jour, s'ils se transportent à plus de deux myriamètres.....................	8 »	8 »	8 »	

ORDRE DE VERSEMENT

MONSIEUR LE TRÉSORIER PAYEUR GÉNÉRAL,

Conformément aux instructions contenues dans une dépêche de Monsieur le Garde des Sceaux en date du   , j'invite M   , à reverser dans votre caisse une somme de   , en trop perçue (ou allouée en trop), pour

J'ai l'honneur de vous adresser d'autre part l'ordre de versement prescrit par la circulaire du 14 août 1876.

DÉSIGNATION de la partie débitrice.	SOMME à recouvrer.	DÉSIGNATION des condamnés auxquels le versement doit profiter.	DATE de l'extrait de jugement	NUMÉRO de l'extrait	OBSERVATIONS

Certifié exact, le

Le procureur de la république,

Département de

Annexe à la circulaire du
28 décembre 1878-85.

MÉMOIRE

des sommes dues au greffier du tribunal de
pour les extraits de jugements qu'il a transmis en recouvrement
au Trésorier-Payeur général du   le   18

N° D'ORDRE du bordereau	DATE de l'envoi	NOMBRE des extraits à 25 centimes.	SOMMES dues	CERTIFICAT DU TRÉSORIER GÉNÉRAL	
				NOMBRE d'extraits admis	SOMMES dues
	Bordereau du				
	Total..				

Certifié le présent mémoire, comprenant   extraits
à 25 centimes et s'élevant à la somme de
A   le   18

Le Greffier,

Le Trésorier-Payeur général certifie avoir reçu du Greffier
du tribunal de   les   extraits
de jugements indiqués ci-dessus.
A   le   18

Le Trésorier-Payeur général,

Vu et arrêté à la somme de
A   le   18

Le Préfet,

COUR D'APPEL

de

—

TRIBUNAL

de

—

MINISTÈRE DE LA JUSTICE

RÉQUISITION

pour transfèrement de prévenus par chemin de fer.

Nous (¹),

(¹) **Désignation du magistrat ou de l'officier de police requérant.**

requérons la compagnie d   chemin   de fer d

de transférer,

de   à (²)

(2) **Indication des gares de départ et de destination.**

avec les agents chargés de l escorter

l nommé   (³)

(3) **Noms et prénoms des prévenus écrits lisiblement.**

prévenu   d   (⁴)

(4) **Spécifier le crime ou le délit.**

qui doi   être traduit   devant l (⁵)

(5) **Indiquer la cour ou le tribunal.**

Fait à   le   18

(cachet du parquet)

Vu arrivé à

Le chef d'escorte,

La réquisition doit être remise en double exemplaire à chaque compagnie de chemin de fer réquisitionnaire.

PARQUET
du
PROCUREUR
DE LA RÉPUBLIQUE

RÉQUISITOIRE A LA GENDARMERIE

POUR

*le transfèrement des prévenus ou accusés
par la voie ordinaire.*

RÉPUBLIQUE FRANÇAISE.—AU NOM DU PEUPLE FRANÇAIS.

Conformément au Décret du 1er mars 1854, portant règlement sur le service et l'organisation de la Gendarmerie, et en vertu de article

Nous, Procureur de la République près le Tribunal de l'arrondissement d
Requérons M. le
commandant la gendarmerie à
de faire extraire de la maison d'arrêt d

et de faire transférer, de brigade en brigade,
par la correspondance
ordinaire de
dans la maison d
l nommé

qui doi   être conduit de cette ville en
celle d   pour paraître
devant

(*) Accusé, prévenus appelant, etc.   comme (*)

Et qu'il nous fasse part de ce qui est par nous requis.

Fait au parquet, à   , le   18 .

(Cachet du parquet)   LE PROCUREUR DE LA RÉPUBLIQUE,

RÉQUISITOIRE A LA GENDARMERIE

POUR

*le transfèrement des prévenus ou accusés par la
voie du chemin de fer.*

RÉPUBLIQUE FRANÇAISE.—AU NOM DU PEUPLE FRANÇAIS.

Conformément au Décret du 1er mars 1854,
portant règlement sur le service et l'organisation de la gendarmerie, et en vertu de
article

Nous, Procureur de la République près le
Tribunal de l'arrondissement d
    Requérons M. le
commandant la gendarmerie à
de faire extraire de la maison d'arrêt
        et de faire transférer
dans la maison d
à   par la voie du chemin
de fer, avec le concours de l'agent ou préposé
des convois militaires, et l'escorte d*
gendarme

    nommé

qui doi   être condui   de cette ville
en celle d   pour paraître

devant
comme (**)

Et qu'il nous fasse part de ce qui est par
nous requis par la loi.

Fait au parquet, à   , le   18

LE PROCUREUR DE LA RÉPUBLIQUE,

(*) D'après la cir-
culaire de M. le
Garde des Sceaux,
la fixation du nombre
des gendarmes d'es-
corte doit être faite
par le commandant
de la gendarmerie
de l'arrondissement,
de concert avec le
Procureur de la Ré-
publique.

(**) Accusé, pré-
venu appelant, etc.

Vu arrivé à desti-
nation,
le   18
   Le

RÉQUISITOIRE

POUR CHARGEMENT D'UN PAQUET OU D'UNE DÉPÊCHE

A LA POSTE

Nous,

Vu l'article 47 de l'ordonnance du 17 novembre 1844, lequel est ainsi conçu :

« Les lettres et les paquets contresignés, qui seront dans le cas
» d'être chargés, ne pourront être reçus ni expédiés en franchise,
» que lorsqu'ils seront accompagnés d'une réquisition signée des
» autorités ou fonctionnaires qui les adresseront. Cette réquisition
» sera annexée au registre du dépôt des lettres chargées. »

Requérons M. le Directeur des postes au bureau d

d'expédier sous chargement,

à M.

à

un   *fermé , scellé , noté , et contresigné
par nous, conformément aux prescriptions de l'ordonnance
précitée du 17 novembre 1844 et des règlements concernant
l'expédition et le transport des dépêches chargées.*

Fait à   *, le*   *187 .*

Le

(Cachet du parquet.)

APPENDICE N° 57

Art. 334 *bis*
de l'instruction générale.

—

MINISTÈRE
d

—

SERVICE
d

—

BORDEREAU des dépêches officielles à destination de pays faisant partie de l'Union générale des postes, déposées le   , au bureau de poste de   , département de   , par   , résidant à   , pour lesquelles l'affranchissement en timbres-poste est requis, en vertu de la décision de M. le Ministre des Finances, en date du 13 novembre 1875.

NUMÉROS d'ordre	QUALITÉ du fonctionnaire	QUALITÉ des fonctionnaires destinataires	RÉSIDENCE des fonctionnaires destinataires	POIDS DES DÉPÊCHES CONSTATÉ PAR		MONTANT de l'affranchissement en timbres poste
				le fonctionnaire expéditeur	le receveur des postes	
			Totaux..........			

A déduire la remise de 1 p. 0/0...............

Montant net du dégrèvement...............

Timbre à date du bureau.

Signature du receveur des postes.

Signature du fonctionnaire expéditeur ou de son délégué.

Timbre de la direction.

Vu : Bon pour dégrèvement.
Le directeur du département,

TAXE DE FRAIS URGENTS

Nous

Avons taxé, sur sa réquisition, à

la somme de
pour

et ce, en vertu de l'article 133 du décret du 18 juin 1811.

Et, attendu qu'il s'agit de frais urgents, qu'il n'y a pas de partie civile en cause, et que la partie prenante n'est pas habituellement employée et ne reçoit aucun traitement à raison d'un service public, ordonnons que ladite somme sera payée comme frais de justice criminelle, par M. le Receveur de l'Enregistrement au bureau d

L   d   a déclaré
savoir signer.

le

Le

TAXE DE TÉMOIN
COMPARAISSANT SANS ASSIGNATION

Nous

Juge d'instruction au Tribunal de première
instance d   avons
taxé sur sa réquisition, à
domicilié à   canton
d   arrondissement
d   département d
témoin qui est comparu sur notre invitation,
sans assignation, attendu l'urgence, entendu
dans la procédure dirigée à l'occasion
d

la somme de
pour   myriamètres
kilomètres parcourus; en vertu des articles
27 et 91 du décret du 18 juin 1811; et 2 du
décret du 7 avril 1813.

          jour   Et attendu qu'il n'existe pas de partie civile
   myriamètres   en cause, ordonnons que ladite somme sera
      kilomètres   payée sur les fonds généraux de justice cri-
  parcourus   minelle par le Receveur de l'Enregistrement
à 1 fr   c. l'un   au bureau d

     Ledit témoin a déclaré   savoir signer.

               le   187

Pour acquit, lesdits jour et an.

TAXE D'INTERPRÈTE

Nous, Juge d'instruction de l'arrondissement d   ,

Avons taxé sur sa réquisition, à

profession d   demeurant à

canton d   arrondissement d

département d   interprète par nous com-

mis à l'effet de

la somme de

pour   vacations constatées par notre procès-

verbal d

myriamètres   kilomètres parcourus et tra-

duction par écrit en   rôles de chacun

trente lignes à la page et de seize à dix-huit syllabes à la

ligne, en vertu des articles 22, 23 et 91 du décret du

18 juin 1811.

Et attendu que la partie prenante n'est pas habituellement

employée, qu'elle ne reçoit aucun traitement à raison d'un

service public, et qu'il n'y a pas de partie civile en cause,

ordonnons que ladite somme sera payée sur les fonds géné-

raux des frais de justice criminelle par le Receveur de

l'Enregistrement au bureau d

A   le   187

FRAIS
de
ustice criminelle.

d
de l'année 18

(sa qualité)

Article 22 du règlement
du 18 juin 1811.

MÉMOIRE DES VACATIONS dues à N expert (ou interprète de langue près la cour (ou le tribunal) séant
pendant le 18

Dates des vacations	Nature des crimes délits ou contraventions	Auto rités qui ont requis les opérations	NATURE des opérations	NOMBRE DE			
				Vacations de		myriamètres parcourus	Jours de séjour
				jour	nuit		
			Totaux.....				

CAPITULATION	Nombre	Prix	Montant	Articles du règlement	Taxe du juge	OBSERVATIONS.
cat. de jour....						Joindre à l'appui de chaque opération, sous peine de rejet, le réquisitoire qui y a donné lieu.
— de nuit.....						Lorsqu'il s'agit de rembourser à l'expert des fournitures qu'il a achetées d'un tiers, l'expert doit joindre à son mémoire un état détaillé dûment quittancé par le vendeur.
riam. parcourus						Les magistrats doivent toujours remplir par leurs taxe et règlement les deux dernières colonnes même lorsqu'il n'y a aucune réduction à faire.
rs de séjour....						
urnitures de drogues employées pour l'expertise suivant la note jointe.........						Ils ne doivent pas oublier d'indiquer ici les articles du mémoire sur lesquels portent les réductions, et les motifs des réductions.
Totaux........						

e soussigné expert (ou interprète) certifie le présent mémoire pour la somme de
A , le 18

RÉQUISITOIRE

Nous (indiquer l'officier du ministère public),
Vu les articles 16, 22 et 24 du règlement du 18 juin 1811 et les pièces jointes au présent mé-
ire, requérons, conformément à l'article 140 du même règlement, qu'il soit délivré exécutoire
(indiquer ici la qualité du magistrat qui doit délivrer cet exécutoire), sur la caisse de l'admi-
tration de l'enregistrement et des domaines, pour la somme de
A , le 18

EXÉCUTOIRE

Nous, président de la Cour (ou du Tribunal de première instance, ou juge de paix du canton
arrondissement d) d
Vu le réquisitoire ci-dessus et les pièces jointes au mémoire,
Avons arrêté et rendu exécutoire le dit mémoire pour la somme de montant de
taxe que nous en avons faite ; et attendu qu'il n'y a pas de partie civile en cause (ou qu'elle a
tifié de son indigence), ordonnons que cette somme sera payée au sieur N (sa
alité) par le receveur de l'enregistrement au bureau d
A , le 18

FRAIS
de
Justice criminelle.
—
Mois d
de l'année 18   .

M.   Proc. de la Rép.
M.   Juge d'instruction
M.   Greffier ou
(commis).

MÉMOIRE

Des Indemnités de transport dues à Messieurs
Procureur de la République,
Juge d'instruction, et
Greffier près le Tribunal de première instance
séant à   , département d   ,
pendant le mois d

Art. 88 du règlement du 18 juin 1811.

No D'ORDRE.	DATES et articles des lois, décrets, ordonnances ou délégations en vertu desquels le transport a eu lieu	CAUSE du transport et désignation des opérations	LIEU du transport	DATE et durée du transport	DISTANCE au lieu de transport	PRIX fixé par le règlement. — ARTICLES		SOMMES DUES AU			TOTAL
						88	89	Procureur de la République	Juge d'instruction.	Greffier ou Commis-Greffier	
				jours							
				Totaux.							

Nous, soussignés, certifions véritable le présent Mémoire.   A   , le   188 .

RÉQUISITOIRE

Nous,
Vu les articles 88 et 89 du règlement du 18 juin 1811, les ordonnances des 4 août 1824 et 10 mars 1825, et le tableau des distances dressé en exécution de l'art. 93 dudit règlement, requérons, conformément à l'art. 140 et suivants, qu'il soit délivré exécutoire par
sur la caisse de l'Administration de l'Enregistrement
pour le paiement de la somme de
A   , le   18 .

EXÉCUTOIRE

Nous,
Vu le réquisitoire ci-dessus, avons arrêté et rendu exécutoire le présent Mémoire, pour la somme de
montant de la taxe que nous en avons faite ; et, attendu qu'il n'y a pas de partie civile en cause, ordonnons que ladite somme sera payée par le Receveur de l'Enregistrement au bureau d
A   le   18 .

FRAIS
de
Justice criminelle.

Article 23 du règlement
du 18 juin 1811

Mois d
de l'an 18

N   , traducteur.

MÉMOIRE DES HONORAIRES dus à N   ,
traducteur de langue   (désigner ici la
langue) près la Cour (ou le Tribunal de   )
pendant le

N⁰ˢ D'ORDRE	DATE de la remise des traductions	NATURE des crimes, délits ou contraventions	AUTORITÉS qui ont requis les traductions	NATURE DES TRADUCTIONS	NOMBRE de rôles
				Total.....	

Joindre à l'appui de chaque article, sous peine de rejet, le réquisitoire qui a donné lieu aux traductions

Je soussigné, interprète, certifie véritable le présent mémoire pour rôles ; lesquels à raison de   chacun, d'après l'article 23 du règlement du 18 juin 1811, produisent la somme de

A   , le   , 18

RÉQUISITOIRE

Nous (indiquer l'officier du ministère public);

Vu l'article 23 du règlement du 18 juin 1811, et après nous être assurés que les traductions contiennent le nombre de lignes et de syllabes exigé, requérons conformément à l'article 140 du même règlement, qu'il soit délivré exécutoire par (indiquer ici la qualité du magistrat qui doit délivrer cet exécutoire), sur la caisse de l'Administration de l'Enregistrement et des Domaines pour la somme de

A   , le   , 18

EXÉCUTOIRE

Nous, président de la Cour d'appel (ou du Tribunal de première instance) séant à

Vu le réquisitoire ci-dessus et les pièces jointes au mémoire ;

Avons arrêté et rendu exécutoire le dit mémoire pour la somme de   , montant de la taxe que nous en avons faite ; et attendu qu'il n'y a pas de partie civile en cause (ou qu'elle a justifié de son indigence), ordonnons que cette somme sera payée au sieur N   , traducteur, par le Receveur de l'Enregistrement au bureau de

A   , le   , 18

FRAIS
de
Justice criminelle.

Mois d
de l'an 18

N   (sa qualité)

Article 77 du règlement
du 18 juin 1811.

MÉMOIRE DES FRAIS DE CAPTURE dus, en vertu de l'article 77 du règlement du 18 juin 1811, à N.   , gendarme, ou agent de police ou garde champêtre ou forestier, à la résidence d   , département d

Nos D'ORDRE	DATE des captures	NATURE des crimes, délits ou contraventions	AUTORITÉS qui ont requis les captures	DÉSIGNATION des actes en vertu desquels les captures ont eu lieu	PRIX des captures
				Total.....	

Je soussigné (la qualité) certifie véritable le présent mémoire.

A   , le   ,18

RÉQUISITOIRE

Nous (indiquer l'officier du ministère public),

Vu les articles 77 du règlement du 18 juin 1811, 6 du décret du 7 avril 1813, 1er de l'ordonnance du 6 août 1823, et attendu que les captures ont été faites hors de la présence des huissiers, requérons, conformément à l'article 140 du règlement précité, qu'il soit délivré exécutoire par (indiquer la qualité du magistrat qui doit délivrer cet exécutoire), sur la caisse de l'Administration de l'Enregistrement, pour le paiement de la somme de

A   , le   , 18

EXÉCUTOIRE

Nous, (indiquer la qualité du juge taxateur),

Vu le réquisitoire ci-dessus,

Avons arrêté et rendu exécutoire le présent mémoire pour la somme de   , montant de la taxe que nous en avons faite ; et ordonnons que la dite somme sera payée à N   , par le receveur de l'enregistrement au bureau d

A   , le   , 18

FRAIS
de
justice criminelle.

Mois d
de l'année 18   .

N   , imprimeur

Art. 105 et 111 du règlement
du 18 juin 1811.

MÉMOIRE des impressions dues à N
imprimeur de la Cour d'appel (ou du Tribunal de première instance), séant à
département d   , pendant le
mois de

Nº D'ORDRE.	DATE de la remise des impressions	DÉSIGNATION des actes imprimés	MODE des impressions (*)	NOMBRE d'exemplaires fixé par M. le Procureur général	PRIX suivant le marché	MONTANT
			Total			

Je sousigné, imprimeur, certifie le présent mémoire conforme à mon marché en date du

A   , le   , 18

(Joindre, sous peine de rejet du mémoire,
un exemplaire de chaque objet imprimé.)

(*) Indiquer si les actes sont imprimés
en entier, par extrait, ou en état sommaire.

RÉQUISITOIRE

Nous, procureur général près la Cour (ou procureur près le Tribunal de première instance) d
Vu les articles 104 à 112 du règlement du 18 juin 1811, les pièces jointes au présent mémoire, la loi (l'ordonnance ou la décision de Son Excellence le ministre de la justice) en vertu de laquelle les impressions ont eu lieu ; et attendu que la correction prescrite par l'article 109 a été faite au parquet, requérons conformément à l'article 110 du règlement précité, qu'il soit délivré exécutoire par M. le Premier Président (ou M. le Président) sur la caisse de l'Administration de l'Enregistrement, pour le paiement de la somme de..
A   , le   , 18

EXÉCUTOIRE

Nous, premier président de la Cour d'appel (ou président du Tribunal de première instance), séant à
Vu le réquisitoire ci-dessus,
Avons arrêté et rendu exécutoire le présent mémoire pour la somme de
, montant de la taxe que nous en avons faite ; et ordonnons que la dite somme sera payée par le receveur de l'enregistrement au bureau d
A   , le   , 18

TABLE DES MATIÈRES

A

B

C

G

H

S

T

TABLE

DES

LOIS, DÉCRETS, ORDONNANCES ET CIRCULAIRES

RAPPORTÉS DANS CET OUVRAGE

TABLE

DES MODÈLES ET TABLEAUX

FIN.

Châteauroux. — Typog. et Stéréotyp. A. Nuret et Fils.

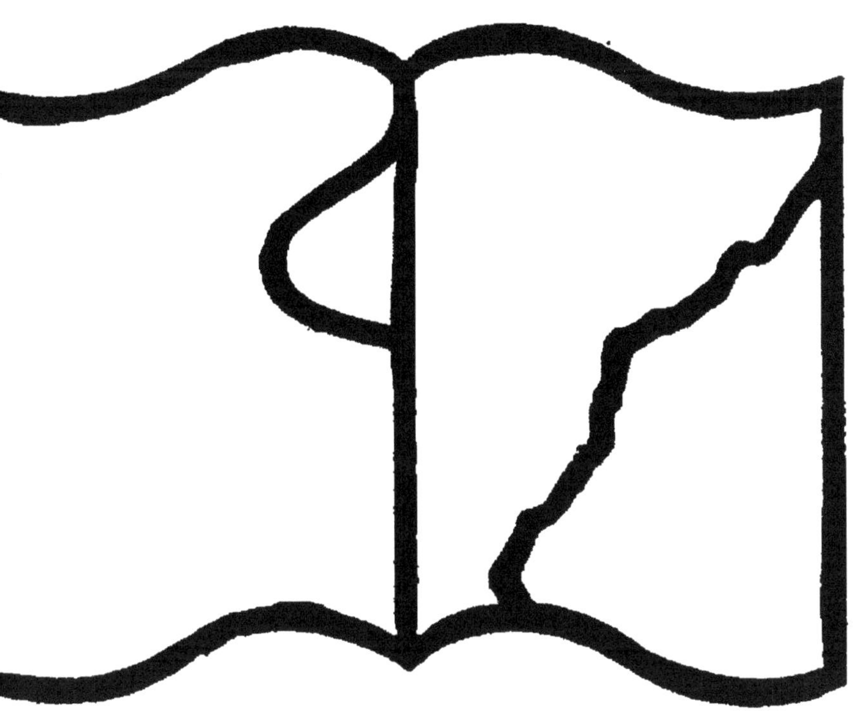

Texte détérioré — reliure défectueuse

NF Z 43-120-11

ᴊRIE NOUVELLE DE DROIT ET DE JURISPRUDENCE
Arthur ROUSSEAU, éditeur
14, RUE SOUFFLOT ET RUE TOULLIER, 13·
PARIS

CODE USUEL D'AUDIENCE

CONTENANT LE

CODE PÉNAL

AVEC

l'Indication sommaire de la Doctrine et de la Jurisprudence et les Lois pénales spéciales

Par L. LAUTOUR

AVOCAT, ANCIEN PROCUREUR DE LA RÉPUBLIQUE A ÉVREUX

gr. in-8⁰. Prix........ .... **9 fr.**

LE DROIT PÉNAL

ÉTUDIÉ DANS SES PRINCIPES, DANS SES USAGES

ET LES LOIS DES DIVERS PEUPLES DU MONDE

OU

INTRODUCTION PHILOSOPHIQUE & HISTORIQUE

A L'ÉTUDE DU DROIT CRIMINEL

Par J. TISSOT

DOYEN HONORAIRE DE LA FACULTÉ DES LETTRES DE DIJON, CORRESPONDANT DE L'INSTITUT

DEUXIÈME ÉDITION

Deux tomes en 3 volumes in-8. Prix... **20 fr**

TABLEAU DES PEINES

EN MATIÈRE CORRECTIONNELLE

AU POINT DE VUE DE L'APPLICATION DE L'ART. 463

Par M. Paul MARION

AVOCAT A SAINT-OMER

1 vol. in-4⁰ Prix... .... **4 fr.**

DE L'ESPRIT DU DROIT CRIMINEL

AUX DIFFÉRENTES ÉPOQUES

Dans l'antiquité, dans les temps modernes et d'après les nouveaux principes de la science pénitentiaire

Par René ROLAND

AVOCAT-DOCTEUR EN DROIT, LAURÉAT DE L'ACADÉMIE DE TOULOUSE

1 vol. gr. in-8⁰. Prix...................................... **8 fr.**

COMMENTAIRE DE LA LOI DU 4 OCTOBRE 1867 SUR L'APPRÉCIATION

DES

CIRCONSTANCES ATTÉNUANTES

Par G. TIMMERMANS

JUGE AU TRIBUNAL DE PREMIÈRE INSTANCE DE GAND

1 vol. in-8⁰. Prix..................................... .... **6 fr**

Châteauroux. — Typographie et Stéréotypie. A. Nuret et fils.